UTB 3303

Eine Arbeitsgemeinschaft der Verlage

Böhlau Verlag · Köln · Weimar · Wien
Verlag Barbara Budrich · Opladen · Farmington Hills
facultas.wuv · Wien
Wilhelm Fink · München
A. Francke Verlag · Tübingen und Basel
Haupt Verlag · Bern · Stuttgart · Wien
Julius Klinkhardt Verlagsbuchhandlung · Bad Heilbrunn
Lucius & Lucius Verlagsgesellschaft · Stuttgart
Mohr Siebeck · Tübingen
Orell Füssli Verlag · Zürich
Ernst Reinhardt Verlag · München · Basel
Ferdinand Schöningh · Paderborn · München · Wien · Zürich
Eugen Ulmer Verlag · Stuttgart
UVK Verlagsgesellschaft · Konstanz
Vandenhoeck & Ruprecht · Göttingen
vdf Hochschulverlag AG an der ETH Zürich

Lutz Berger

Islamische Theologie

facultas.wuv

Lutz Berger, Univ.-Prof. Dr., lehrt am Seminar für Orientalistik der Christian-Albrechts-Universität Kiel.

Bibliografische Information der Deutschen Nationalbibliothek

Die Deutsche Nationalbibliothek verzeichnet diese Publikation
in der Deutschen Nationalbibliografie;
detaillierte bibliografische Daten sind im Internet unter
http://d-nb.de abrufbar.

Einband: Atelier Reichert, Stuttgart
Kerngestaltung und Satz: grafzyx.com, Wien
Druck und Bindung: CPI – Ebner & Spiegel, Ulm
Printed in Germany

ISBN 978-3-8252-3303-7

Inhalt

Vorwort

Theologie ist der Versuch, die Lehren einer Religion von Gott und seiner Beziehung zu den Menschen systematisch darzustellen und sie gegen abweichende Auffassungen abzugrenzen und zu verteidigen. Sie fußt in Christentum wie Islam auf bestimmten heiligen Texten, im Besonderen auf Bibel und Koran; sie ist aber nicht mit ihnen identisch, sondern ist das Ergebnis menschlichen Nachdenkens über diese Quellen.

Ziel dieser Einführung ist es, in möglichst allgemeinverständlicher Sprache einen Überblick über die komplexe Geschichte dieses theologischen Nachdenkens unter Muslimen von den Anfängen des Islams bis in unsere Gegenwart zu bieten. In einem zweiten Teil werden Einzelfragen der theologischen Diskussion noch einmal im Zusammenhang dargestellt, allerdings auch hier chronologisch. Diese historische Darstellungsweise heißt nicht, dass gegenwärtige Auffassungen im Folgenden nicht den ihnen gebührenden Platz erhalten. Sie ist vielmehr eine Konsequenz der Tatsache, dass die Vorstellungen der Muslime von den Lehren ihrer Religion sich im Laufe der Jahrhunderte gewandelt haben und nach wie vor wandeln. Theologie findet immer in einem bestimmten kultur- und sozialgeschichtlichen Kontext statt, der sie vielfach ebenso stark prägt wie die Quellentexte, auf die sich die Theologen berufen. Die folgende Darstellung wird also versuchen, Theologie nicht als ein abgehobenes Geschäft verschrobener Gelehrter in irgendeinem Elfenbeinturm zu präsentieren. Es soll vielmehr deutlich werden, wie Theologie zum einen aus einer bestimmten gesellschaftlichen und kulturellen Wirklichkeit erwächst, aber auch, wie sie auf die Gesellschaft zurückwirkt, indem sie die für jede Gesellschaft elementar wichtige Funktion der Welterklärung und Sinnstiftung erfüllt.

In jeder Darstellung eines Themas ist es unvermeidlich, Auffassungen zu klassifizieren und in Schubladen zu sortieren. Das ist ein heikles Unterfangen. Die menschliche Realität ist viel komplexer, vielschichtiger und verschachtelter, als es derartige Systeme, die immer pauschalisieren, vereinfachen und tendenziell verfälschen, versuchen vorzuspiegeln. Nichtsdestoweniger ist es für ein Verständnis komplexer Phänomene unverzichtbar, dass man sie kategorisiert, da man es sonst stets mit einer unüberschaubaren und letztlich nicht zu begreifenden Vielzahl von Einzelaspekten zu tun hat.

Bedauerlich ist ebenfalls, dass angesichts des knappen zur Verfügung stehenden Raumes auch viele wichtige Fragestellungen nicht angesprochen werden konnten. Das gilt etwa für die meist in die Denkrichtung des Modernismus (siehe Kap. 2.8) einzuordnenden Ideen der islamischen feministischen Theologie, um nur einen wichtigen Bereich zu nennen.

Die einzelnen Kapitel dieses Überblicks sollen idealerweise unabhängig voneinander gelesen und verstanden werden können. Insofern waren an einigen wenigen Stellen Wiederholungen unvermeidlich, die diejenigen, die das Buch von Anfang bis Ende lesen, hoffentlich verzeihen.

Der Koran wird teils in Anlehnung an die maßgebliche Übersetzung von Rudi Paret, teils in Übersetzung des Verfassers zitiert, die Angabe von Suren und Verse erfolgt nach dem Muster (1,10). Daten werden in der Regel erst nach dem islamischen, dann nach dem gregorianischen Kalender gegeben. Wo nur ein Datum angegeben ist, ist der gregorianische Kalender gemeint.

Die Umschrift folgt im Wesentlichen dem System der Deutschen Morgenländischen Gesellschaft.

Im Zusammenhang mit diesem Buch habe ich die Zeit und Arbeitskraft einer Reihe von Mitmenschen in Anspruch genommen. Mein Vater Manfred Berger hat den gesamten Text gelesen und nicht nur sprachlich an vielen Stellen erheblich verbessert. Hassan Wassouf hat mir bei schwierigen Fragen der Philosophie zur Seite gestanden. Mareike Kesten hat den gesamten Text mehrfach durchgearbeitet, auf Unstimmigkeiten untersucht, das Register erstellt und auch sonst sehr viel zur Verständlichkeit und Übersichtlichkeit des Endprodukts beigetragen. Besonders dankbar bin ich Florian Remien, der sich die Zeit genommen hat, den Text immer wieder mit mir zu diskutieren, und dessen stets kritischer Blick zahllose Widersprüche und Unklarheiten zu Tage gefördert hat, die mir sonst wohl nie aufgefallen wären. Andreas Deppe hat den Text sorgsam in eine druckfertige Form gebracht. Rüdiger Lohlker möchte ich schließlich dafür danken, dass er mir die Möglichkeit gegeben hat, meine Sicht auf die islamische Theologie in der von ihm herausgegebenen Reihe darzulegen.

Kiel, im Dezember 2009

Politische Geschichte der islamischen Welt, insbesondere des Vorderen Orients

- Um 600: Der Vordere Orient steht unter der Herrschaft des Oströmischen (= Byzantinischen) Reiches im Westen und des persisch geprägten Sassanidenreiches im Osten. Beide Reiche kämpfen miteinander um die Vorherrschaft. Auf der Arabischen Halbinsel leben die Menschen teils als Nomaden, teils in festen Siedlungen; sie leben zum Teil von Oasenfeldbau, teils von Handel. Die Gesellschaft ist in Stämmen organisiert. Nur im Jemen (und eingeschränkt in den Randgebieten zu den genannten Großreichen) gibt es eine Tradition königlicher Herrschaft.
- Ca. 610: Muḥammad tritt in Mekka als Prophet auf und stößt auf den Widerstand seiner Stammesgenossen. Im Jahr 1/622 muss er auf Grund dieses Drucks mit seinen Anhängern Mekka verlassen und findet Zuflucht in Medina, wo er als Schiedsrichter unter den dortigen Stämmen Aufnahme findet. Mit dieser Auswanderung, die als Hedschra (arab. *hiǧra*) bezeichnet wird, beginnt die islamische Zeitrechnung. In Medina organisiert Muḥammad die Auswanderer (arab. *muhāǧirūn*) aus Mekka und ihre medinensischen Verbündeten (arab. *anṣār*, „Helfer") zu einem Gemeinwesen mit aus der Religion begründeten Lebensregeln. Der Islam nimmt so den Charakter einer Gesetzesreligion an.
- 8/630: Die Auswanderer und die sog. Helfer erobern Mekka.
- 11/632: Tod Muḥammads. Die Nachfolge übernehmen zunächst die später so genannten „Rechtgeleiteten Kalifen" (arab. *al-ḫulafāʾ ar-rāšidūn*). Die Muslime sichern sich die Herrschaft über Arabien und erobern dann in den folgenden Jahrzehnten den gesamten Vorderen Orient von Marokko und Spanien bis nach Zentralasien.
- 35/656: Nach der Ermordung des dritten dieser Kalifen, ʿUṯmān, kommt es zum Bürgerkrieg (arab. *fitna*, „Zwietracht", wörtl. „Versuchung") zwischen dessen Gegnern unter der Führung des Prophetenschwiegersohnes ʿAlī b. Abī Ṭālib und den Vertretern der spät zum Islam konvertierten alten mekkanischen Elite, die zu ʿUṯmān in verwandtschaftlicher Beziehung steht. Erster Bürgerkrieg der islamischen Geschichte. Der Konflikt endet mit der Machtübernahme durch die alte mekkanische Elite unter Führung der Familie der Umaiyaden (reg. 41–132/661–750, Hauptstadt nicht mehr auf der Arabischen Halbinsel, sondern in Damaskus). Ihre Herrschaft ist, abgesehen von einer zweiten Phase des Bürgerkriegs 60–72/680 bis 692, weitgehend stabil.
- 132/750: Sturz des umaiyadischen Kalifats durch die sich auf ihre Verwandtschaft zum Propheten berufenden ʿAbbāsiden. Verlegung

der Hauptstadt von Damaskus nach Bagdad. Zunahme des persischen Kultureinflusses.

- 9. Jahrhundert: Beginn der Herausbildung lokaler Herrschaften in den Provinzen des Reiches, die allerdings in der Regel die formale Oberhoheit der Bagdader Kalifen anerkennen. Entstehung eines schiitischen Gegenkalifats mit Zentrum zunächst im heutigen Tunesien, dann ab 358/969 in Ägypten (Kalifat der Fāṭimiden, bis 566/1171). Machtverlust der ʿabbāsidischen Kalifen auch im Irak an Militärherrscher. Die Rolle der ʿabbāsidischen Kalifen beschränkt sich im Folgenden auf die religiöse Legitimierung von Herrschaft. Im 12. Jahrhundert gelingt es ihnen noch einmal, im Irak unmittelbar politische Macht auszuüben.
- Um 390/1000: Beginn der islamischen Expansion nach Indien. Im Westen gewinnt die *reconquista*, die christliche „Rückeroberung" Spaniens, an Dynamik. Entstehung von durch türkische Gruppen dominierten Herrschaften im Osten des Vorderen Orients (Seldschuken in Iran, Irak und Anatolien). Diese legitimieren sich als Vorkämpfer des Sunnitentums gegen die in den Jahrhunderten zuvor politisch sehr erfolgreiche Schia (Kalifat der Fāṭimiden, Herrschaft der schiitischen Būyiden im Irak und Iran ca. 333–447/945–1055).
  Den Maghreb (die Gegend zwischen dem heutigen Libyen und Marokko) dominieren die Reiche der Almoraviden (arab. *al-Murābiṭūn*, die „Bewohner einer Grenzfestung") ca. 437–541/1046–1147 und später der Almohaden (arab. *al-Muwaḥḥidūn*, die „Bekenner der Einheit Gottes") ca. 514–668/1121–1269, zwei frühe Beispiele für politisch erfolgreiche puritanische Reformbewegungen in der islamischen Welt.
- Seit ca. 596/1200: Entstehung der Dynastien von Militärsklaven (arab. *mamālīk*, Sg. *mamlūk*) in Indien und Ägypten.
- 656/1258: Die Mongolen erobern Bagdad und bereiten damit dem ʿabbāsidischen Kalifat ein Ende. Große Teile der islamischen Welt (Zentralasien, Iran, Irak, Anatolien) geraten in die Gewalt zumindest zunächst nicht muslimischer Herrscher. Ein sog. Schattenkalifat der ʿAbbāsiden bleibt unter mamlūkischer Protektion in Ägypten bestehen. Viele bedeutendere Herrscher in der islamischen Welt beginnen jedoch nun, sich selbst als Kalifen zu betrachten und erkennen die Kairener Kalifen sogar formal nicht mehr an. Nach dem Zerfall des Mongolenreichs kommt es auch in Iran wieder zu einer Reihe zum Teil recht kurzlebiger, oft türkischer Dynastien.
- Ende 15./Anfang 16. Jahrhundert: Einführung von Feuerwaffen. Dadurch Stärkung der Zentralgewalten gegenüber Nomaden und

Festigung stabiler Großreiche: sunnitische Osmanen am östlichen und südlichen Mittelmeer ca. 678–1342/1280–1924, sunnitische Großmoguln in Indien ca. 932–1274/1526–1858. Zu diesen Großreichen gehört das der schiitischen Ṣafaviden im heutigen Iran und in Teilen Zentralasiens ca. 906–1135/1501–1722. Unter der Herrschaft der Ṣafaviden wird Iran zwangsweise zur Schia bekehrt.

- Mitte 18. Jahrhundert: Entstehung des ersten wahhābitischen saudischen Staates auf der Arabischen Halbinsel. Zusammenbruch 1233/1818.
- Seit dem 18. Jahrhundert: Beginn des britischen Einflusses in Indien.
- 1213/1798: Napoleon Bonaparte erobert Ägypten im Auftrag der Regierung des revolutionären Frankreich. Erste intensive Konfrontation der Menschen des Vorderen Orients mit der Überlegenheit europäischer Großmächte. Nach Abzug der Franzosen beginnt der osmanische Gouverneur Ägyptens, Muḥammad ʿAlī, mit Reformen, die hauptsächlich das Militärwesen modernisieren sollen. Ähnliche Reformen der osmanischen Zentralregierung folgen ab den 1820er Jahren. Dadurch entsteht eine neue Elite nach westlichen Vorstellungen gebildeter Menschen.
- 1273/1857: Ein großer von Hindus und Muslimen gemeinsam getragener Aufstand in Indien gegen die britische Herrschaft scheitert. Ende des 19. Jahrhunderts stehen weite Teile der islamischen Welt unter europäischer Kolonialherrschaft oder befinden sich wie Iran und das Osmanische Reich in starker politischer Abhängigkeit von den europäischen Mächten.
- 1332–1336/1914–1918: Erster Weltkrieg. Arabischer Aufstand gegen das Osmanische Reich, in der Folge weitere Festigung des britisch-französischen Einflusses im Nahen Osten.
- 1343/1924: Die saudische Dynastie, die 1319/1902 im Naǧd (Landschaft auf der Arabischen Halbinsel) erneut (s. o.) zur Herrschaft gelangt war, erobert den Westen der Arabischen Halbinsel mit den heiligen Stätten Mekka und Medina. Das Wahhābitentum ist weiter die offizielle Lehre des Staates. Ölfunde machen die Herrscher ab den 1950er Jahren reich, vor allem nach der Ölkrise von 1393/1973, sodass sie zu Hauptsponsoren eines ausgesprochen konservativen, auf Abgrenzung ausgerichteten Islams werden.
- Mitte 20. Jahrhundert: Die britischen und französischen Kolonien werden nach und nach unabhängig. An die Stelle der britischen und französischen Herrschaft tritt dabei vielfach – in der Wahrnehmung der Menschen im Vorderen Orient noch mehr als in der Realität – der indirekte Einfluss der USA und bis 1990 der UdSSR. Die Jahre ab

1950 sind der Höhepunkt nationalistischer und sozialistischer Ideologien in der islamischen Welt. Beginn der Auswanderung von Muslimen nach Europa.

- 1387/1967: Sechs-Tage-Krieg. Niederlage der arabischen Länder gegen Israel. Prestigeverlust der nationalistischen Ideologien. Verstärkte Hinwendung zum politischen Islam, der zunächst als Gegengewicht gegen den Kommunismus von konservativen Herrschern in vielen Ländern der muslimischen Welt gefördert wird.
- 1399/1979: Islamische Revolution in Iran. Umsetzung des schiitischen islamistischen Konzepts der „Herrschaft des obersten Rechtsgelehrten" (arab. *wilāyat al-faqīh*, pers. *vilāyat-i faqīh*) nach Ayatollah Chomeini (pers. Ayatollāh Ḫomainī, 1318–1409/1902–1989). Sowjetischer Einmarsch in Afghanistan. Im international organisierten und saudisch finanzierten Widerstand gegen die Besatzung kommt es zur Stärkung radikaler, gewaltbereiter Kräfte im sunnitischen politischen Islam. Dadurch u. a. Entstehung des Milieus von al-Qāʿida.

1 Einleitung

1.1 *Die soziale Verortung muslimischer Theologie*

Im Islam gibt es keine Priester, keine Personen, die auf Grund einer Ausbildung, Herkunft oder empfangener Weihe allein befugt wären, bestimmte religiöse Handlungen, insbesondere Opfer- und Weiheriten, zu vollziehen.

Islam

Das Wort Islam (arab. *islām*) bedeutet wörtlich Unterwerfung (unter den Willen Gottes). Ein Muslim ist eine Person, die diese Unterwerfung vollzieht. Beide Wörter stammen (wie eine ganze Reihe anderer arabischer Wörter recht unterschiedlicher Bedeutung, etwa *istislām*, Kapitulation, oder *tasallum*, Übernahme) von der gleichen Wortwurzel, aus der auch *salām*, das arabische Wort für Frieden, abgeleitet ist. Trotz dieser sprachlichen Verwandtschaft beider Begriffe ist die von heutigen Muslimen oft vorgetragene Behauptung, das Wort *islām* als solches bedeute Frieden, sprachlich unzutreffend. Diese Gleichsetzung erklärt sich aus dem Bedürfnis, den Islam gegen den Vorwurf der Gewalttätigkeit zu verteidigen, und ist für viele Muslime mittlerweile fester Teil ihrer religiösen Identität geworden.

Alle Gläubigen sind in gleicher Weise berechtigt, alle religiösen Handlungen auszuführen; es bedarf keiner besonderen Vermittler. Allerdings lässt man, wenn es etwa um die Frage geht, wer in einer Gruppe von Menschen das Gebet leitet, dem frömmsten und in der Religion kundigsten, in der Praxis oft dem ältesten Mann den Vortritt. Bei einer anderen Zusammensetzung der Gruppe kann der Vorbeter auch eine andere Person sein. Ein Beispiel dafür ist die Predigt während des Mittagsgebets am Freitag, an dem alle erwachsenen männlichen Muslime eines Ortes teilnehmen sollen. Das Halten der Freitagspredigt (arab. *ḫuṭba*) war traditionell weniger eine religiöse als eine politische Aufgabe, da hier die Loyalität zum Herrscher zum Ausdruck gebracht wurde. Diese Aufgabe wurde daher in der Theorie von einem politisch für die jeweilige Stadt Verantwortlichen, d. h. in der Regel dem Gouverneur, wahrgenommen. In der Praxis ließen sich die politisch Mächtigen nach der Umaiyadenzeit jedoch meist durch eigene Freitagsprediger vertreten.

1.1.1 Die ʿulamāʾ

Dass es keine Priester gibt, heißt nicht, dass der Islam kein religiöses Personal kennt, das bestimmte Funktionen übernimmt. Wichtig als Gruppe sind hier besonders die Gelehrten (arab. *ʿulamāʾ*, Sg. *ʿālim*). Diese in den Anfängen des Islams nicht fest umrissene Gruppe zeichnet sich dadurch aus, dass ihre Angehörigen in der Lage sind, über religiöse Fragen, vor allem Rechtsfragen, kompetent Auskunft zu geben.

Auch wenn sie keine besonderen Weihen empfangen und kein Monopol auf bestimmte Kulthandlungen haben wie etwa katholische Priester, hat doch in den letzten Jahrhunderten eine Professionalisierung stattgefunden. Diese hat dazu geführt, dass im sunnitischen, mehr noch aber im schiitischen Islam die *ʿulamāʾ* sich auch formal vom Rest der Gesellschaft abheben. Die Zugehörigkeit zu dieser Gruppe war vor allem seit dem 16. Jahrhundert, wieder im schiitischen Islam mehr als im sunnitischen, in bestimmten Familien in der Praxis, wenn auch nicht formal, vielfach erblich. Diese Erblichkeit ist in der Schia heute noch sehr häufig. Unter sunnitischen Gelehrten ist sie nicht mehr die Regel.

Die Herausbildung einer sozial abgrenzbaren Gruppe religiöser Experten war im Islam ein langer Prozess. Solange Muḥammad lebte und die Gemeinde der Gläubigen überschaubar war, waren weitere religiöse Experten zunächst überflüssig. Fragen der Gläubigen wurden auf dem Weg der sich fortsetzenden Offenbarung des Korans geklärt, der dem Propheten Muḥammad nicht in einem Stück, sondern nach und nach offenbart wurde. Man hat sicherlich, wenn die Offenbarung nicht weiterhalf, den Propheten um seine eigene Meinung in Fragen des Glaubens und der Lebensführung gefragt und die Antworten als wichtige Zeugnisse der Religion bewahrt.

Doch bereits zu Lebzeiten des Propheten konnte dieser, als sich der Islam auf der Arabischen Halbinsel ausbreitete, nicht mehr überall zur Stelle sein, um die Fragen der Gläubigen zu beantworten. Muslime aus Stämmen, die in größerer Entfernung zu Medina wohnten, waren folglich darauf angewiesen, dass der Prophet ihnen erfahrene Anhänger der Religion sandte, um sie im Islam und seinen Glaubenslehren anzuleiten. Daneben gab es wohl bereits zu Lebzeiten des Propheten Personen, die die koranische Offenbarung, die man aus Mangel an Schreibmaterial zunächst nur notdürftig hatte niederschreiben können, auswendig kannten und sie so vor dem Verlorengehen bewahrten.

Wir haben damit noch vor Muḥammads Tod mit Personengruppen zu tun, die als religiöse Experten gelten konnten und potenziell eine besondere Trägerschicht religiösen Denkens darstellten. Als nach seinem Tod der unmittelbare Zugang zur Welt des Göttlichen verschlossen war, haben führende Prophetengenossen versucht, die Fragen der Gläubigen zu beantworten. Eine Reihe von diesen scheint in der frühislamischen Gemeinde über besonderes Prestige verfügt zu haben. Dazu zählen u. a. Muḥammads Lieblingsfrau ʿĀiʾša, der Sohn seines Onkels, Ibn ʿAbbās, und ʿUmar, der Sohn des zweiten Kalifen. Auch die frühen islamischen Kalifen nahmen für sich in Anspruch, über besondere Kenntnisse der Religion zu verfügen. Die sunnitische Tradition hat diesen Anspruch im Falle der vier ersten „Rechtgeleiteten Kalifen" anerkannt, aber im Falle der Umaiyaden, mit Ausnahme ʿUmars II., verworfen. Letztlich aber war von Anfang an die Auslegung der Religion nicht an politische Funktionen gebunden.

Die vier „Rechtgeleiteten Kalifen" (al-ḫulafāʾ ar-rāšidūn)
Abū Bakr (gest. 13/634)
ʿUmar b. al-Ḫaṭṭāb (gest. 23/644)
ʿUṯmān b. ʿAffān (gest. 35/656)
ʿAlī b. Abī Ṭālib (gest. 40/661)

Das heißt nicht, dass die Kalifen sich nicht um die Förderung der Religionsgelehrsamkeit bemüht hätten. Abū Bakr und ʿUṯmān wird von der Tradition eine besondere Sorge um die Etablierung eines einheitlichen Korantextes zugeschrieben. Die Umaiyaden förderten „Geschichtenerzähler" (arab. *qāṣṣ*, Pl. *quṣṣāṣ*), die das Volk durch erbauliche Vorträge über seine Religion in Kenntnis setzen sollten. Sie waren neben den Predigern an den Freitagsmoscheen die ersten besoldeten religiösen Amtsträger im Islam. Eine Besoldung von „Geschichtenerzählern" ist nach der Umaiyadenzeit nicht mehr üblich gewesen. In den Folgeepochen wird der Begriff auf volkstümliche Prediger angewandt. Diese hatten unter den muslimischen religiösen Experten, den *ʿulamāʾ*, einen eher zweifelhaften Ruf. Sie galten als Verbreiter vieler später nicht in den Grundbestand der Religion übernommener Geschichten teils fremder (christlich-jüdischer) Herkunft (arab. *isrā'īlīyāt*) und als Propagandisten fragwürdiger Prophetenüberlieferungen. Das muss aber in der Umaiyadenzeit keinesfalls bereits genauso gesehen worden sein.

Obwohl die ʿAbbāsiden zunächst genau wie die Umaiyaden, ja vielleicht sogar noch mehr, religiöses Charisma für sich in Anspruch nahmen, mussten auch sie akzeptieren, dass es im 8. Jahrhundert in den Städten der islamischen Welt ein fest etabliertes Milieu von *ʿulamā'* gab, mit dem die politischen Herrscher rechnen mussten. Diese Religionsgelehrten beschäftigten sich mit den Überlieferungen über die dem Propheten zugeschriebenen Aussprüche und Handlungen (arab. *aḥādīṯ*, eingedeutscht *ḥādīṯe*, Sg. *ḥadīṯ*) und diskutierten Fragen des Rechts und der Auslegung der heiligen Texte. Zumindest in der Theorie hielten sie sich von den Herrschenden bewusst fern. Einige sehen wir zwar auch am Kalifenhof als Richter, Berater und zuweilen Gesellschafter der Mächtigen. Die meisten aber bestritten ihren Lebensunterhalt nicht aus von den Herrschern gewährten Geldern. Sie lebten vielmehr als Handwerker oder noch häufiger vom Handel. Dieser erlaubte ihnen eine gewisse Mobilität, die zumindest unter den Gelehrten, die sich mit der Sammlung der eben erwähnten Prophetenüberlieferungen befassten, eine unabdingbare Voraussetzung für akademischen Erfolg war.

Diese Mobilität hatte noch eine weitere Folge: Trotz des Auseinanderfallens der Muslime in verschiedene einander befehdende religiöse Richtungen und obwohl sich in vielen Städten und Regionen der islamischen Welt theologische Schulen bildeten, die für sie jeweils prägend waren, blieb eine gewisse Einheit der islamischen Theologie gewahrt. Vereinfacht wurde dies noch durch die Pflicht zur Pilgerfahrt nach Mekka und dadurch, dass bis ins 20. Jahrhundert das klassische Arabisch die gängige Sprache der theologischen Debatte blieb und damit ein einheitliches Kommunikationsmedium vorhanden war. Die zaghaften und machtlosen Versuche der ʿabbāsidischen Kalifen, bestimmte Lehrsätze durchzusetzen, spielten bei der Wahrung einer im Prinzip einheitlichen Lehre dagegen eine deutlich geringere Rolle.

1.1.2 Das Unterrichtswesen und die Entstehung fester Lehrinstitutionen

Die Beteiligung an der theologischen Debatte stand grundsätzlich jedem Muslim frei. Der Unterricht, der die Voraussetzung dafür war, dass man sich an den Diskussionen qualifiziert beteiligen konnte, wurde in den Moscheen, zuweilen auch in Privathäusern in inoffiziellen Zirkeln erteilt. Voraussetzung für die Teilnahme waren allenfalls entsprechende Kenntnisse des Arabischen. Ein festes Lernprogramm, das in immer gleicher Weise zu absolvieren gewesen wäre, gab es nicht. Theologie war in diesen religiösen Unterrichtszirkeln nur einer der behandelten Gegenstände und bei den Anhängern der meisten Richtungen des Islams nicht der wichtigste. Fragen des islamischen Rechts wurden und werden von Muslimen für relevanter gehalten als alles theologische Wissen, das über bestimmte Grundprinzipien hinausgeht.

Der Unterricht erfolgte im Wesentlichen mündlich. Die Studenten, im Normalfall war eine religiöse Ausbildung nur Männern zugänglich, trugen vor ihrem Lehrer ein theologisches oder religiös-rechtliches Werk vor und erläuterten es. Machten sie Fehler, wurden sie vom Lehrer verbessert. War der Lehrer schließlich mit dem Vortrag zufrieden, erteilte er den Studierenden die Befugnis (arab. *iǧāza*, Pl. *iǧāzāt*), das von ihm gelesene Werk selbst an andere weiterzuvermitteln. Die Lektüre eines Textes ohne dazugehörigen Unterricht galt als wertlos. Erst die bis zum Autor des Textes (im Falle von Prophetenüberlieferung bis zum Propheten) zurückgehende Kette von *iǧāzāt* verlieh den Ansichten eines Gelehrten Autorität.

Diese Prinzipien des Unterrichts wurden auch beibehalten, als sich ab dem 10. Jahrhundert neben privaten Studienzirkeln feste Lehrinstitutionen, sog. Medressen (von arab. *madrasa*, „Schule, Lehrstätte", Pl. *madāris*) herausbildeten. Dies geschah zuerst unter den ägyptischen Fāṭimiden, die 361/972 eine eigene Palastschule gründeten, um darin Werber für die von ihnen vertretene siebenerschiitische Richtung des Islams (siehe Kap. 2.5.2) auszubilden. Diese Ausbildungsstätte, al-Azhar („die Hochglänzende"), besteht noch heute, hat ihren Charakter allerdings im Laufe der Jahrhunderte mehrfach fundamental gewandelt. Sie gilt in der Gegenwart als eine der prestigeträchtigsten Institutionen des sunnitischen Islams weltweit.

Angesichts dieser Institutionalisierung der siebenerschiitischen Theologie sahen sich auch die sunnitischen Herrscher der islamischen Welt gezwungen, die Ausbildung religiöser Lehrer stärker zu fördern und zu kontrollieren. Bereits im 10. Jahrhundert fanden sich im Osten der damaligen islamischen Welt, in Zentralasien und Ostiran, private Medressen in den Häusern renommierter Lehrer. Auf Grund der Gefahr, die von der siebenerschiitischen Propaganda für sunnitische Herrschaftsträger ausging, begannen diese nun mit dem systematischen Ausbau dieser Einrichtungen. Der seldschukische Wesir Niẓām al-Mulk (gest. 485/1092) gründete an verschiedenen Orten des Reiches Schulen mit besoldeten Lehrern und Möglichkeiten der Unterbringung und Versorgung für die Studenten. Materielle Grundlage dieser Schulgründungen waren in der Regel nicht Steuergelder, sondern die Erträge von frommen Stiftungen (arab. *auqāf*, Sg. *waqf*), die vom Schulgründer für diesen Zweck getätigt wurden. Das Vermögen derartiger Stiftungen galt als unveräußerlich und bestand in der Regel in Grundstücken, etwa städtischen Ladenzeilen oder Märkten, aber auch in landwirtschaftlich genutzten Flächen. Diese Stiftungen stellten eine dauerhafte sichere Einkommensquelle für die von ihnen unterhaltene Schule dar und erlaubten neben den Stipendien für Lehrer und Studenten auch noch die Einstellung eines größeren Personalstamms von Mitarbeitern aller Art. Sogar die in der Zeit vor der Einführung des Drucks (dieser erfolgte in der islamischen Welt, nach ausgesprochen zaghaften Ansätzen im 18. Jahrhundert, in größerem Umfang erst im 19. Jahrhundert) exorbitant teuren Bücher konnten so beschafft werden. Das Stiften einer Medresse wurde in den folgenden Jahrhunderten sehr beliebt und prestigeträchtig. Stiftungsmedressen wurden insbesondere im Zusammenhang mit Grabmonumenten von Herrschern errichtet. Die Einbindung in das Medressensystem bot Religionsgelehrten, je nachdem, an welcher Einrichtung sie angestellt waren, ein festes Einkommen und großes Ansehen.

Medressen waren nicht die einzigen auf Stiftungsbesitz gegründeten religiösen Institutionen in der islamischen Welt der Zeit nach dem 11. Jahrhundert. Auch sufische Gemeinschaften verfügten nun über durch Stiftungen finanzierte feste Häuser (arab. *zāwiya*, Sg. *zawāyā*, pers. *ḫānegāh*), in denen neben sufischen Ritualen auch Unterricht in den Lehren der islamischen Mystik erfolgte. In beiden Institutionen allerdings standen theologische Fragen im engeren Sinne nicht im Mittelpunkt des Interesses, sondern wurden nur neben anderen, als wichtiger geltenden Dingen vermittelt.

1.1.3 Religiöse „Laien" als neue Akteure

Obwohl das Geld zumindest für die größeren Medressen (oft für die sufischen Versammlungshäuser) von politisch Mächtigen stammte, blieben sie als Einrichtungen bis ins 16. Jahrhundert doch weitgehend unabhängig von politischer Einflussnahme. Das änderte sich dann im Osmanischen Reich (in Ansätzen auch im Iran der Ṣafaviden). Die religiöse Ausbildung wurde nun unter staatliche Kontrolle genommen und systematisiert. Ein bestimmtes Kurrikulum von nacheinander zu absolvierenden Kursen und Prüfungen wurde zumindest für die religiösen Gelehrten festgelegt, die die sehr begehrten Richterämter in den großen Städten anstrebten. Im Verlaufe einer gut strukturierten Karriere wechselten Positionen als Richter mit solchen als Lehrer an einer der großen staatlichen Istanbuler Medressen miteinander ab. Daneben bestanden die als private Stiftungen gegründeten Medressen in der Hauptstadt wie in der Provinz fort. Doch auch an ihnen wurden Posten nun durch die zentrale Reichsverwaltung vergeben. Viele der religiösen Gelehrten wurden damit von Privatleuten, wie es der älteren islamischen Tradition entsprach, zu Angehörigen der staatlichen Bürokratie. Dieser Prozess, der mit der Gründung der ersten Medressen seinen Anfang genommen hatte, findet seine Fortsetzung, ja eine Steigerung in der Gegenwart. Die frommen Stiftungen sind seit dem 19. Jahrhundert vielfach staatlicher Kontrolle unterworfen oder ganz verstaatlicht worden. Die professionellen religiösen Gelehrten, sowohl an Moscheen als auch die Lehrer an den in theologische Fakultäten von Universitäten umgewandelten Medressen, sind damit ihrer autonomen Lebensgrundlage beraubte, staatlich besoldete Beamte. Die mangelnde finanzielle und politische Unabhängigkeit dieser Gelehrten sorgt dafür, dass es ihren Auffassungen gerade in politisch heiklen Fragen vielfach in den Augen der Öffentlichkeit an Glaubwürdigkeit mangelt und in Hinblick auf ihre Ausbildung deutlich geringer qualifizierte religiöse Laien ihnen als Autoritäten Konkurrenz machen können.

Dieser Aufstieg religiöser Laien als Akteure in theologischen und islamisch-rechtlichen Debatten seit dem 19. Jahrhundert erklärt sich aber nicht allein aus dem Glaubwürdigkeitsproblem einer zu stark an die politisch Mächtigen gebundenen Gelehrtenschicht. Bis ins 19. Jahrhundert waren die Absolventen der oben beschriebenen religiösen Lehranstalten die einzigen relevanten Produzenten von systematischen Modellen der Welterklärung und -ordnung. Diese Modelle, die weiter unten dargestellt werden, beruhten praktisch sämtlich auf den Lehren der islamischen Religion. Konkurrierende Wege der Weltdeutung und Weltordnung – etwa iranische oder zentralasiatische Herrschaftsideologien, die Bilderwelten und Normensysteme der altarabischen oder persischen Dichtung und die aus der klassischen Antike übernommene Wissenschaftstradition – spielten eine deutlich geringere Rolle und waren zudem im 19. Jahrhundert schon lange in das Denken der Religionsgelehrten integriert worden.

Im 19. Jahrhundert erhielten die Religionsgelehrten als Weltdeuter Konkurrenz durch eine neue Schicht von Gebildeten. Bis dahin hatte es in den muslimischen Ländern de facto nur religiöse Bildungsinstitutionen gegeben. Nun aber sahen sich die muslimischen Staaten gezwungen, weltliche Lehranstalten nach europäischem Muster einzurichten. Anders hätten sie ihren Militärapparat und die Verwaltung im Angesicht der Bedrohung durch die sich dynamisch modernisierenden europäischen Mächte der Zeit im internationalen System nicht konkurrenzfähig halten können. An den neuen Schulen wurden vor allem ingenieurwissenschaftliche und medizinische Fächer unterrichtet, die für die Armee relevant waren. Den Absolventen dieser Lehranstalten und der sich immer weiter verbreitenden Primar- und Sekundarschulen mit aus Europa importierten Lehrinhalten war die Ideenwelt der klassischen islamischen Religionsgelehrsamkeit zunehmend fremd. Sie stellten, ohne in der Regel von der Religion abzufallen, Fragen, die von traditionell ausgebildeten *ʿulamāʾ* nicht beantwortet werden konnten. Zudem verfügten sie als wissenschaftlich und beruflich erfolgreiche, modern gebildete Menschen in Hinblick auf ihre intellektuellen Kapazitäten über ein Selbstbewusstsein, das den Nicht-*ulamāʾ* der Vormoderne meist gefehlt hatte. So kommt es, dass seit dem späten 19. Jahrhundert, neben den regulär an Medressen oder den islamischen Fakultäten der im 20. Jahrhundert neugegründeten modernen Universitäten ausgebildeten Religionsgelehrten, Angehörige aller möglichen modernen akademischen Berufe, etwa Lehrer und Ingenieure, als religiöse Intellektuelle in der islamischen Welt Gehör finden und die theologischen Debatten zum Teil entscheidend prägen.

Laien als Akteure in theologischen Debatten haben auch im zeitgenössischen Iran, vor ebenso wie nach der Revolution von 1399/1979, eine große Rolle gespielt. Zwischen den schiitischen Religionsgelehrten Irans im engeren Sinne und denen der sunnitischen Welt besteht allerdings in Hinblick auf ihre soziale Stellung ein bedeutender Unterschied. Die schiitischen Gelehrten, die die ṣafavidischen Herrscher im 16. Jahrhundert nach Iran brachten und einer einheitlichen hierarchischen und durch den Herrscher kontrollierten Leitung unterwarfen, bewahrten dennoch eine gewisse Distanz gegenüber der nach schiitischer Lehre prinzipiell als illegitim empfundenen politischen Macht. Seit dem 19. Jahrhundert konnten sie so als politisches Gegengewicht gegenüber der weltlichen Herrschaft ihr Prestige bei der Bevölkerung festigen.

Anders als in sunnitischen Ländern gelang es dem Staat in Iran auch nicht, den ungeheuren Stiftungsbesitz unter seine Kontrolle zu bringen. Religiöse Stiftungen, von denen insbesondere Angehörige des Gelehrtenstandes profitieren und die deren wirtschaftliche Unabhängigkeit sichern, kontrollieren spätestens seit der Revolution große Teile der iranischen Wirtschaft. Hinzu kommt, dass von den schiitischen Gelehrten der eigentlich dem verborgenen Imam zustehende Fünfte vom Einkommen ihrer Anhänger eingezogen und verwaltet wird (siehe Kap. 2.4.4).

Die religiösen Gelehrten in den arabischen Ländern des Persischen Golfs verfügen bei Weitem nicht über eine ihren iranischen Kollegen vergleichbare Machtposition. Der Ölreichtum vor allem seit 1393/1973 und die lange Zeit noch geringen Humanressourcen dieser Länder haben dazu geführt, dass die Stellen an den theologischen Fakultäten der dortigen Universitäten zum Teil mit Gelehrten aus anderen arabischen Ländern besetzt wurden. Da die Islamauffassung in den meisten Golfländern, hauptsächlich aber in Saudi-Arabien, ausgesprochen konservativ ist, führt das dazu, dass konservative Gelehrte im Vergleich mit anderen deutlich größere Chancen haben, sich diese Ressourcen zu sichern. Insbesondere Saudi-Arabien unterstützt überall auf der Welt die Einrichtung ihm genehmer islamischer Lehrstätten, u. a. über die eigens zur Förderung des saudischen Islamverständnisses gegründete Islamische Weltliga.

Aus diesen Mitteln wird auch versucht, einen islamischen Gelehrtenstand in den westlichen Ländern aufzubauen, die seit dem Zweiten Weltkrieg Ziel muslimischer Migranten sind. Dem westlichen Islam fehlen die oben beschriebenen festen, vorgegebenen Strukturen, die die muslimischen Länder prägen und die Bandbreite der religiösen Richtungen einschränken. Die Diasporagemeinden und ihr religiöses Personal sind meist nach Herkunftsländern organisiert, wobei in Europa nicht selten Prediger tätig sind, die in Opposition zu den Systemen ihrer Heimatländer stehen. Islamgelehrte in der europäischen Diaspora sind in den seltensten Fällen in Europa religiös ausgebildet und stehen den theologischen und rechtlichen Fragen, die sich hier im Alltag ihrer Anhänger, aber auch im Dialog mit christlichen Kirchen stellen, oft mit Unverständnis gegenüber. Versuche, in Europa eine Schicht muslimischer Religionsgelehrter an hiesigen Universitäten heranzubilden, die von ihrem sozialen und kulturellen Hintergrund her in der Lage wären, eine den europäischen Gesellschaften vermittelbare islamische Theologie zu entwickeln, stecken noch in den Kinderschuhen.

1.2 Gattungen islamischer theologischer Texte

Man muss davon ausgehen, dass zur Zeit Muḥammads theologisches Schrifttum auf der Arabischen Halbinsel nicht besonders verbreitet war. Kommunikation fand überwiegend mündlich statt. Schreibmaterial war teuer und selten. Dennoch zirkulierte unter den Menschen in mündlicher Form religiöses Wissen nicht nur über die einheimische Religion, sondern auch über die der Christen, Juden und Zoroastrier (zu diesen Gruppen siehe Kap. 2.1). Dazu werden insbesondere religiöse Erzählungen und Legenden gehört haben, deren Spuren im Koran deutlich wiederzufinden sind.

Unter den auf der Arabischen Halbinsel einheimischen Christen und Juden hat es auch solche gegeben, die religiöse Texte ihrer jeweiligen

Tradition besaßen und lesen konnten. Diese waren in der Regel nicht auf Arabisch, sondern wohl zumeist auf Syrisch abgefasst (Syrisch ist eine dem Arabischen verwandte semitische Sprache, die im spätantiken Orient eine wichtige Verkehrssprache war und nicht mit dem syrischen Dialekt des Arabischen zu verwechseln ist). Um welche Texte es sich dabei genau gehandelt hat, ist nicht mehr gut zu ermitteln. Man kann davon ausgehen, dass es neben biblischem Material vor allem Ritualtexte gewesen sein dürften. Mit dem Koran gab es erstmals einen umfangreicheren religiösen Text im bisher für solche Zwecke nicht benutzten Arabisch, was für die Zeitgenossen ein erstaunlicher Umstand war.

War Muḥammad Analphabet?

Muḥammad wird im Koran (7,158) als *ummī* bezeichnet. Dieses Wort heißt heute auf Arabisch Analphabet. Der Analphabetismus des Propheten ist heute allgemeine Überzeugung der Muslime. Dass er als Prophet *ummī* war, muss aber ursprünglich nicht diese Bedeutung gehabt haben (das Wort *ummī* leitet sich von *umma* ab: „Menschengruppe", religiöse „Gemeinschaft", im modernen Sprachgebrauch auch: „Nation"). Es erscheint wahrscheinlich, dass es sich hier um eine Lehnübersetzung aus dem Hebräischen handelt. Ursprünglich wäre damit dann nur gemeint gewesen, dass Muḥammad zu den bislang in die jüdisch-christliche Tradition nicht einbezogenen „Völkern" gehörte (vgl. kirchenlat. *gentiles*, „Heiden", von *gentes*, „Völker"), und weiter, dass er der heiligen Sprachen der Christen und Juden nicht mächtig war und daher seine Offenbarungen nicht von Christen und Juden stammen, sondern unmittelbar von Gott.

1.2.1 Der Koran, seine Deutung und die Prophetenüberlieferungen

Der Koran ist ein ungeheuer vielschichtiger Text, der die Botschaft Muḥammads auf die unterschiedlichsten Weisen an seine Hörer vermittelt. Er stellt jedoch kein Lehrbuch dar, das theologische Fragen systematisch und in einfachen Worten für jeden verständlich abhandelt, und lässt vielfach unterschiedliche Deutungen zu.

So heißt es etwa in Sure 42,3–8: „So gibt Gott, der Mächtige und Weise, dir (Offenbarungen) ein, und (so hat er auch schon) denen, die vor dir lebten (und Offenbarungen auszurichten hatten, Offenbarungen eingegeben). Ihm gehört (alles), was im Himmel und auf der Erde ist. Er ist der Erhabene und Gewaltige. Schier brechen (in Anbetracht seiner Allmacht) die Himmel hoch droben (?) (oder: nach oben (?); w. (hoch) über sich) auseinander. Und die Engel lobsingen ihrem Herrn und bitten (ihn) für die Menschen, die auf der Erde sind, um Vergebung (ihrer Sünden). Gott ist es ja, der barmherzig ist und bereit zu vergeben. Diejenigen, die sich an seiner Statt Freunde nehmen, haben Gott (selber) zum Hüter über sich. Du bist nicht ihr Sachwalter. Und so haben wir dir einen arabischen Koran (als Offenbarung) eingegeben, damit du die Hauptstadt (d. h. Mekka) und die Leute in ihrer Umgebung warnst, und damit du (deine Landsleute) vor dem Tag der Versammlung warnst, (dem Jüngsten Tag), an dem nicht zu zweifeln ist. Ein Teil wird (schließlich) im Paradis sein, ein anderer im Höllenbrand. Und wenn Gott es gewollt hätte, hätte er sie (d. h. die Menschen) zu einer einzigen Gemeinschaft gemacht. Aber er lässt in seine Barmherzigkeit eingehen, wen er will. Und die Frevler haben (dereinst) weder Freund noch Helfer."

Der Text ist, wie die vielen durch Klammern hervorgehobenen Einschübe des Übersetzers Rudi Parets zeigen, nicht immer einfach. Angesichts der Schwierigkeiten im Verständnis bestimmter koranischer Ausdrücke und Ausdrucksweisen begannen die Muslime früh, den Koran zu kommentieren. Das hieß zunächst, unverständliche Wörter und Sätze zu paraphrasieren. Aber auch die rechtliche und theologische Ausdeutung des Textes verlangte nach Erklärung. Was ist etwa mit der Aussage gemeint: „Und wenn Gott es gewollt hätte, hätte er sie (d. h. die Menschen) zu einer einzigen Gemeinschaft gemacht"? Heißt Gott es also gut, dass es neben den Muslimen andere Glaubensgemeinschaften gibt? Oder muss man aus dem Folgesatz schließen, dass dem nicht so ist, dass er vielmehr zwar unterschiedliche Glaubensgemeinschaften bestehen lässt, er die Nichtmuslime aber schließlich für den ihnen von ihm selbst bestimmten Glauben bestrafen wird?

Die Literaturgattung, die sich mit der philologischen und theologischen Ausdeutung des Korans beschäftigt, heißt im Arabischen *tafsīr* oder *taʾwīl*. Ursprünglich wurden beide Begriffe synonym verwendet, ab dem hohen Mittelalter bezeichnet der zweite in der Regel einen solchen *tafsīr*, der nach einem nur den Eingeweihten, hier vor allem den Mystikern, zugänglichen inneren Sinn des heiligen Textes sucht.

Die meisten Korankommentatoren interessierten sich aber für den äußeren Sinn der Offenbarung. Der wichtigste frühe unter ihnen stammt von dem auch als Historiker hervorgetretenen Gelehrten Muḥammad b. Ǧarīr aṭ-Ṭabarī (gest. 310/923). Dieser zeichnet sich dadurch aus, dass in ihm auch divergierende Ansichten früherer Kommentatoren erhalten sind. Im Falle vieler schwieriger Stellen hat sich dann im weiteren Verlauf ein Konsens herausgebildet, welche der verschiedenen in der Frühzeit vorgebrachten Deutungen jeweils die richtige sei. Es kommt also insofern zu einer Vereinheitlichung der Koranauslegung. In ihrer theologischen Ausdeutung des Textes unterschieden sich die Kommentare natürlich weiter je nach Position des Autors.

Korankommentare sind bis heute eine der wichtigsten Gattungen theologischen Schrifttums im Islam geblieben. In Vielem schöpfen moderne Autoren dabei nach wie vor aus dem reichen Schatz der islamischen Tradition, auch wenn sie inhaltlich teils neue Ansichten vertreten. Methodisch fällt bei modernen Kommentaren auf, dass die rein sprachliche Analyse vielfach ein wenig zurücktritt und größere Sinnabschnitte in den Blick genommen werden. Verstärkt nutzt man im 20. Jahrhundert zudem den sog. *tafsīr al-Qurʾān bil-Qurʾān*: die Erläuterung des Korans ohne Rückgriff auf Prophetenüberlieferungen, nur aus dem Koran selbst heraus.

Die eben angesprochenen Prophetenüberlieferungen stellen nach dem Koran die zweite große Quelle des religiösen Denkens im Islam dar. Es ist naheliegend, dass der Prophet zu Lebzeiten seinen Anhängern immer wieder die Offenbarung ausgedeutet hat und dass die Gläubigen die Worte des Propheten auf die eine oder andere Weise bewahrt haben.

Da wir aber über direkte schriftliche Zeugnisse aus den ersten Jahrzehnten des Islams nicht verfügen – sehen wir vom Koran, Inschriften und wenigen Papyri meist nicht religiösen Inhalts ab –, ist die Beurteilung der Echtheit dieser Überlieferungen im Einzelfall schwierig. Diese Schwierigkeit ist den Muslimen immer bewusst gewesen. Man hat deshalb, vor allem seit dem Ende des 1. Jahrhunderts des Islams, versucht, echtes, auf den Propheten zurückgehendes Material von Erfindungen zu scheiden. Es wurde üblich, die Echtheit der *ḥadīṯe* durch Angabe der sog. Überliefererkette (arab. *isnād*) abzustützen. Dies geschieht nach dem Muster: „Ich A habe von B gehört, dass er von C gehört hat, dass der Prophet gesagt hat ...“ Die Echtheit einer Überlieferung galt als erwiesen, wenn alle Personen in der Überliefererkette als vertrauenswürdige Muslime galten, die einander auch wirklich getroffen hatten. Eine kritische Untersuchung des Inhalts der Überlieferungen spielte nur eine nachgeordnete Rolle.

Aus der großen Menge der Überlieferungen haben islamische Gelehrte so das ihnen echt Erscheinende herausgefiltert. Die großen, bis heute von den Sunniten als verbindlich angesehenen Sammlungen mit Prophetenüberlieferungen (unter den Schiiten werden auch Aussprüche der Imame gesammelt) stammen aus dem 9. Jahrhundert. Das größte Prestige unter ihnen haben unter sunnitischen Muslimen bis heute die Sammlungen des al-Buḫārī (gest. 256/870) und des Muslim (gest. 261/875). In den Sammlungen der beiden Letztgenannten wie der anderen bedeutenden *ḥadīṯ*-Gelehrten findet sich vor allem rechtlich relevantes Material, aber auch eine große Zahl von Überlieferungen eher theologischen Inhalts etwa zur Frage der Vorherbestimmung wie z. B. die Folgende (der *isnād*, die Überliefererkette, ist weggelassen):

„'Abdullāh berichtete: Der Gesandte Allāhs, Allāhs Segen und Friede auf ihm, sagte zu uns – und er ist ja der Wahrhaftige, der Glaubwürdige: ‚Wahrlich, die Schöpfung eines jeden von euch wird im Leibe seiner Mutter in vierzig Tagen (als Samentropfen) zusammengebracht; danach ist er ebenso lang ein Blutklumpen; danach ist er ebenso lang ein kleiner Fleischklumpen. Danach entsendet Allāh einen Engel, der mit viererlei beauftragt wird: mit der Bestimmung seines Lebensunterhalts, seiner Lebensdauer und ob er elend oder glückselig sein wird. Dann haucht er ihm die Seele ein. Ich schwöre bei Allāh, dass es einige unter euch gibt, die wahrhaftig solche Werke der Bewohner der Hölle vollbringen, bis sie von ihr nur um eine Ellenlänge entfernt sind, dann ereilt sie das Vorherbestimmte, und somit vollbringen sie die Werke der Bewohner des Paradieses und gehen in dieses ein. Und es gibt einige unter euch,

Die Echtheit der ḥadīṯe aus der Sicht der historisch-kritischen Orientalistik

Die klassische islamische *ḥadīṯ*-Wissenschaft hat die Echtheit einer Überlieferung in erster Linie anhand des *isnād*, gegebenenfalls auch nach theologischen Kriterien überprüft. Da ein *isnād* gefälscht sein kann, ist aus der Sicht der historisch-kritischen Orientalistik eine letzte Sicherheit, dass eine Überlieferung vom Propheten stammt, auf diese Weise nicht zu erreichen. Wie bereits Ignaz Goldziher im späten 19. Jahrhundert nachgewiesen hat, enthalten nicht wenige *ḥadīṯe* anachronistisches, inhaltlich nicht in die Zeit des Propheten passendes Material und sind deshalb mit ziemlicher Sicherheit gefälscht. Manche Vertreter der Orientalistik haben daher zeitweilig angenommen, dass fast alle Überlieferungen spätere Konstrukte seien. Diese überkritische Sicht ist heute nicht mehr die Norm. Man muss davon ausgehen, dass die Muslime von Anfang an Aussprüche und Handlungsweisen des Propheten überliefert haben. Durch systematischen Vergleich der Überlieferketten mit den überlieferten Texten kann man sicher zeigen, dass viele Überlieferungen bereits am Ende des 7. Jahrhunderts christlicher Zeitrechnung unter den Muslimen im Umlauf waren. Wie viele und welche von ihnen tatsächlich auf den Propheten zurückgehen, lässt sich beim derzeitigen Stand der Forschung jedoch nicht sagen.

Die orientalistische Kritik an der Echtheit der Prophetenüberlieferung wird von muslimischen Gelehrten nicht geteilt und vielfach als Zeichen der Islamfeindlichkeit der westlichen Orientalistik angesehen.

die wahrhaftig solche Werke der Bewohner des Paradieses vollbringen, bis sie von ihm nur um eine Ellenlänge oder zwei Ellenlängen entfernt sind, dann ereilt sie das Vorherbestimmte, und somit vollbringen sie die Werke der Bewohner der Hölle und gehen in diese ein'" (Ṣaḥīḥ al-Buḫārī zit. n. Rassoul 2009, Nr. 6594).

In der zeitgenössischen islamischen Theologie wird der Stellenwert der Prophetenüberlieferung als religiöse Quelle kaum systematisch diskutiert. Einige wenige lehnen die Überlieferung aus Zweifel an ihrer Echtheit ganz ab. Andere mahnen eine erneute kritische Sichtung des Materials im Prinzip an, ohne zu diskutieren, wie diese erfolgen kann. Im Regelfall aber werden alle in der Tradition als verbindlich angesehenen Sammlungen nach wie vor anerkannt. Vielfach wird dabei aus dem reichen Material der klassischen Sammlungen ad hoc ausgewählt und anderes ohne weitere Begründung ignoriert. Dies gilt noch häufiger für rechtliche Fragen als für solche von im engeren Sinne theologischer Relevanz.

1.2.2 Die klassischen Gattungen der theologischen Literatur

Eine theologische Literatur entsteht in der islamischen Welt ungefähr zur gleichen Zeit, in der auch das *ḥadīṯ* zu einer festen literarischen Form findet: ab dem Ende des 1. Jahrhunderts der islamischen Zeitrechnung. Zunächst handelt es sich um Traktate zu Einzelfragen, sog. Sendschreiben (arab. *risāla*), deren Echtheit teilweise umstritten ist.

Eine andere in dieser Zeit aufkommende theologische Literaturgattung ist die Behandlung von Streitpunkten in Form einer fiktiven Diskussion, wie sie theoretisch so auch zwischen Theologen hätte stattfinden können. Die Texte folgen dabei dem Schema: „Wenn du sagst ... entgegne ich ..." Es ist klar, dass im Verlaufe dieser fiktiven Diskussion sukzessive alle Einwände des gedachten Gegners ausgeräumt werden. Von dieser Sorte Streitgespräch rührt das im islamischen Mittelalter übliche Wort für die Theologie her, nämlich *ʿilm al-kalām*, „Wissenschaft von der Rede, vom Disput".

Die in derartigen echten oder fiktiven Streitgesprächen entwickelten oder verteidigten Positionen wurden, beginnend mit dem 2. Jahrhundert des Islams, bis ins 19. Jahrhundert in recht schematischen Glaubensbekenntnissen (arab. *ʿaqīda*, Pl. *ʿaqāʾid*) zusammengefasst. Diese behandelten, zumeist ohne die vertretenen Positionen weiter zu begründen, in einer bestimmten Reihenfolge einzelne Lehrsätze, die oftmals nicht wegen ihrer Wichtigkeit für den islamischen Glauben in den Text aufgenommen wurden, sondern weil sich an ihnen der Unterschied zwischen der eigenen und fremden theologischen Schulen festmachen ließ.

Aus der Blütezeit der frühen Theologie im 8. und mehr noch im 9. Jahrhundert sind viele Texte nicht mehr erhalten, sondern müssen aus Zitaten in späteren Texten rekonstruiert werden. Solche Texte sind entweder Widerlegungen bestimmter Lehren oder Sammlungen der religiösen Meinungen der Muslime oder aller bekannten religiösen Gruppen überhaupt. Derartige häresiographische (gegen Irrlehren gerichtete) Werke, deren Hauptzweck war, die falschen Ansichten anderer Gruppen zu protokollieren und gegebenenfalls die richtigen Ansichten der eigenen Gruppe dagegenzustellen, sind im islamischen Mittelalter in großer Zahl verfasst worden und bieten uns vielfach erstaunlich präzise und informationsreiche Aufstellungen von unter muslimischen (teils auch andersgläubigen) Theologen verbreiteten Ansichten. Die bekanntesten dieser sog. *al-milal wan-niḥal*-Werke (arab., „religiöse Gemeinschaften und Sekten") sind die Schriften des Šahrastānī (gest. 548/1153) und des andalusischen Gelehrten und Literaten Ibn Ḥazm (gest. 456/1064). Eine bedeutende frühe Liste muslimischer theologischer Ansichten verdanken wir dem Gründervater der sunnitischen Theologie: al-Ašʿarī (gest. 323/935).

Ein wichtiges Feld für theologische Aussagen konnte auch die Dichtung sein, die in den islamischen Literaturen generell einen hohen Stellenwert besitzt. Die strikte Trennung von in Verse gefasster schöner Literatur und wissenschaftlichen Texten, die immer in Prosa sind, bestand im vormodernen Islam nicht. Lehrgedichte spielten im akademischen Unterricht als Hilfen beim Auswendiglernen, auf das man viel Wert legte, eine große Rolle. Derartige Werke wie auch die bisher nicht erwähnten komplexen Einführungen in das theologische Denken auf Grundlage antiker Logik, die seit dem hohen Mittelalter entstanden, waren meist für ein Fachpublikum bestimmt.

Selbst über den engeren Kreis der Gebildeten hinaus waren Gedichte ein wichtiges Medium der Vermittlung religiöser Lehren und Auffassungen. Es gab zudem Texte, die an der Grenze zwischen gelehrter Theologie und praktischer Frömmigkeit angesiedelt waren. Vom Fortleben der Tradition der „Geschichtenerzähler" bis ins 19. Jahrhundert war schon die Rede. Manche Autoren verfassten einfache Frömmigkeitsbücher, die sich einiger Beliebtheit erfreuten. Eine wirklich massenhafte Verbreitung hat die theologische (oder im weiteren Sinne religiöse) Literatur im vormodernen Islam aber nicht gefunden. Der Umstand, dass ein großer Teil der Menschen nicht lesen und schreiben konnte, spielte hier eine gewichtige Rolle.

Erst als seit dem späten 19. und vor allem im 20. Jahrhundert der Buchdruck in der islamischen Welt auch für religiöse Literatur sich wirklich durchsetzte, trat hier eine Wende ein. Jetzt entstanden religiöse Zeitungen und Zeitschriften, in denen theologische Botschaften in einer neuen Weise vermittelt werden konnten, nämlich nicht mehr im Stil der Gelehrten, sondern in leichter verständlicher journalistischer Form. An die Stelle oft jahrhundertealter theologischer Lehrwerke traten religiös geprägte Texte mit unmittelbarem Bezug zur gesellschaftlichen Wirklichkeit der jeweiligen Zeit. Der politische Islam hat hier seine kulturtechnische Basis.

1.2.3 Neue Formen theologischer Literatur im 20. Jahrhundert

Die Expansion des Schul- und Hochschulwesens im Vorderen Orient, vor allem ab der Mitte des 20. Jahrhunderts, hat der religiösen Literatur dann weitere Leserkreise erschlossen. Erstmals konnte nun die Mehrheit der Bevölkerung zumindest in den Städten lesen und schreiben. Die Reform der theologischen Ausbildung nach westlichem Vorbild hat außerdem dafür gesorgt, dass ein neues Genre theologischer Texte entstand: die universitäre Prüfungsschrift (Magister- und Doktorarbeiten).

Diese beiden modernen Formen theologischer (oder allgemein religiöser) Literatur wurden schließlich durch elektronische Medien ergänzt. Seit Beginn des Fernsehens in den 1960er und 1970er Jahren hat Religiöses in den Programmen der meisten Länder des Nahen Ostens seinen festen Platz. Hier geht es in der Regel eher um Koranrezitation und Erbauliches. Aber mit dem Aufkommen der privaten Satellitenfernsehsender, allen voran al-Jazeera, haben auch kontroverse religiöse Diskussionen Raum im Programm. Diese Form der theologischen Textproduktion im weitesten Sinne, die im Mittelalter ihren Platz an den Herrscherhöfen hatte und die dann im kolonialzeitlichen Indien die Menschen zu öffentlichen Schaukämpfen, in denen die Gelehrten ihre geistigen Kräfte messen konnten, gelockt hat, findet nun eine weltweite Verbreitung. Mehr noch als solche Diskussionen haben Sendungen mit beliebten Religionsgelehrten, in den diese ihre Sicht auf den Islam verbreiten und (oft mehr rechtliche als theologische) Zuschauerfragen beantworten, ihr Publikum.

Auch das Internet ist ein Medium, in dem theologische Autoritäten auftreten, um dort ihre Meinung kundzutun. Islamische Seiten gibt es in allen möglichen Sprachen, unterhalten von Gruppen aller denkbaren Richtungen. Angesichts der finanziellen Macht, über die sie verfügen, sind allerdings Seiten, die dem sog. salafistischen Islam saudischer Prägung (siehe Kap. 2.10) nahestehen, besonders prominent. Das Internet ist in den letzten Jahren nicht mehr allein ein Marktplatz, auf dem religiöse Autoritäten ihre Angebote verbreiten können. Mit der Revolution des Web 2.0 haben zunehmend auch einfache Nutzer die Möglichkeit, ihre Inhalte einzubringen. Das geschieht in Foren oder auf Plattformen wie *YouTube*. Bislang ist noch kaum untersucht, ob diese ungeahnte Öffnung der Medien zu einer inhaltlichen Veränderung des religiösen Denkens führt. Es kann genauso sein, dass im Web 2.0 nur eine überschaubare Anzahl von Standardüberlegungen in immer neuer Weise kombiniert von eigentlich theologisch ungebildeten Nutzern auf Seiten gestellt werden, deren Wirkung begrenzt ist.

2 Historischer Teil

2.1 *Die religiöse Welt der Spätantike*

Die Religionsgeschichte des Islams ist nicht zu verstehen, ohne einen Blick zu werfen auf die Umwelt, in der die frühen Muslime lebten und die den entstehenden Islam auf vielfältige Weise beeinflusst hat. Seit der Eroberung des Nahen und Mittleren Ostens durch Alexander den Großen am Ende des 4. Jahrhunderts v. Chr. war in weiten Teilen dieser Region Griechisch die Hauptverkehrssprache geworden. Mit dem Römischen Reich im Westen und den Reichen im Osten – erst der Parther, dann der Sassaniden – beherrschten Großmächte die Welt vom Atlantik bis nach Indien. Diese politische und sprachliche Vereinheitlichung hat den Austausch von Waren und Ideen in den ersten Jahrhunderten n. Chr. noch weiter befördert. Ab dem 3. Jahrhundert wurden neben dem Griechischen aber die einheimischen Kulturen und Sprachen der Region wieder wichtiger und spielten insbesondere für die Kommunikation der lokalen Varianten des Christentums und anderer Religionen eine zunehmende Rolle.

Die Welt der Spätantike war nicht nur in sprachlicher Hinsicht sehr bunt. Das galt auch für die religiösen Überzeugungen. Man spricht normalerweise davon, dass vor der Christianisierung die meisten Menschen Heiden gewesen seien. Diese Bezeichnung ist insofern problematisch, als sie nach wie vor vielfach als abwertend empfunden wird. Vor allem aber suggeriert diese Bezeichnung, dass die vorchristlichen Religionen der Antike eine Einheit dargestellt hätten. Das stellt eine grobe Vereinfachung dar. Die sog. heidnische Religion ist durch eine Vielzahl oftmals lokal begrenzter Kulte gekennzeichnet gewesen. Menschen aus verschiedenen Gegenden haben aber an anderen Orten in den dortigen lokalen Kulten oftmals die Religion ihrer Heimat wiedererkannt. Der syrische Himmelsgott etwa wurde auf diese Weise mit Zeus gleichgesetzt. Indem so durchaus verschiedene Kulte mit den Namen der griechischen Götter versehen wurden, entstand nach außen der Eindruck einer gewissen Einheitlichkeit. Aus der Sicht der spätantiken Philosophen lag dieser äußeren Einheitlichkeit ein gemeinsames Prinzip zugrunde. Die verschiedenen Götter waren für sie konkrete Manifestationen einer einzigen abstrakten Gottheit.

In derartigen Deutungen manifestierte sich die große Anziehungskraft monotheistischer Vorstellungen. Hinzu kamen neu entstandene Religionen, insbesondere das Christentum. Am Ende des 6. Jahrhunderts war die große Mehrheit der Menschen im Mittelmeerraum und wohl auch im Irak zumindest dem Namen nach seit wenigstens zwei Jahrhunderten christlich. Zwar waren viele Menschen im späten 6. Jahrhundert noch immer den Religionen treu, die vor dem Siegeszug des Christentums den Nahen Osten beherrscht hatten. Doch ihre Zahl nahm weiter ab, und in den Städten, wo die größten Tempel der alten Religionen gestanden hatten, waren sie weitgehend verschwunden. Viele Vorstellungen allerdings, die mit den antiken Religionen verbunden waren, etwa der Glaube an die Macht der mit göttlichen Wesenheiten identifizierten Sterne, überlebten zum Teil bis in unsere Gegenwart.

2.1.1 *Erlösungsreligionen, Christen- und Judentum*

Die antiken Religionen waren außerordentlich tolerant. Die Existenz verschiedener Kulte und auch einer Vielzahl von verehrungswürdigen Mächten war für sie selbstverständlich. Auf diese Weise konnten auch neue religiöse Vorstellungen ohne größere Probleme integriert werden, weil deren Anhänger selbst die Legitimität anderer Kulte nicht leugneten. Die Identität von Menschen fußte in der Antike in der Regel nicht auf einer Andersgläubige abwertenden religiösen Überzeugung. Dies ändert sich mit der in der Spätantike zunehmenden Bedeutung monotheistischer Erlösungsreligionen. Diese Erlösungsreligionen, deren erfolgreichste das Christentum war, warteten mit dem Versprechen auf, ihre Anhänger würden über den Tod hinaus weiterleben und so für ihren Glauben belohnt, während die Andersgläubigen Vernichtung und Strafe entgegengingen.

Auch in Religionen, die wie das Judentum bereits auf eine längere Geschichte zurückblicken konnten, spielte der Erlösungsgedanke nun zunehmend eine Rolle. Ursprünglich hatte die Religion des Alten Testaments die Idee eines erfüllten Weiterlebens nach dem Tod nicht gekannt. In den Jahrhunderten um Christi Geburt fand diese Vorstellung unter den Juden aber in immer größerem Maße Anhänger. Das Judentum entwickelte sich dabei von einer an eine bestimmte Ethnie (und an den Opferkult an einem Tempel) gekoppelten Religion zu einem Glauben, der auch für andere Menschen attraktiv wurde. Die Voraussetzung zur Erlösung sahen Juden in der Erfüllung des von den Rechtsgelehrten (den Rabbinern) ausgelegten Gesetzes. Indem sich Nichtjuden diesem Gesetz unterwarfen, konnten sie Teil der Heilsgemeinschaft werden. Diese Wichtigkeit der Einhaltung eines Gesetzes, das sowohl den Kult als auch das alltägliche Leben der Menschen bestimmt, teilt das Judentum mit dem Islam.

Die große Zahl von Juden überall in der spätantiken Mittelmeerwelt ist weniger mit der Ansiedlung von aus Palästina im Gefolge von Aufständen vertriebenen Juden als mit dem Übertritt von Menschen, die zuvor Anhänger anderer Religionen waren, zu erklären. Zu den vermutlich zumindest zum Teil durch Konversion entstandenen jüdischen Gemeinden zählten jene auf der Arabischen Halbinsel. Juden gab es zumeist im Jemen, aber auch im Westen der Halbinsel, etwa in Medina, der Stadt, in der Muḥammad vor der Verfolgung durch seine mekkanischen Landsleute 622 Zuflucht gesucht hat. Auf ihre zurückhaltende Reaktion auf die prophetischen Ansprüche Muḥammads wird noch zurückzukommen sein.

Das Milieu der jüdischen Gemeinden und der Menschen, die mit dem Judentum sympathisierten, aber eine Einhaltung aller Gebote nicht auf sich nehmen wollten, war der Ausgangspunkt der christlichen Mission. Unter den frühen Christen setzte sich rasch die Überzeugung durch, dass weniger die Einhaltung des jüdischen Gesetzes relevant für das Erlangen des ewigen Heils sei, als vielmehr der Glaube an den Opfertod Christi am Kreuz. Indem Gott seinen eigenen Sohn opfert, wird für alle Gläubigen, die bereuen, sowohl ihre individuelle Schuld als auch der Makel der Erbsünde ausgelöscht. Unter Erbsünde versteht man die christliche Überzeugung, dass die Schuld Adams, die er durch seinen Ungehorsam im Paradies auf sich geladen hat, von Generation zu Generation weiter übertragen wird, was die mit der Erbsünde Belasteten zunächst einmal vom Heil ausschließt.

Die Christen waren zur Zeit des Aufkommens des Islams im 7. Jahrhundert in eine größere Zahl unterschiedlicher Konfessionen gespalten. Sie stritten insbesondere über die Frage, ob und auf welche Weise in Christus neben seiner menschlichen Natur auch eine göttliche Natur vorhanden sei. Von den oströmischen Kaisern unterstützt wurde die Lehre der sog. Orthodoxen (der Rechtgläubigen), aus denen die heutigen Katholiken sowie die Griechisch-Orthodoxen und ihre Zweigkirchen hervorgegangen sind. Nach ihrer Auffassung ist Jesus ganz Gott und ganz Mensch gewesen, beide Naturen, die Göttliche wie die Menschliche, sind unvermischt Teil seines Wesens. Manche Gruppen sahen darin eine Minderung der göttlichen Natur Christi und meinten, Jesus sei zwar menschlicher Gestalt gewesen, habe aber nur eine göttliche Natur gehabt (Monophysiten: Anhänger der einen Natur Christi). Neben den Orthodoxen und Monophysiten sind noch die sog. Nestorianer zu nennen, denen von Orthodoxen wie Monophysiten eine zu strenge Trennung der göttlichen von den menschlichen Anteilen in Christus vorgeworfen wurde.

Die Unterschiede vieler christlicher Gruppen untereinander erscheinen aus heutiger Sicht kaum noch nachvollziehbar, doch waren sie in der christlichen Spätantike für die Menschen von großer Relevanz. Erlösung wurde, wie wir sahen, abhängig gemacht von bestimmten Glaubensentscheidungen. Kenntnisse in der Metaphysik, d. h. desjenigen Faches der Philosophie, das sich mit den Grundlagen von Sein und Wissen beschäftigt, gehörten selbstverständlich zu jedem Gebildeten. In einer solchen Welt lagen Auseinandersetzungen über die Natur Christi durchaus nahe. Da die Grundtexte des christlichen Glaubens dazu keine Aussagen machen, konnten leichthin unterschiedliche Ansichten vertreten werden und zu Markern werden, die die eigene Identität von derjenigen anderer Gruppen abgrenzten.

Gerade im Osten der christlichen Welt waren die Lehren der Monophysiten wie Nestorianer weit verbreitet. Ihre religiöse Literatur verfassten sie, anders als die griechischsprachigen Orthodoxen, in einer dem Arabischen und noch mehr dem Hebräischen eng verwandten semitischen Sprache, dem in diesem Zusammenhang meist Syrisch genannten Aramäischen. Viele religiöse Fachbegriffe sind über christlich-aramäische Fremdwörter im Koran auch Teil der arabischen Sprache und des religiösen Vokabulars der Muslime geworden. Dazu gehören so zentrale Begriffe wie *ṣalāt*, rituelles Gebet, und *zakāt*, Läuterungsabgabe, das Pflichtalmosen der Muslime.

2.1.2 Zoroastrismus und Gnosis

Wichtig für die religiöse Umwelt des frühen Islams waren aber nicht nur Christen und Juden, von denen auch im Koran die Rede ist. Bereits vor dem Islam standen die Araber in engem Kontakt mit dem Sassaniden-Reich auf dem Territorium des heutigen Iran und seiner Nachbarländer. Im Römischen Reich war seit der Wende vom 4. zum 5. Jahrhundert zumindest offiziell keine Religion außer dem Christentum und dem stark diskriminierten Judentum mehr zugelassen. Die Sassaniden dagegen waren vergleichsweise tolerant. Bei ihnen fanden nicht nur im Römerreich verfolgte christliche Abweichler eine Heimstatt. Sie duldeten auch eine ganze Reihe einheimischer Religionen, im Osten des Reiches etwa den Buddhismus.

In besonderem Maße förderten die sassanidischen Herrscher allerdings den Zoroastrismus. Diese Religion wird auf einen Propheten namens Zarathustra zurückgeführt, dessen Lebenszeit sehr unterschiedlich datiert wird (schon die gängigsten Datierungen schwanken zwischen 1000 und 550 v. Chr.). Die Grundlehre des Zoroastrismus besteht in der Vorstellung, dass in der Welt ein Kampf zwischen zwei göttlichen Prinzipien, dem Guten und dem Bösen, stattfinde, in dem der Mensch sich zu entscheiden habe. Der Schöpfer der Welt ist dabei die Verkörperung des Guten. Das unterscheidet den Zoroastrismus von den in der Spätantike sehr beliebten gnostischen Religionen. In diesen ist die materielle Welt ein von bösen Mächten geschaffenes Reich der Finsternis. Die Seelen der Menschen sind Lichtpartikel, die in der geschaffenen Welt gefangen sind. Indem sie dies erkennen, können sie zu ihrem Ursprung in der Welt des guten Gottes zurückkehren. Diese Gnosis – das (heilbringende) Wissen – tritt oft im Gewand anderer Religionen auf, die dann entsprechend umgedeutet werden. Die bekannteste gnostische Religion ist die von Mānī (216–276/77) begründete Religion der Manichäer, die sich vom sassanidisch beherrschten Zweistromland bis nach China und Nordafrika ausbreitete. Zuweilen wird in der jüngeren Forschung, etwa von dem deutschen islamischen Theologen Muḥammad Kalisch, auch im frühen Islam eine gnostische Religion gesehen. Da der Koran in der geschaffenen Welt jedoch eine Gnade des guten Gottes sieht, erscheint eine gnostische Deutung des Korans allerdings als ausgesprochen problematisch. Doch es gibt im späteren Islam Strömungen, die eindeutig der gnostischen Religiosität zuzuordnen sind (siehe Kap. 2.5).

2.1.3 *Die vorislamische Religion der Arabischen Halbinsel*

Alle oben erwähnten Religionen hatten auf der Arabischen Halbinsel zu der Zeit Muḥammads wohl Anhänger oder waren den Arabern doch zumindest durch ihre Kontakte in die Länder des fruchtbaren Halbmondes bekannt. Neben diesen „fremden" Religionen spielt für die Entstehung des Islams aber auch noch die einheimische arabische Religion eine Rolle. Wir kennen diese Religion zum Teil anhand dessen, was die islamische Überlieferung über sie aussagt. Diese Überlieferung ist freilich, da es sich um ein Fremdbild handelt, nicht unproblematisch. Zum Glück verfügen wir außerdem über, allerdings spärliche, archäologische Zeugnisse und können versuchen, diese Informationen mit dem abzugleichen, was wir über andere nicht monotheistische semitische Religionen wissen.

Die altarabische Religion war eine Variante des antiken vorderorientalischen Polytheismus (Vielgötterei). Man sah die göttlichen Mächte vor allem in besonderen Steinen repräsentiert, die teils ortsfest waren, teils aber auch transportiert werden konnten. Der schwarze Stein in der Kaaba (arab. *kaʿba*) in Mekka ist ein typisches Beispiel der Verehrung eines Steines in der altarabischen Religion. Anders als andere einschlägige Heiligtümer hat der Kult am schwarzen Stein der Kaaba den Übergang zum Islam überlebt und ist Teil der neuen Religion geworden. Zu den Göttern hatten die alten Araber (wie viele Menschen in der damaligen Welt, aber auch heute noch) ein eher pragmatisches Verhältnis. Man erwartete von ihnen gewisse „Dienstleistungen" und war bereit, dafür im Gegenzug Kulthandlungen zu vollziehen. Diese Dienstleistungen der Götter bezogen sich rein auf das diesseitige Leben. Mit dem Tod hörte für die vorislamischen Araber der Mensch auf zu existieren. Der Glaube an ein Weiterleben nach dem Zerfallen des Körpers erschien ihnen absurd.

Dass die vorislamische arabische Religion mithin keine Erlösungsreligion war, heißt nicht, dass ihre Anhänger die von dieser Religion geprägten Normen und Vorstellungen nicht ernst genommen hätten. Die altarabische Gesellschaft war, wie fast alle vormodernen Gesellschaften, sehr konservativ. Zudem war das Leben des Einzelnen fest eingebunden in die Wertvorstellungen seiner Gruppe, die sich nicht zuletzt im Vollzug bestimmter religiöser Riten manifestierte. So dürfte der Übertritt zu einer fremden Religion wie Juden- oder Christentum sich in der Regel in ganzen Sippenverbänden abgespielt haben. Darüber hinaus berichtet die islamische Überlieferung aber auch von einzelnen Personen, die, ohne sich zum Juden- oder Christentum zu bekehren, einem eigenen monotheistischen Glauben anhingen. Diese Menschen wurden *ḥanīf* (arab., Pl. *ḥunafāʾ*, wohl „rechtgläubig") genannt. Als Prototyp eines solchen Ḥanīfen gilt in der islamischen Überlieferung Abraham. Erzählungen über diese Figur des Alten Testaments waren offensichtlich unter den vorislamischen Arabern im Umlauf. Muḥammad stellte sich, wie wir noch sehen werden, in eine angeblich von ihm begründete Tradition.

Die Existenz des höchsten Gottes, den diese Ḥanīfen verehrten, wurde von den polytheistischen Arabern wohl nicht in Zweifel gezogen, doch schien er ihnen für ihr Leben nicht besonders relevant. Wichtiger als die Macht Gottes (oder der Götter) war für sie der Schicksalsglaube. Denn das Leben werde nicht etwa von den Göttern, sondern von der unerbittlichen Zeit (arab. hier: *dahr*) bestimmt, die früher oder später alles Irdische vernichte. Dem Ratschluss des Schicksals könne man nicht entfliehen. Montgomery Watt und andere erklären den Schicksalsglauben der Araber mit den Unwägbarkeiten eines Lebens in der Wüste. Wer dort lebe, könne sein psychisches Gleichgewicht nur aufrechterhalten, wenn er darauf verzichte, sich gegen alle Eventualitäten abzusichern und sein Leben in die Hand anonymer Mächte lege. Ein derartiger Versuch, aus geographischen Faktoren heraus Glaubensüberzeugungen zu erklären, ist immer problematisch. Im vorliegenden Fall erscheint er nicht zuletzt deshalb irrig, weil zum einen das Leben in der Wüste keineswegs von größeren Unwägbarkeiten geprägt war als das Leben eines vormodernen Ackerbauern, zum anderen, weil der Vorherbestimmungsglaube keineswegs auf nomadische Bevölkerungsgruppen beschränkt war und ist.

Wo immer der Schicksalsglaube der alten Araber herrühren mochte, die Tendenz, an ein vorherbestimmtes Schicksal zu glauben, fand auch Eingang in die islamische Religion. Hier wurde aus einem abstrakten Prinzip allerdings ein alles ordnender personaler Gott, also eine Institution, mit der die Menschen – anders als mit einem abstrakten Prinzip – in unmittelbaren Kontakt treten können. Im Islam blieb dieser Schicksalsglaube allerdings nicht unangefochten.

ǧāhilīya

So vielgestaltig und differenziert die altarabische Kultur war (vor allem ihre hochentwickelte Dichtkunst ist hier zu erwähnen), aus der Sicht der frühen Muslime fehlte es den vorislamischen Arabern am alles entscheidenden religiösen Heilswissen. Die Muslime bezeichnen die vorislamische Epoche auf der Arabischen Halbinsel deshalb als die „Epoche der Unwissenheit“ (arab. *ǧāhilīya*). Dieser Begriff ist im 20. Jahrhundert zu einem Schlüsselbegriff des politischen Islams geworden. Wer neben den Prinzipien des Islams noch anderen Normen folgt, lebt aus dieser Sicht in einer neuen Zeit der Unwissenheit (siehe S. 156ff.).

2.2 *Die theologische Botschaft des Korans*

Um das Jahr 610 trat in Mekka Muḥammad mit dem Anspruch auf, göttliche Offenbarungen zu empfangen. Diese Offenbarungen, die im Laufe eines Zeitraums von gut zwanzig Jahren erfolgten, wurden nach Muḥammads Tod gesammelt. Zusammen bilden sie den Koran (arab. *Qurʾān*, von arab. *qaraʾa*, „lesen, rezitieren“).

Der Koran ist kein theologisches Buch in dem Sinne, wie Theologie im Vorwort definiert wurde. Zwar finden sich in ihm Teile, in denen wie in theologischen Schriften argumentiert wird, um die Richtigkeit einer Position zu beweisen. Viel mehr als eine theologische Schrift ist der Koran das Zeugnis einer religiösen Erfahrung und ein liturgischer, d. h. dem Gottesdienst dienender Text. Dem Text liegt keine einfach zu durchschauende Ordnung zu Grunde. Er springt zuweilen von Thema zu Thema. Zudem finden sich im Koran zahlreiche Passagen, in denen früher Gesagtes wiederholt wird. An anderen Stellen werden Aussagen mit poetischen Bildern ausgeschmückt. All das gehört eher zum Genre „Predigt" als zum Genre „systematische theologische Darstellung".

Nicht zu einer solchen systematischen Darstellung von Lehrinhalten passen auch erzählende Passagen wie die Josephsgeschichte in Sure 12 oder die rechtlichen Vorschriften, die insbesondere in den späten Suren zu finden sind. Dass der Koran als solcher keine theologische Abhandlung ist, heißt nicht, dass der Koran nicht der Hauptausgangspunkt theologischen Nachdenkens im Islam wäre. Der Koran ist für Muslime die höchste Instanz. Allerdings muss er wie alle Texte ausgelegt werden, um ihn verstehen zu können. Islamische Theologie dient daher zunächst einmal der Ausdeutung und Systematisierung der im Koran niedergelegten Botschaft Muḥammads. Dabei sind die meisten Grundaussagen des Korans unter den muslimischen Gläubigen und Theologen weitgehend unstrittig. In einigen wichtigen Punkten allerdings haben die Muslime divergierende Vorstellungen entwickelt, die sie jeweils aus dem Koran heraus zu begründen suchen. Im Folgenden werden die theologischen Grundaussagen und solche Punkte, die später in der islamischen Theologie kontrovers diskutiert wurden und werden, kurz vorgestellt. Auf diejenigen Aspekte der koranischen Botschaft, die im Kontext der theologischen Diskussion keine Rolle spielen (etwa Rechtsfragen), wird dabei nicht eingegangen werden.

2.2.1 Kontroversen zur Überlieferung des Korans

In den letzten Jahrzehnten ist in der Islamwissenschaft die Echtheit der Prophetenüberlieferung, des Korantextes (in dem Sinn, dass der Korantext, den wir kennen, im Prinzip identisch ist mit den Offenbarungstexten, die Muḥammad zu seinen Lebzeiten vorgetragen hat) und schließlich die historische Überlieferung zu den ersten zwei Jahrhunderten des Islams verschiedentlich in Zweifel gezogen worden. Bereits im späten 19. Jahrhunderts hat Ignaz Goldziher nachgewiesen, dass die Prophetenüberlieferung in weiten Teilen mit Anachronismen durchsetzt ist: Viele der in den *ḥadīṯ*en angesprochenen Fragestellungen gehören nicht in die Lebenszeit des Propheten, sondern spiegeln die Auseinandersetzungen in der frühen islamischen Gemeinde. Später hat Joseph Schacht, ausgehend von rechtlich relevanten Überlieferungen, diese Überlegungen dahingehend ausgeweitet, dass praktisch das gesamte Corpus der Prophetenüberlieferung erst im frühen 2. Jahrhundert des Islams entstanden sei. Die Überliefererketten, die die Echtheit bezeugen sollen, seien allesamt spätere Fälschungen.

Seit den 1970er Jahren sind von Gelehrten wie John Wansbrough auch die Authentizität des Korans und schließlich die historische Existenz Muḥammads wie die gesamte historische Überlieferung zu den ersten zwei Jahrhunderten des Islams bestritten worden. Der Koran sei demnach eine im Laufe der Zeit gewachsene Sammlung im weitesten Sinne christlich-jüdischer Texte. Die islamische Geschichtsüberlieferung zum Leben Muḥammads und den ersten beiden Jahrhunderten sei ganz oder in großen Teilen nicht Geschichtsschreibung im engeren Sinne. Es handele sich vielmehr um Heilsgeschichtsschreibung, also um den Versuch, theologische Wahrheiten in eine Erzählung von vergangenem Geschehen umzuformen. Wansbrough vertritt daher die Ansicht, die Frühgeschichte oder, wie er sagen würde, die Vorgeschichte des Islams sei damit unserem Zugriff entzogen und könne nicht rekonstruiert werden. Weniger vorsichtige Vertreter einer skeptischen Sicht auf die islamische Überlieferung, wie Patricia Crone, Michel Cook und später Gerd R. Puin, haben versucht, mit Hilfe vor allem nicht islamischer Quellen die Frühgeschichte des Islams als einer jüdischen (Crone und Cook) oder christlichen Sekte (Puin) zu rekonstruieren. Andere Gelehrte wie Günter Lüling und Christoph Luxenberg meinen zeigen zu können, dass dem koranischen Text ursprünglich christliche Texte zugrunde liegen. Die Kenntnis von der wahren Natur des Korans sei später, nach der Herausbildung des Islams als unabhängige Religion, verloren gegangen.

Die weit überwiegende Mehrheit der Islamwissenschaftler hat sich den Thesen der genannten radikalen Kritiker des traditionellen Bildes von der Entstehung des Islams nicht angeschlossen. Das hat gute Gründe. Die Muslime des 3. Jahrhunderts des Islams waren nachgewiesenermaßen in eine große Zahl unterschiedlicher Glaubensrichtungen gespalten und über zahllose Länder verteilt. Es ist kaum vorstellbar, dass sie sich auf einen einheitlichen Korantext hätten einigen können, wenn ein solcher in ihrer Zeit nicht schon allgemeine Anerkennung gehabt hätte. Das Gleiche gilt für die gesamte frühislamische Geschichte. Die verschiedenen miteinander im Streit liegenden Richtungen des Islams geben zwar den Ereignissen der frühislamischen Geschichte einen unterschiedlichen Sinn, die Abfolge der Ereignisse wird aber von allen im Wesentlichen identisch wiedergegeben.

Wir müssen also davon ausgehen, dass das Leben Muḥammads und die frühe islamische Geschichte zumindest in groben Zügen so verlaufen sind, wie die islamische Überlieferung das schildert. Diese Sicherheit haben wir freilich nicht für die Einzelheiten des Lebens des Propheten und die ihm zugeschriebenen Aussprüche. Bei vielen *ḥadīṯen* muss man mit Goldziher annehmen, dass sie gefälscht sind. Nicht wenige werden aber tatsächlich auf den Propheten zurückgehen. Es gibt jedoch beim gegenwärtigen Stand der Forschung keine Möglichkeit, die Echtheit einzelner Überlieferungen sicher zu beweisen. Bei vielen kann man allerdings nachweisen, dass sie bereits im späten 7. Jahrhundert kursierten.

Unsicherheit bei der Überlieferung herrscht auch bei vielen den Gelehrten des späten 1. Jahrhunderts des Islams zugeschriebenen theologischen Texten, die dem Kap. 2.3 dieser Einführung zugrunde liegen. Im Folgenden wird davon ausgegangen, dass diese Texte zumindest in ihren Grundaussagen tatsächlich auf diese Zeit zurückgehen.

2.2.2 Formale Gestalt und Wundercharakter (iʿǧāz) des Korans

Der koranische Text ist eingeteilt in 114 Suren (Sg. Sure, arab. *sūra*) genannte Kapitel von sehr unterschiedlicher Länge. Diese Suren sind wiederum eingeteilt in Verse (arab. *āya*). Die Suren sind (mit Ausnahme der ersten) nach ihrer Länge angeordnet, wobei die längsten, die in der Regel später offenbart wurden, am Anfang, die älteren, kürzeren am Ende stehen. Man kann davon ausgehen, dass die Suren (und die Verse) im Wesentlichen schon zu Muḥammads Lebzeiten als feste Einheiten begriffen wurden. Bei ihnen wird zwischen solchen unterschieden, die bereits vor der Hedschra offenbart wurden, und jenen, die aus der medinensischen Periode des Wirkens Muḥammads stammen. Zuweilen finden sich in den mekkanischen Suren einzelne Passagen, die der Tradition der medinensischen Periode zugerechnet werden. Der Offenbarungsprozess hat sich, mekkanische und medinensische Periode zusammengerechnet, über einen Zeitraum von gut zwanzig Jahren hingezogen. Die islamische Tradition setzt den Beginn der Offenbarungen im Jahr 610 an. Den Endpunkt markiert der Tod Muḥammads 10/632.

Die mekkanischen Suren handeln von der Schöpfermacht Gottes, warnen vor der Verehrung anderer Götter, mahnen zur Umkehr und drohen den dazu nicht Bereiten Strafe an. Sie zeugen dabei insbesondere von den Diskussionen Muḥammads mit seinen mekkanischen Landsleuten. In den deutlich längeren medinensischen Suren treten rechtliche Bestimmungen sowie zunehmend kritische Stellungnahmen gegenüber Juden und Christen hinzu.

Die Sprache des Korans ist besonders in den älteren Teilen von großer poetischer Kraft. Der Text ist in Prosa gehalten, die allerdings zum Teil recht rhythmisch ist. Auffällig sind die zahlreichen Reime, die nicht zuletzt der Gliederung des Textes dienen.

Die Verschriftlichung des Korantextes wurde erst nach Muḥammads Tod abgeschlossen. Man muss sich den Koran zu seinen Lebzeiten nicht als ein festes Buch zwischen zwei Deckeln vorstellen, sondern als eine Sammlung von Texten, die auf unterschiedlichsten Schreibmaterialien in einzelnen Abschnitten aufgezeichnet war und zum Teil auch nur mündlich bewahrt wurde. Die altarabische Religion war ganz ohne Schriften ausgekommen. Diese gehörten zu den Religionen des fruchtbaren Halbmondes wie Christentum und Judentum, die auf der Arabischen Halbinsel zur damaligen Zeit zahlreiche Anhänger hatten. Mit dem Koran gab es nun erstmals einen religiösen Offenbarungstext auf Arabisch. Angesichts dessen liegt es nahe, dass der Buchcharakter und die oben skizzierte literarische Form des Korans auf die ersten Hörer, für die Lesen und Schreiben nicht selbstverständlich waren, Eindruck machten.

Bereits im Koran selbst wird dem Umstand, dass Muḥammad, obwohl er der Sprachen der Offenbarungsschriften nicht mächtig war, ein solches Buch produzieren konnte, als Wunder angesehen. Seine Kritiker seien nicht in der Lage, ähnliche Texte zu produzieren. Dies wird als Beweis für Muḥammads Prophetentum gedeutet. Für die islamische Theologie ist der Koran dann das entscheidende Beglaubigungswunder Muḥammads (arab. *muʿǧiza*, etwas, das andere unfähig macht, ein Gleiches zu tun). Nur ein Prophet Gottes habe ein solches Buch hervorbringen können, folglich müsse Muḥammad ein Prophet sein. Der Wundercharakter (arab. *iʿǧāz*, von der gleichen Wurzel wie *muʿǧiza*) wird im Mittelalter vor allem auf die nach muslimischer Überzeugung unnachahmliche sprachliche Gestalt des Korantextes bezogen. Erst in den letzten Jahrzehnten spielt, mehr noch als die sprachliche Qualität des Textes, ein anderer Umstand eine Rolle, wenn Muslime über den Wundercharakter des Korans sprechen. Man meint nun, im Koran Hinweise auf allerlei neuzeitliche naturwissenschaftliche Entdeckungen, etwa schwarze Löcher und anderes mehr, finden zu können und sieht darin, mehr als in der sprachlichen Schönheit, den Beweis für den göttlichen Ursprung des Korans (siehe S. 134 und Kap. 3.5.3).

2.2.3 Gott

Zentrale Botschaft des Korans ist der Glaube, dass es nur einen Gott gebe. Diese Zentralität des absoluten Monotheismus (Eingottglaubens) ist in den ersten Verkündigungen noch nicht ganz deutlich. Hier wird zwar bereits zur Verehrung Gottes aufgefordert. Doch steht die scharfe Polemik gegen die Polytheisten (die Verehrer mehrerer Götter) und das strikte Verbot, andere göttliche Wesen zu verehren, noch nicht im Mittelpunkt. Dies ändert sich jedoch relativ bald. Zeugnis dieser Polemik gegen die Vielgötterei ist etwa die Sure 112: „Sag: ‚Er ist Gott, ein einziger. (Er ist) Gott durch und durch. Er hat nicht gezeugt, noch ist er gezeugt worden. Keiner kann sich mit ihm messen.'"

Der hier mit „durch und durch" übersetzte arabische Begriff *ṣamad* zeigt die Schwierigkeiten, mit denen man beim Verständnis des Korans zu rechnen hat. *Ṣamad* heißt u. a. massiv. Was das im Zusammenhang mit Gott bedeutet, ist bis heute unter Muslimen wie in der islamwissenschaftlichen Forschung nicht letztgültig geklärt. Bereits in frühislamischer Zeit wusste man nicht für jedes koranische Wort eine präzise und unstrittige Bedeutung anzugeben. Das erklärt, warum die frühe Literatur der Auslegung des Korans großen Wert auf die Paraphrasierung des Textes und die Erklärung schwieriger Wörter legt. Doch zurück zur Funktion dieses Verses für Muḥammads Zeitgenossen! Diese Sure spielt ab der zweiten Hälfte des 7. Jahrhunderts eine Rolle in der polemischen Auseinandersetzung mit der christlichen Trinitätslehre. Die Aussage, dass Gott nicht gezeugt sei noch gezeugt habe, ließ sich leicht gegen die Christen wenden. Die Sure stammt der islamischen Überlieferung nach aus mekkanischer Zeit. Damals spielte die Auseinandersetzung mit Christen und Juden noch keine entscheidende Rolle für die Muslime. In dieser Zeit ging Muḥammad noch davon aus, dass seine Religion mit der der Christen und Juden im Prinzip identisch sei. Es erscheint deshalb als denkbar, dass ursprünglich der Gegenstand der Polemik dieser Sure nicht nur das Christentum, sondern auch der Polytheismus der Mekkaner war, die ebenfalls davon ausgingen, dass Gott Kinder haben könne. In bestimmten, von ihnen verehrten höheren Wesen sahen sie Töchter Gottes.

Aus der Sicht des Korans ist Gott also einer, und das anzuerkennen und dementsprechend zu handeln, ist die wichtigste Pflicht der Menschen. Dies gilt umso mehr wegen der dauernden Fürsorge Gottes für seine Schöpfung. Über die Schöpfung heißt es im Koran wie in der Bibel, Gott habe sie in sechs Tagen vollbracht. Details über den Schöpfungsvorgang erfahren wir aber nur am Rande. Es wird – wie häufig im Koran – vorausgesetzt, dass die Hörer mit dem biblischen Bericht in seinen

Grundzügen bereits vertraut sind. Im Vergleich zum biblischen Schöpfungsbericht fällt allerdings ein Unterschied auf, der symptomatisch ist: Der koranische Gott muss nach seinem Schöpfungswerk nicht ausruhen, „ihn überkommt weder Ermüdung noch Schlaf“ (2,255). Die Schöpfung wird weniger als ein in sechs Tagen abgeschlossenes Werk betrachtet als ein auch in der Folge von Gott immer weiter in Gang gehaltener Prozess. Zu jeder Zeit strömt die göttliche Kraft in die Welt. Der Koran nennt diese von Gott ausgehende Kraft Gottes *amr* (arab., „Befehl, Angelegenheit“). Nagel übersetzt den Begriff *amr* an diesen Stellen passend mit Fügung. Diese Betonung der fortgesetzten Schöpfung Gottes durch den Koran hat in der späteren islamischen Theologie großen Widerhall gefunden und zu der unter Theologen verbreiteten Auffassung beigetragen, es gebe kein von Gottes in jedem Moment wirksamer Fügung unabhängiges Naturgesetz. Die Schöpfung müsse vielmehr in jedem Moment von Gott gleichsam neu geschaffen werden (siehe S. 82f.).

Der Umstand, dass Gott nicht von Erschöpfung oder Schlaf erfasst wird, bringt uns aber noch zu einem weiteren Thema: der Frage, inwiefern Gott mit geschaffenen Dingen verglichen werden kann. Im Koran werden immer wieder die Andersartigkeit Gottes und seine Transzendenz betont (d. h. der Umstand, dass er die Grenzen des mit Sinnen Wahrnehmbaren überschreitet, dass er jenseits von unserer Welt steht). Das gilt im Kleinen, wenn geleugnet wird, dass er von menschlichen Regungen wie Erschöpfung ergriffen werden kann, es gilt aber auch im Großen und Allgemeinen, wenn es über ihn wie in der oben zitierten Sure 112 heißt, niemand könne sich mit ihm messen. Die Transzendenz Gottes geht aus dem Koran allerdings nicht unzweideutig hervor. Zwar ist Muḥammad sehr bald zu der Überzeugung gelangt, dass Gott im Diesseits unsichtbar sei. Doch der Prophet Moses konnte nach dem Koran dennoch auf akustischem Weg mit ihm in Kontakt treten. Gleichzeitig finden sich im Koran Aussagen über Gott, in denen ihm menschliche Eigenschaften zugeschrieben werden. So hat Gott eine Hand (z. B. 48,10) oder er setzt sich auf seinem Thron zurecht (z. B. 20,5). Derartige Aussagen, in denen von Gott mit Worten gesprochen wird, die nahelegen, dass er in irgendeiner Weise Menschengestalt hat, werden Anthropomorphismen genannt. Auf Arabisch spricht man von *tašbīh*, man erklärt Gott als seiner Schöpfung ähnlich. Unter islamischen Theologen waren und sind diese Aussagen ein Gegenstand heftiger Polemiken, gerade weil sie in einem Widerspruch zur vom Koran ja auch ausgesagten grundsätzlichen Transzendenz Gottes stehen.

Im Koran finden sich neben den wenigen offenkundigen Anthropomorphismen noch eine ganze Reihe anderer Aussagen über Gott, die für das islamische Gottesbild und die islamische Theologie von großer Bedeutung sein sollten. Dazu gehören insbesondere die sog. Namen Gottes. Die Muslime zählen 99 „besonders schöne Namen Gottes" (arab. *asmā᾿ Allāh al-ḥusnā*), die mehr oder weniger direkt aus dem Koran hergeleitet werden können und in der alltäglichen Frömmigkeitspraxis und in der Namensgebung unter Muslimen eine große Rolle spielen. Viele muslimische Personennamen sind eine Zusammensetzung aus dem Wort *ʿabd*, Knecht, Sklave, und einem der 99 Namen Gottes.

Diese Namen Gottes – wie der Wissende (arab. *al-ʿalīm*, vgl. 2,231), der Verzeihende (arab. *al-ġaffār*, vgl. 39,5) etc. – sind (mit zwei Ausnahmen, auf die wir gleich zurückkommen) im Koran weniger Eigennamen Gottes als Attribute. Sie erlauben islamischen Theologen bestimmte Aussagen über Gottes Wesen. Gleichzeitig stürzten sie die Theologen, die sich um Aufrechterhaltung der Transzendenz und Einheit Gottes sorgten, aber auch in vielfältige Probleme. Die Frage, in welchem Verhältnis diese Namen und die damit zu verbindenden Vorstellungen zu Gottes eigentlichem Wesen stehen, waren lange Jahrhunderte ein wichtiger Gegenstand theologischer Diskussionen. Man fragte sich, ob alles, was im Koran über ihn ausgesagt wird, von Ewigkeit her zutrifft oder manches womöglich nur zu bestimmten Zeitpunkten zum Tragen komme. Insbesondere in der hoch- und spätmittelalterlichen Theologie interessierte die Gelehrten auch, auf welche Weise sich diese Namen in der Schöpfung manifestieren (siehe Kap. 2.6.3).

Zwei Namen Gottes verdienen hier noch besondere Erwähnung. Zum einen ist das der Begriff Allāh. Allāh wird von den Muslimen zu den 99 Namen gerechnet und gilt unter Nichtmuslimen oft als Name des „islamischen" Gottes. Allāh ist aber nichts anderes als eine Zusammenziehung von *al-ilāh* (arab., „der Gott") und ist auch die unter arabischen Christen und Juden übliche Bezeichnung für ihren Gott und insofern der im Arabischen übliche Eigenname des Gottes der jüdisch-christlich-islamischen Tradition.

In den frühesten Suren des Korans wird für Gott auch der Begriff *ar-Raḥmān* (der Barmherzige) als Eigenname des islamischen Gottes verwendet. Dieser Begriff war bereits vor dem Islam als Name des höchsten Gottes in Südarabien gängig. Wichtiger als die Frage möglicher südarabischer Einflüsse auf den frühen Islam war aber auf Dauer das dahinter stehende Gottesverständnis: Der Gott des Islams wird als den Menschen gnädig angesehen. Dies gilt zum einen, weil er die Welt zu ihrem Nutzen geschaffen hat (vgl. etwa 16,5ff.), zum anderen, weil er immer bereit ist, sich dem reuigen Sünder wieder zuzuwenden und ihm zu vergeben. Diese Barmherzigkeit Gottes findet ihren Ausdruck in der Formel *bi-sm*

Allāh ar-raḥmān ar-raḥīm (arab., meist übersetzt mit „im Namen Gottes des Barmherzigen, des Erbarmers“). Diese Formel wird von frommen Muslimen zur Einleitung einer Vielzahl selbst alltäglicher Verrichtungen mehrmals am Tag gesprochen. Sie stammt aus dem Koran, wo Gott zu Beginn der Suren mit dieser Formel angerufen wird.

2.2.4 Der Mensch

Wir haben eben gesehen, dass Gott die Dinge dieser Welt aus Sicht des Korans nicht um ihrer selbst Willen geschaffen hat. Die Schöpfung dient vielmehr dazu, dem Menschen Leben und Auskommen zu ermöglichen. Der Mensch ist aber nicht nur Nutznießer der Welt, er ist von Gott auch zu seinem Stellvertreter auf Erden eingesetzt. Im Gegenzug sind die Menschen dem Schöpfer zu Dank und Anbetung verpflichtet. Der große Fehler der heidnischen Mekkaner ist aus Sicht der Muslime, dass sie meinen, ihr Wohlstand sei ihr eigenes Verdienst, sie könnten deshalb über ihn nach Gutdünken verfügen und seien Gott nichts schuldig.

Dieses Verhalten liegt aus der Sicht des Korans nicht in der Natur des Menschen begründet. Die Menschen sind im Kern gut und wissen um ihre Verpflichtungen gegenüber Gott. Im Koran wird dieser Umstand mit einer mythologischen Erzählung verdeutlicht: Noch ehe die Welt geschaffen war, hat Gott aus der Lende Adams die künftigen Menschenkinder entnommen und sie bezeugen lassen, dass sie ihn als ihren Herrn anerkennen wollten (7,172). Nach dem Koran soll durch diesen Schwur verhindert werden, dass die Menschen am Jüngsten Tag sich einfach herausreden könnten, sie hätten von Gottes Verehrungswürdigkeit nichts gewusst. Andererseits zeigt diese Stelle aber auch, dass die Menschen an sich zur Anerkennung Gottes bereit und in der Lage sind. Die christliche Vorstellung einer Erbsünde, die sich seit Anfang der Welt weitervererbt und auf jedem Menschen als Makel lastet, soweit er nicht Christus als seinen Erlöser annimmt, ist dem Koran und der islamischen Theologie fremd. Allerdings sind die Menschen verführbar. Sie können auf Abwege geraten und dann in der Sünde verharren. Dies geschieht auf Grund der Einflüsterungen des Teufels, genauso aber, indem Gott selbst die Ungläubigen weiter in die Irre führt, um sie später umso härter bestrafen zu können. Der Gott des Korans, der so handelt, ist listig (arab. *mākir*, vgl. 8,30) und wird am Ende die mekkanischen Ungläubigen, die sich mit ihren Sünden in falscher Sicherheit wähnen, nur umso härter strafen.

Im Koran wird die Frage, wie der Unglaube und die Sünde in die Welt kommen, nicht grundsätzlich diskutiert. Die koranischen Aussagen über den Ursprung von Glauben und Unglauben gehören vielmehr in den Kontext der Auseinandersetzung Muḥammads mit seinen Gegnern. Für den Propheten musste es schwer verständlich sein, warum die Botschaft von dem einen Gott bei seinen Landsleuten keinen Anklang fand. Aussagen des Korans über die von Gott verursachte Verstocktheit der Ungläubigen sollen genau dieses Verhalten erklären. Der mangelnde Erfolg der Predigt des Propheten liegt nicht daran, dass seine Botschaft etwa falsch wäre oder ungeschickt vorgetragen würde. Er hat seine Ursache vielmehr in der erwähnten Absicht Gottes, die Ungläubigen zur Strafe für ihre falschen Überzeugungen noch weiter ins Verderben zu führen (7,182f.).

Wie am Beispiel der Mekkaner erkennbar, erscheinen Unglauben und Glaube der Menschen als von Gott vorherbestimmt. Vorherbestimmt sind im Koran aber auch die Lebensspanne (so 39,42) und der Lebensunterhalt (etwa 43,32). Der Koran lässt in solchen Versen den persönlichen Gott an die Stelle des unpersönlichen Schicksals treten, das im Denken der vorislamischen Araber über Lebenszeit und -unterhalt des Menschen entschied (siehe S. 39f.). Gegenstand solcher Aussagen in den mekkanischen Suren ist also weniger eine theologische Reflektion über das Thema der Handlungs- oder Willensfreiheit des Menschen (siehe S. 62, 77ff.,178ff.). Es geht vielmehr um Polemik gegen den altarabischen Glauben an anonyme Schicksalsmächte, die an die Stelle Gottes getreten waren.

In Medina kommt noch ein weiteres Motiv hinzu, wenn davon die Rede ist, dass Gott den Todeszeitpunkt bestimme. Der Kampf der Muslime gegen ihre mekkanischen Gegner verlief nicht immer glücklich. Insbesondere in der Schlacht am Berge Uḥud bei Medina (3/625) erlitten die Muslime nach der islamischen Überlieferung herbe Verluste. In diesem Zusammenhang kam es darauf an, Wankelmütigen zu verdeutlichen, dass der Todeszeitpunkt ohnedies vorherbestimmt sei. Ob man die Teilnahme an der Schlacht wagt oder nicht, der Tod ereilt den Menschen zu einem vorherbestimmten Zeitpunkt. Feiges Daheimbleiben ist also zwecklos (3,144f.).

Selbst wenn die Frage nach der Willensfreiheit als solche im Koran nicht gestellt wird, sieht es also so aus, als sei im Koran das diesseitige wie das jenseitige Schicksal des Menschen durch Gott von vornehere in festgelegt. Ansatzpunkte für einen Glauben an die Willensfreiheit des Menschen sind zwar vorhanden, aber im Kontext des koranischen Textes nicht wirklich überzeugend. So gibt es Stellen, die nahezulegen scheinen, dass die Sünder sich zu irgendeinem Zeitpunkt frei für diesen fatalen Weg entschieden haben und sie erst danach durch göttliche Einwirkung immer weiter auf den Pfad des Unheils geführt werden. In Sure

2,26 lesen wir etwa: „Gott schämt sich nicht, ein Gleichnis zu prägen, sei es auch nur mit einer Mücke. Diejenigen, die glauben, wissen, dass es die Wahrheit ist (und) von ihrem Herrn (kommt). Diejenigen, die ungläubig sind, sagen, ‚Was will Gott mit einem solchen Gleichnis?‘ Er führt damit viele irre. Aber er leitet damit (auch) viele recht. Nur die Frevler führt er (Gott) damit irre.“ Hier wäre es also nicht Gottes Eingreifen, das die Sünder fehlgehen lässt. Doch scheint es an anderen Stellen, als sei auch der Umstand, dass jemand frevelt, sodass ihn später die Rechtleitung nicht mehr erreichen kann, Gott zuzuschreiben. So heißt es in Sure 76,29ff.: „Dies ist eine Erinnerung. Wer nun will, (nimmt sie sich zu Herzen und) schlägt einen Weg zu seinem Herren ein. Aber ihr wollt nicht, es sei denn, Gott will es. Gott weiß Bescheid und ist weise. Er lässt in seine Barmherzigkeit eingehen, wen er will. Für die Frevler aber hat er eine schmerzhafte Strafe bereit.“

Auch die im Koran verfochtene individuelle Abrechnung mit jedem einzelnen, bei der am Jüngsten Tag die Menschen mit all ihren Taten im Detail konfrontiert werden (vgl. 18,49), hat im koranischen Kontext keinen Bezug zur Frage der freien Willensentscheidung. Zwar wird genau mit jedem abgerechnet, doch heißt dies im Kontext der damaligen Gesellschaft vor allem, dass Sippenverbände und dergleichen am Jüngsten Tag keinen Schutz mehr bieten werden. Es geht hier also gar nicht um die Frage, ob die Taten vom Menschen aus freier Entscheidung heraus getan werden oder aufgrund von göttlichem Ratschluss.

Die Verfechter menschlicher Willensfreiheit, die in der islamischen Theologiegeschichte mit dem Koran argumentieren mussten, hatten angesichts dieses Befundes einen schweren Stand. Nichtsdestoweniger hat die Diskussion über die Freiheit und Verantwortlichkeit des Menschen die Geschichte der islamischen Theologie weithin geprägt und muslimische Theologen sind zu den unterschiedlichsten Lösungen gekommen. Die Diskussion über die Frage der Prädestination, der Vorherbestimmung der menschlichen Taten durch Gott, kann mithin als Beispiel dafür dienen, dass nicht so sehr die Offenbarungstexte selbst, sondern die Deutung dieser Texte durch die Gläubigen entscheidend für die Lehren einer Glaubensgemeinschaft sind.

2.2.5 Die Propheten

Der Koran verheißt den Menschen, die sich Gott anbetend zuwenden, ein in bunten Farben ausgemaltes Paradies. Den Ungläubigen hingegen werden ewige Höllenstrafen angedroht. Gott hat dabei die Menschen nach koranischer Überzeugung nicht im Unklaren über sich und die Aufgaben des Menschen in der Welt und die Konsequenzen ihres Tuns gelassen. Er ist seit Beginn der Menschheitsgeschichte immer wieder mit ihnen in Kontakt getreten, um sie zu warnen und auf den rechten Weg zu rufen. Dies geschieht über Gesandte (arab. *rusul*, Sg. *rasūl*) und Propheten (arab. *anbiyāʾ*, Sg. *nabī*). Auf welche Weise beide Begriffe zu unterscheiden sind, ist nicht ganz eindeutig. Gemeinhin wird gesagt, dass die Gesandten – jenseits der allgemeinen Aufgabe, die Menschen zu warnen, die auch den Propheten zukommt – Träger einer ihnen eigenen Offenbarungsschrift wie etwa Thora, Evangelium und Koran sind. Die Gesandten hätten also weiter gehende Vollmachten.

Der erste der von Gott zu den Menschen entsandte Prophet war Adam, der Stammvater der Menschheit. Auf ihn folgen zahlreiche alt- und neutestamentarische Figuren, die in der jüdisch-christlichen Überlieferung nicht immer in prophetischer Funktion vorkommen (so etwa David und Salomon). Letzter der Propheten ist Muḥammad. Er wird im Koran als „Siegel der Propheten“ (arab. *ḫatm al-anbiyāʾ*) bezeichnet (33,40). Sehr bald setzt sich unter Muslimen die Überzeugung durch, dass Muḥammad dadurch als letzter Prophet Gottes vor dem Ende der Welt charakterisiert wird. Der Islam, den er als Gottes Religion verkündet, wird in Anlehnung an Sure 5,3 als mit der Sendung Muḥammads abgeschlossen betrachtet. Die Muslime werden nach Sure 3,110 als die beste Gemeinschaft angesehen, die je auf Erden gelebt hat. Muḥammads Botschaft scheint sich, zumindest in den späteren Korantexten, an die gesamte Menschheit zu richten.

Dies ist in den frühen Korantexten noch nicht so deutlich. Hier scheint es, als sei der Koran zunächst Gottes Wort an die Araber (vgl. 42,7). Den Arabern hat Gott nach dem Koran bereits zuvor Propheten geschickt, von denen Hūd, Ṣāliḥ, Šuʿaib und einige weitere in der biblischen Überlieferung nicht erwähnt werden. Zu den Boten gehört im Koran auch Abraham (arab. Ibrāhīm), der als Stammvater der Araber gilt. Bereits an der Wiege dieses Volkes steht mithin ein Prophet.

Ibrāhīm und sein Sohn Ismāʿīl sind uns als Abraham und Ismael aus dem Alten Testament bekannt. Die Abrahamerzählungen (und auch die anderen Prophetenerzählungen) im Koran stehen allerdings in einem gewissen Kontrast zum biblischen Bericht. Dafür gibt es zwei Gründe. Zum einen ist festzustellen, dass generell nicht das Alte und Neue Testament selbst Quellen der biblischen Erzählungen im Koran sind. Sie sind vielmehr vermittelt worden durch die unter den Christen und Juden (sicher zum Teil auch den Heiden) der Arabischen Halbinsel verbreiteten mündlichen Überlieferungen. Hinzu kommt schriftliches Material, dass sich unter der Mehrheit der Christen und Juden des spätantiken Orients nicht hat durchsetzen können, z.B. späte Evangelientexte, die etwa wegen der in ihnen zutage tretenden gnostischen Tendenzen nicht unter die allgemein anerkannten christlichen Texte (in den *Kanon*) Aufnahme gefunden haben.

Der zweite Grund für die Unterschiede zwischen biblischen und koranischen Erzählungen ist, dass die biblischen Erzählungen im Koran vielfach eine ganz andere Funktion haben als die gleichen Erzählungen im Alten oder Neuen Testament. Es ist für das Verständnis eines Textes also nicht nur wichtig zu prüfen, woher er stammt. Wenigstens genauso wichtig ist die Frage, wozu eine aus einer bestimmten Quelle stammende Erzählung in dem Kontext dient, in den sie hineingestellt wird.

Abraham erscheint im Koran als ein Monotheist, der bereits, bevor es Juden und Christen gab, die wahre Religion erkannt hat. Für diese Religion des einen Gottes hat er in Mekka in Gestalt der Kaaba einen Kultplatz errichtet. Der alte Eingottglauben Abrahams ist dann in Mekka in Vergessenheit geraten und wird nun durch Muḥammad wieder hergestellt. Diese koranische Abrahamserzählung hat im Kontext der koranischen Offenbarung mehrere Funktionen:

Zum einen kann sie als Argument gegen die mekkanischen Heiden dienen, wenn diese den Islam mit dem Argument ablehnen, es handele sich um eine bislang unbekannte Neuerung (vgl. 7,70; 38,7). Dass man von den Sitten der Väter nicht abweichen wolle, ist, anders als in unserer Gegenwart, in vormodernen Gesellschaften, die von einem ausgesprochen langsamen Wandel der Verhältnisse gekennzeichnet sind, ein sehr überzeugendes Argument. Hiergegen lässt sich nun vorbringen, Abraham, der durch seinen Sohn Ismael als Stammvater der Araber gilt, sei selbst ein Anhänger der Religion Muḥammads gewesen. Muḥammads Religion verstieße dann nicht gegen die Sitten der Väter, sie wäre ihre Wiederherstellung. Unabhängig davon, dass also Muḥammads Religion letztlich im Einklang mit der Religion des Stammvaters steht, bietet die Abrahamsgeschichte Muḥammad ein weiteres Argument gegen Widersacher, die sich gegen ihn auf die Sitten der Väter berufen. Abraham zerstört im Koran die Götzen seiner Landsleute und lässt sich nicht davon beirren, dass schon die Väter diese Götzen angebetet hätten (21,52ff.; vgl. auch 37,83ff.).

Die Abrahamsgeschichte des Korans ist also zunächst an die heidnischen Mekkaner gerichtet. Die andere Zielrichtung sind die Christen und vor allem die Juden der Arabischen Halbinsel. Das Judentum wird als die Religion des Moses (arab. Mūsā) angesehen, der ja in der jüdisch-christlichen Überlieferung ebenfalls als derjenige gilt, der von Gott das für die Juden relevante Gesetz empfangen hat. Nun wird mit Abraham eine Person als Stammvater nicht nur der Araber, sondern auch der

Religion Muḥammads eingeführt, der vor Moses bereits den wahren Eingottglauben verkündet habe. Die Religion Muḥammads und der Kultplatz in Mekka erscheinen damit als im Grunde noch ehrwürdiger als die Religion der Juden und ihr Kult in Jerusalem.

Die biblische Abrahamsfigur wird so im Koran zum Kronzeugen für die Richtigkeit der Religion Muḥammads, und zwar sowohl gegenüber den heidnischen Mekkanern wie gegenüber den Juden von Medina, die Muḥammad als Propheten nicht anerkennen wollen.

Diese Funktion, die Botschaft Muḥammads zu bestätigen, haben auch die anderen Erzählungen über Propheten, die wir im Koran finden. Immer wieder lesen wir von Propheten, die von ihren Landsleuten abgelehnt werden, ehe Gott schließlich mit einem Strafgericht das widerspenstige Volk züchtigt oder gar vernichtet. So konnte erklärt werden, warum Muḥammads Landsleute seiner Botschaft nicht folgen wollten. Indem der Koran zeigt, dass dies für Propheten die Regel ist, ist die Ablehnung, die Muḥammad erfuhr, kein Grund mehr, an der Richtigkeit der eigenen Botschaft zu zweifeln. Im Gegenteil! Muḥammad konnte sich gerade deshalb in seiner Rolle als Prophet bestätigt sehen.

Genauso überraschend wie die Ablehnung durch die Mekkaner war aus der Sicht Muḥammads sicher die mangelnde Unterstützung durch Christen und Juden. Der Koran ist Zeugnis von Muḥammads fester Überzeugung, dass seine Botschaft und die Botschaften von Moses und Jesus identisch seien. Der Koran erklärt die für Muḥammad überraschende Gegnerschaft sowohl der Christen wie vor allem der zahlreichen medinensischen Juden damit, dass die religiösen Führer beider Gruppen die Botschaft, das heilige Buch, dass ihnen von ihrem jeweiligen Propheten überkommen sei, gefälscht hätten (arab. *taḥrīf*). Nur so ist zu verstehen, dass unter den Anhängern von Moses und Jesus, die doch aus koranischer Sicht Vorgänger Muḥammads sind, dessen Kommen nicht bekannt war.

So lässt sich auch erklären, wie in die ursprüngliche monotheistische Botschaft Jesu der Gedanke eindringen konnte, dass Jesus von göttlicher Natur sei. Die Religionen der Christen und Juden sind aus koranischer Sicht einerseits im Islam aufgehoben, weil sich das Wahre dieser Religionen auch in der Botschaft Muḥammads wiederfindet. Andererseits sind sie genauso wie der altarabische Kult an der Kaaba durch Muḥammad gereinigt und in ihrer ursprünglichen Form wieder hergestellt worden. Die in der frühen koranischen Überlieferung präsente Idee, dass alle drei Religionen gleichberechtigt nebeneinander stehen sollen (2,148), tritt so später, als Muḥammad in direkten Kontakt vor allem mit Juden kommt, zurück gegenüber einer neuen Sicht: Christen- und Judentum haben, da sie verfälscht sind, keinen Anspruch auf gleichberechtigte Existenz mehr, ihre Anhänger sollen so lange bekämpft werden, bis sie sich bekehren oder „kleinlaut die Kopfsteuer entrichten“ (9,29). Die Ausdeutung dieser ganz unterschiedlichen koranischen Aussagen über Christen und Juden ist eine gerade heute aktuelle Frage der islamischen Theologie und des islamischen Rechts. Dies gilt insbesondere, weil die Antworten, die Muslime des Mittelalters hier gefunden haben, vielfach in Konflikt mit den Normen und Wertvorstellungen der heutigen Welt stehen.

2.2.6 Engel, Teufel und Dschinnen

Der Koran kennt verschiedene Kategorien von Geistwesen. Während Engel und Teufel als Bestandteile der jüdisch-christlichen Tradition Eingang in den Islam gefunden haben, entstammen die Dschinnen der altarabischen Vorstellungswelt.

Die Propheten sind nicht das einzige Bindeglied zwischen Gott und den Menschen. Auch die Engel treten im Koran als die Mittler zwischen Gott und Mensch in Erscheinung. Es scheint, als habe Muḥammad zunächst noch angenommen, er empfange seine Botschaften unmittelbar von Gott (53,5ff.). In späteren Suren wird jedoch deutlich gemacht, dass es nicht Gott selbst sei, der zu Muḥammad spreche, sondern der Engel Gabriel. Die Engel erscheinen im Koran als Gottes Hofstaat ohne eigenen Willen. Sie führen vielmehr Gottes Befehle aus und helfen den Gläubigen in den Auseinandersetzungen mit ihren Gegnern (66,6). Sie gelten als aus Licht geschaffen (dieses Detail findet sich so nicht im Koran, aber in der prophetischen Überlieferung) und unterscheiden sich damit von den anderen Geistwesen, die der Koran erwähnt.

Eine Zwischenstellung nimmt hierbei der Teufel (im Koran Iblīs) ein. Angelehnt an die jüdisch-christliche Überlieferung gilt er als ungehorsamer Engel. Als Gott den Engeln befiehlt, sich vor dem Menschen niederzuwerfen, verweigert Iblīs dies. Der Mensch sei aus Erde geschaffen, er aber aus dem edleren Element des Feuers. Daraufhin wird er von Gott verflucht. Er erwirkt allerdings Aufschub und das Recht, diejenigen unter den Menschen zur Sünde zu verführen, die nicht zu Gottes auserwählten Knechten gehören (2,34; 38,73–85). Er hat also letztlich nur Macht über diejenigen, die aus eigenem Verschulden oder, weil Gott es so will, ohnedies auf dem Weg des Verderbens sind.

Neben Iblīs kennt die muslimische Kultur (auch die Prophetenüberlieferung) noch eine große Zahl weiterer Teufel. Hierbei vermischen sich die altarabischen Geistervorstellungen mit solchen aus dem christlich-jüdischen Milieu. Im Koran ist von diesen weiteren Teufeln allerdings nicht die Rede. Die Figur des Teufels spielt ohnedies nur in den mekkanischen Suren eine Rolle und ist insgesamt im Koran nicht besonders prominent.

Wir haben eben gesehen, dass der Teufel im Koran zwar einerseits einst zu den Reihen der Engel gezählt wurde, er andererseits aber, anders als diese, aus Feuer und nicht aus Licht geschaffen ist. Das hat er mit den Dschinnen (arab. *ǧinn*, Sg. *ǧinnī*) gemeinsam, zu denen er folglich vom Koran auch gerechnet wird. Die Dschinnen des Korans (vgl. vor allem 72) sind Geistwesen, die den Menschen ausgesprochen ähnlich sind. Die Dschinnen haben, anders als die Engel, die Gott gegenüber stets gehorsam sind, also prinzipiell die Fähigkeit zum Ungehorsam. Die Weigerung des Teufels, sich vor dem ersten Menschen niederzuwerfen, passt insofern zu der ihm vom Koran zugeschriebenen Dschinnen-Natur.

Der Prophet ist nicht allein zu den Menschen, er ist auch zu den Dschinnen gesandt. Unter ihnen finden sich die ebenfalls unter den Menschen bekannten Glaubensgemeinschaften. Einige von ihnen sind ungläubig, andere zählt der Koran zu den Anhängern Muḥammads.

Nicht nur in der volkstümlichen Überlieferung, auch in der gelehrten islamischen Rechtsliteratur wird davon ausgegangen, dass Dschinnen mit den Menschen in Kontakt treten können, und dass sogar Eheschließungen zwischen Menschen und Dschinnen denkbar sind. In der im engeren Sinne theologischen Literatur des Islams haben Engel, Teufel und Dschinnen allerdings keine besonders prominenten Rollen. Dennoch wird ihre Existenz wegen ihrer Erwähnung im Koran bis heute nur von den wenigsten theologischen Denkern in der islamischen Welt in Frage gestellt. Der Glaube an die Engel wird vom Koran sogar zum engsten Kernbestand muslimischer Überzeugungen gerechnet.

2.3 *Politik und Religion: Anfänge der islamischen Theologie*

2.3.1 *Politische Konflikte in der frühen islamischen Gemeinde*

Ausgangspunkte von Debatten im frühen Islam waren weniger unterschiedliche Auslegungen des koranischen Texts, vielmehr die politischen Probleme, die sich aus der Herausbildung eines schnell expandierenden Gemeinwesens ergaben. Der Prophet hatte keine eindeutigen Aussagen gemacht, wer ihm nachfolgen solle. Das führte zu Machtkämpfen zwischen den verschiedenen Gruppen in der Gemeinde. Dieser Streit hatte sich teilweise schon vor dem Tode Muḥammads abgezeichnet, war aber angesichts der überragenden Autorität des Propheten nicht zum Ausbruch gekommen. Konflikte unter den Anhängern des neuen Glaubens entstanden zudem wie erwähnt auf Grund der raschen Expansion der muslimischen Herrschaft: Reichtümer waren zu verteilen; Menschen unterschiedlicher Herkunft und religiös-kultureller Traditionen kamen in den Gesichtskreis der Muslime und bekehrten sich zum Islam, ohne deshalb ihre früheren religiösen Vorstellungen immer aufzugeben. In einer Gesellschaft, die wie die frühislamische auf eine religiöse Offenbarung gegründet war, war es nur naheliegend, wenn die sich aus diesen Umständen ergebenden Probleme in einem religiösen Bezugsrahmen diskutiert wurden und auf die religiösen Überzeugungen zurückwirkten.

Angesichts der Auseinandersetzungen um die politische Führung der Gemeinde stellte sich rasch die Frage nach der Verantwortung für die Konflikte und in der Folge nach der grundsätzlichen Verantwortung der Menschen für ihr Handeln. Schließlich musste geklärt werden, was mit denen geschehen sollte, die im Zuge der Auseinandersetzung Schuld auf sich geladen hatten; die Frage also, ob sie noch zur Gemeinschaft gehören sollten oder nicht.

Beim Tod des Propheten 10/632 sind in der islamischen Gemeinde drei politische Gruppen mit unterschiedlichen Interessen zu erkennen:

1) Die medinensischen sog. Helfer, also die Bewohner Medinas, die Muḥammad und seine mekkanischen Glaubensbrüder nach der Hedschra 1/622 aufgenommen hatten.
2) Die Gruppe der alten Prophetengenossen, die seinerzeit mit Muḥammad von Mekka nach Medina ausgewandert waren.
3) Diejenigen Angehörigen der führenden mekkanischen Familien, die erst kurz vor oder nach der Einnahme Mekkas durch Muḥammad ihren Frieden mit dem Islam gemacht hatten.

Die Helfer, denen der Sieg des Islams über die heidnischen Mekkaner nicht zuletzt zu verdanken war, verspürten wenig Lust, sich weiter von den Mekkanern dominieren zu lassen. Sie dachten daher daran, eine von den mekkanischen Muslimen getrennte eigene islamische Gemeinschaft zu gründen. Abū Bakr und ʿUmar, die beide zur Partei der alten Prophetengenossen aus Mekka gehörten, konnten sie jedoch dazu bringen, darauf zu verzichten und Abū Bakr als Kalifen (arab. *ḫalīfa*, „Nachfolger, Stellvertreter des Propheten“) anzuerkennen. Viele unter den Medinensern waren aber mit der weiteren Entwicklung unzufrieden und gehörten später zur Opposition gegen den dritten Kalifen ʿUṯmān.

Zunächst jedoch setzten sich Abū Bakr (reg. 11–13/632–634) und ʿUmar (reg. 13–23/634–644) durch und bemühten sich in der Folge um eine Politik, die zum einen die Einheit der Gemeinde Muḥammads zu wahren suchte, zum anderen aber den Einfluss der Angehörigen der altmekkanischen Führungsschicht begrenzte. Dies änderte sich – zumindest aus der Sicht seiner Gegner – im Laufe des Kalifats von ʿUmars Nachfolger ʿUṯmān (reg. 23–35/644–656). Er gehörte zwar auch zu den frühen Prophetengenossen, war aber gleichzeitig ein enger Verwandter der früheren Hauptwidersacher Muḥammads. Ihm wurde vor allem von Seiten der Helfer und vieler nicht mekkanischer Araber vorgeworfen, seine Verwandtschaft bei der Verteilung der im Laufe der Eroberungen anfallenden Beute unrechtmäßig zu begünstigen. Auch bei der Vergabe von Ämtern berücksichtige er allzu viele spät bekehrte Angehörige der alten mekkanischen Elite, selbst wenn sie charakterlich ungeeignet waren. Bei einem Aufruhr Unzufriedener wurde ʿUṯmān 35/656 in seinem Haus in Medina ermordet, angeblich, während er gerade den Koran las. Die Ermordung des Kalifen und die sich daran anschließenden Kämpfe stellen so etwas wie die Urkatastrophe der islamischen Geschichte dar. An der Frage, wie das Verhalten der damals Beteiligten zu beurteilen sei und wie es überhaupt geschehen konnte, dass unter den Muslimen, der aus eigener Sicht besten menschlichen Gemeinschaft, ein solcher Streit entbrannte, entzündet sich das theologische Nachdenken im Islam.

Zunächst aber spielt sich alles noch auf der politischen Bühne ab. ʿAlī (reg. 35–40/656–661), Cousin und Schwiegersohn des Propheten, wurde von den Aufrührern zum Kalifen ausgerufen. Die Anhänger ʿAlīs nannten sich *šīʿat ʿAlī*, die Partei ʿAlīs, genauso wie sich ihre Gegner *šīʿat ʿUṯmān*, Partei des ʿUṯmān, nannten. Von der Bezeichnung „Partei ʿAlīs" leitet sich unser Begriff „Schia" für die heute zahlenmäßig zweitgrößte der konfessionellen Gruppen des Islams ab.

Hinter ʿAlī standen insbesondere die Helfer, aber auch viele andere südarabische Stämme. Als „südarabisch" bezeichnet man Stämme, die im Laufe ihrer Geschichte aus dem Jemen ausgewandert waren, im Unterschied zu den immer schon im Norden der Arabischen Halbinsel ansässigen arabischen Stämmen. Inwieweit solche Überlieferungen historisch zutreffend sind, ist im Einzelfall kaum zu prüfen. Mit diesen Südarabern jedenfalls hatte ʿAlī im Laufe der Jahre Heiratsallianzen geschlossen. Es mag sein, dass im südarabischen Milieu die Erinnerung an ein sakrales, ein religiös gefärbtes Königtum noch lebendig war, wie es in den altsüdarabischen Reichen des Jemen existiert hatte, und dass diese Vorstellung nun ʿAlī als dem nächsten männlichen Blutsverwandten des Propheten eine besondere Aura gab. Konkret beobachten können wir derartige Vorstellungen von einem sakralen Herrschertum in der Schia aber erst einige Jahrzehnte später, in den 680er Jahren.

Gegen ʿAlīs Ansprüche erhob sich bewaffneter Widerstand. Es kam zum ersten Bürgerkrieg (arab. *fitna*) in der islamischen Gemeinde. Da waren zunächst Vertreter der alten Auswanderer, die dem Umfeld von Abū Bakr zuzuordnen waren. Diese hatten seit Längerem ein gespanntes Verhältnis zu ʿAlī und wollten gegenüber dessen zusammengewürfelter Anhängerschaft die Vorherrschaft ihrer Gruppe sichern. ʿAlī besiegte diese Gegner in der sog. Kamelschlacht von 35/ 656 (benannt nach dem Kamel, von dem aus ʿĀʾiša, die Lieblingsfrau des Propheten und treibende Kraft hinter der Erhebung, die Kämpfer nach altarabischem Brauch während der Schlacht antrieb). Viele führende Prophetengenossen ließen in der Schlacht ihr Leben. Damit war erstmals in einer militärischen Auseinandersetzung zwischen Angehörigen der Gemeinde Muḥammads Blut geflossen, ohne dass es noch jemanden gegeben hätte, der wie der Prophet für alle verbindlich über Recht und Unrecht der Parteien hätte entscheiden können.

Für ʿAlī politisch gravierender als dieser Aufstand war etwas anderes: Muʿāwiya, ein Verwandter ʿUṯmāns, der damals Gouverneur von Syrien war und als führender Vertreter der spät bekehrten mekkanischen Aristokratie gelten konnte, forderte ʿAlī auf, die Mörder ʿUṯmāns zu bestrafen. Das konnte ʿAlī, der sich auf ebendiese Kreise stützte, nicht leisten. Die Heere beider Seiten trafen 36/657 in der Landschaft Ṣiffīn am mittleren Euphrat aufeinander. ʿAlī ließ sich, gedrängt von manchen seiner Anhänger, auf ein Schiedsgerichtsverfahren ein. Die Schiedsleute stellten sich nicht eindeutig auf seine Seite; seine Herrschaft verlor so an Legitimation. Hinzu kam, dass sich insbesondere Angehörige von nordarabischen Stämmen unter seiner Anhängerschaft, die sich zunächst für das Schiedsverfahren ausgesprochen hatten, angesichts von dessen Verlauf von ihm abwandten. Sie erhoben den Vorwurf, er habe das Urteil in seiner Sache, das Gott allein zustehe, in die Hände von Menschen gelegt. Die genauen Ursachen dieser Spaltung in ʿAlīs Lager wie auch die soziale Zuordnung der Gegner des Kalifen (Koranleser, nach Meinung mancher dagegen sesshaft gewordene arabische Siedler im Irak) sind in der Forschung umstritten und wohl nicht endgültig zu klären. Es kam jedenfalls in der Folge zu militärischen Auseinandersetzungen zwischen ʿAlī und seinem ehemaligen Anhang.

Die Gegner ʿAlīs wurden Ḫāriǧiten genannt (arab. *ḫawāriǧ*, Sg. *ḫāriǧī*, „die, die ausziehen"). Was damit exakt gemeint war, und ob es sich ursprünglich nur um eine Fremdbezeichnung handelte, ist unklar. Der Begriff wurde bis ins 20. Jahrhundert von aus diesen Ḫāriǧiten hervorgegangenen Gruppen zwar selbst gebraucht, war aber unter anderen Muslimen zu einem allgemeinen Wort für „gewalttätiger Irrgläubiger" geworden. Deshalb lehnen ihn die heutigen Erben der Ḫāriǧiten, die inzwischen nach Jahrhunderten der selbstgewählten Isolation wieder in engerem geistigem Austausch mit anderen Muslimen stehen, mittlerweile als beleidigend ab (zu den Ḫāriǧiten siehe Kap. 2.3.3).

Aus Rache für die Tötung einer großen Zahl von Gegnern durch ʿAlī bei Nahrawān wurde ʿAlī 40/661 von einem Ḫāriǧiten ermordet. Muʿāwiya konnte daraufhin die Muslime unter seiner Führung einen. Mit ihm begann die Herrschaft der nach Muʿāwiyas Urgroßvater Umaiyaden genannten Dynastie. Nach dem Tod von Muʿāwiyas Sohn Yazīd I. (reg. 60–63/680–683) geriet deren Regime in die Krise. Die Parteien des ersten Bürgerkriegs in der islamischen Gemeinde trugen ihre Konflikte erneut auf militärischem Wege aus. Von Mekka aus herrschte ein Sohn des Zubair, einer der Gegner ʿAlīs in der Kamelschlacht. Im Irak versuchten schiitische Gruppen, die Macht an sich zu reißen. Bei einem solchen Unternehmen kam 60/680 bei Karbalāʾ auch der Sohn ʿAlīs und Prophetenenkel Ḥusain ums Leben, was für die theologische Entwicklung der Schia von entscheidender Wichtigkeit sein sollte. Letztlich konnte die umaiyadische Familie die Herrschaft jedoch behaupten und regierte, wenn auch nicht unangefochten, bis 132/749–50.

2.3.2 Frühe theologische Debatten

In der historischen Erinnerung der Muslime haben die Umaiyaden, die von Muʿāwiya begründete Dynastie, einen ausgesprochen schlechten Ruf. Nur wenigen ihrer Herrscher wird zugestanden, fromme Muslime gewesen zu sein. In gewisser Hinsicht ist das sicher richtig. Die Schlösser der Umaiyaden und Angehörigen der Dynastie zugeschriebene Gedichte zeugen von einer religiös durchaus problematischen Freude am Feiern und am Wein. Auch der Umstand, dass die Herrschaft innerhalb des Herrscherhauses weiter vererbt wurde, galt in der Überlieferung weithin als anstößig. Doch wollte man aus diesen Dingen mangelnde Frömmigkeit ableiten, so müsste man Frömmigkeit fast allen Dynastien absprechen, die jemals in der islamischen Welt geherrscht haben. Gleich wie es um den individuellen Glauben der umaiyadischen Kalifen bestellt war, nach außen traten sie als islamische Herrscher auf. Dies zeigt sich zum einen gegenüber der andersgläubigen Umwelt des frühen Islams. Es scheint, als sei es in Gegenwart der umaiyadischen Kalifen zu religiösen Streitgesprächen gekommen, wie sie noch in späteren Zeiten prägend für islamische höfische Kultur waren. Bei Hofe hatte die Auseinandersetzung über die rechte Lehre womöglich auch ein spielerisches Element; in der Öffentlichkeit dienten religiöse Aussagen jedoch der Demonstration muslimischer Macht. Das gilt insbesondere für einen Bau wie den Jerusalemer Felsendom (71–72/691–692). In Inschriften wird hier mit Hilfe von koranischem Material gegen die

– aus islamischer Sicht irrige – christliche Vorstellung von der Göttlichkeit Jesu polemisiert.

Für die innerislamische theologische Entwicklung war die Auseinandersetzung mit dem Christentum weniger wichtig als die Frage nach der Vorherbestimmung der Taten. Sie ergab sich nicht zuletzt aus der „innenpolitischen" Situation der frühen islamischen Gemeinde. Viele Gläubige standen nach den militärischen Auseinandersetzungen des ersten Bürgerkriegs innerlich in Opposition zur Regierung und stellten sich die Frage, ob es rechtens sei, einem Herrscher zu folgen, der – oder dessen Vorfahren – in den oben geschilderten Auseinandersetzungen Schuld auf sich geladen hatte. Die umaiyadischen Herrscher vertraten dagegen ein entschiedenes Gottesgnadentum. Von ihren Hofdichtern ließen sie ihre Taten als Manifestationen des göttlichen Willens feiern. Jedwede Opposition gegen die Regierung sei folglich auch eine Opposition gegen den Willen Gottes. Spätestens nach dem zweiten Bürgerkrieg verband sich bei ihnen dieses Gottesgnadentum vielfach mit der Vorstellung, nicht allein ihre Herrschermacht und ihr herrscherliches Handeln, sondern alles Geschehen auf Erden sei durch Gott vorherbestimmt und gewollt.

Die Lehre von der Vorherbestimmung der Taten kann man aber keinesfalls als reines Produkt der Regierungspropaganda begreifen. Der Vorherbestimmungsglaube hatte vielmehr seine Basis nicht zuletzt im Koran. Zudem war der Glaube an kosmische Schicksalsmächte, die das Leben der Menschen lenken, auch über die muslimische Gemeinschaft hinaus im Vorderen Orient weit verbreitet (für eine systematische Darstellung der Frage von Vorherbestimmung und Willensfreiheit siehe Kap. 3.2).

Die Vorherbestimmungslehre wurde in allen möglichen Milieus und Gruppen vertreten, die sich im Hauptstrom des damaligen Islams befanden. Dazu gehörten insbesondere solche Muslime, die sich im Streit der politischen Parteien innerhalb der islamischen Gemeinde zurückhielten und sich bemühten, die Erinnerung an den Propheten und die heilvolle Frühzeit zu bewahren. Nicht das politische Handeln für die eine oder andere Seite, sondern eine am Vorbild des Propheten und seiner Genossen orientierte Lebensweise sollte für die Rettung eines Menschen am Jüngsten Tag entscheidend sein. Zunehmend kam man in diesen Kreisen zu der Überzeugung, dass diese Lebensweise nicht allein in der alltäglichen Praxis frommer Muslime lebendig sei. Der Begriff *sunna*, der zunächst einfach die guten Sitten der Vorväter bezeichnet hatte, wurde verengt auf das Maßstäbe setzende Handeln des Propheten (und zunächst auch seiner bedeutendsten Anhänger). Was mit diesem im Einklang war, galt als richtig, alles andere wurde als verwerfliche Neuerung (arab. *bidʿa*) abgelehnt. Man suchte aktiv nach Nachrichten über das Denken und Handeln des Propheten, um es für die Nachwelt zu bewahren. Spätestens am Ende des 7. Jahrhunderts hatte die literarische Gattung der Prophetenüberlieferungen dann die Gestalt gefunden, die wir bis heute kennen. Die Anhänger des Prophetenḥadīṯs als Richtschnur der Glaubenspraxis nannten sich zunächst nicht Sunniten, auch wenn die späteren Sunniten aus ihnen hervorgegangen sind. Sie sahen sich vielmehr als Anhänger der „einträchtigen Gemeinschaft der wahren Muslime". Sich von der Gemeinschaft abzusondern, wie es Schiiten und Ḫāriǧiten taten, erschien ihnen als schlimme Abirrung. Hier waren sie mit den umaiyadischen Herrschern einig, die den Begriff der (einträchtigen) Gemeinschaft (arab. *al-ǧamāʿa*) zu einem ihrer Hauptschlagworte gemacht hatten.

Die Wahrung der Gemeinschaft erschien auch den Murǧiʾiten (arab. *murǧiʾa*) zentral. Der Name heißt übersetzt „die Vertager". Er bezieht sich darauf, dass die Anhänger das Urteil über die Parteien des ersten Bürgerkriegs auf Gottes Gericht am Jüngsten Tag aufschieben wollen. Während man unter den Anhängern der *ḥadīṯ*-Partei allerdings im Laufe der Zeit die Auffassung gewann, dass die Prophetengenossen, die im ersten Bürgerkrieg gegeneinander gekämpft hatten, alle im besten Glauben gehandelt hätten und mithin ohne Schuld am tragischen Geschehen seien, gingen die Murǧiʾiten davon aus, dass eine der beiden Bürgerkriegsparteien, entweder ʿUṯmān oder ʿAlī, schuldig geworden sein müsse. Allerdings sei es unmöglich zu beurteilen, welche der beiden Gruppen dies gewesen sei. Einstweilen müsse man daher alle als Gläubige betrachten. Diese potenziell kritische Haltung gegenüber den Prophetengenossen unterschied die Murǧiʾiten von den späteren Sunniten, in denen die Hauptmasse ihrer Bewegung schließlich aufging.

Die murǧiʾitische Lehre von der Unmöglichkeit, über die Schuldigen am ersten Bürgerkrieg zu urteilen, zog weitere Überlegungen nach sich. Wenn man sowohl ʿUṯmān als auch ʿAlī als Gläubige betrachtete, obwohl einer von beiden schuldig geworden war, dann konnte das Handeln des Menschen nicht Bestandteil des Glaubens sein. Glaube bestand folglich allein in der inneren Überzeugung von der Richtigkeit der islamischen Botschaft. Niemand durfte wegen einer schweren Sünde aus der Gemeinschaft ausgeschlossen werden, wie es die Ḫāriǧiten praktizierten. Das hieß nicht, dass solche Sünden im Jenseits nicht bestraft würden. Im Diesseits jedoch galt die Wahrung der Gemeinschaft mehr als die strenge Durchsetzung einzelner Normen. Die Lehre der Murǧiʾiten war insofern ein wichtiger Versuch, die einträchtige Gemeinschaft theologisch abzusichern.

Allerdings scheint das oberste Ziel der Wahrung der Gemeinschaft nicht bei allen Murǧ'iten zu jeder Zeit und an jedem Ort anerkannt gewesen zu sein. Zu ihnen rechnen die islamischen Häresiographen nämlich auch Ǧahm b. Ṣafwān (hingerichtet 128/745). Wie alle Murǧ'iten war er ein Anhänger der Vorherbestimmung der Taten und verzichtete auf ein Urteil über die Parteien des ersten Bürgerkriegs. Das hinderte ihn nicht daran, sich an einem Aufstand gegen die Umaiyaden in Ostiran zu beteiligen, in dessen Zusammenhang er hingerichtet wurde. Die Opposition Ǧahms gegen die Umaiyaden zeigt, dass die in der älteren Literatur verbreitete These, in umaiyadischer Zeit habe die Lehre von der Vorherbestimmung der Stützung der Regierung gedient, die Lehre von der menschlichen Willensfreiheit hingegen sei in Oppositionskreisen verbreitet gewesen, ausgesprochen problematisch ist.

Richtig ist allerdings, dass Anhänger der Willensfreiheit, die Qadariten (arab. *qadarīya*), häufig in Opposition zur umaiyadischen Regierung standen. Doch auch hier sollte man nicht pauschalisieren. Der Begriff *qadarīya* leitet sich vom arabischen Wort *qadar*, „Handlungsfähigkeit", ab. Die Qadariten schrieben eine solche nicht allein Gott zu, sondern meinten, auch der Mensch verfüge über Handlungsfähigkeit in Bezug auf seine eigenen Taten. Dies gelte insbesondere im Hinblick auf Taten, die für das Jenseitsschicksal relevant seien. Diese individuelle Verantwortlichkeit für ihre Taten sollte für die Herrscher ebenfalls bestehen. Dass all ihr Handeln von Gott gewollt sei, wollte man nicht gelten lassen. Damit war natürlich Kritik an herrscherlichem Handeln, gegebenenfalls auch bewaffneter Widerstand legitimiert. Insbesondere den Qadariten in Syrien wird eine politisch oppositionelle Haltung gegenüber den Umaiyaden nachgesagt. Der prominenteste Vertreter qadaritischer Lehren allerdings, der asketisch in Baṣra, in der Metropole des frühislamischen Irak lebende al-Ḥasan al-Baṣrī (gest. 110/728), taugt nicht als Beispiel für diese These. Er mahnt zwar die Herrschenden, nicht ihr eigenes Handeln zum Willen Gottes zu erklären, warnt aber zugleich davor, in Aufständen gegen vermeintlich sündige Herrscher die einträchtige Gemeinschaft aufs Spiel zu setzen. Al-Ḥasan wurde später, trotz seiner abweichenden Ansichten in der Frage der Willensfreiheit, von den Sunniten zu ihren Stammvätern gezählt. Dafür ist seine vorsichtige Haltung in politischen Fragen sicher genauso relevant wie seine unbestrittene persönliche Frömmigkeit.

Die Lehre von der menschlichen Willensfreiheit einseitig mit Opposition gegen die Umaiyaden gleichzusetzen, erscheint schon deshalb problematisch, weil nicht wenige Umaiyaden selbst qadaritischen Ideen durchaus etwas abgewinnen konnten. Das gilt nicht nur für den in der

Überlieferung als qadaritischen Umaiyaden angesehenen Yazīd III. (reg. 126/744). ʿUmar II. (reg. 99–101/717–720), eine der wenigen Figuren unter den Umaiyaden, an die die späteren Muslime ein positives Andenken bewahrt haben, engagierte sich zwar einerseits für die Vorherbestimmungslehre. Gleichzeitig vertrat er aber auch die Auffassung, für Sünden, die er begangen habe, sei nicht etwa Gott, sondern er selbst verantwortlich. Ähnliches lesen wir sogar über den in der späteren Erinnerung verteufelten Yazīd I.

Diese Beispiele zeigen, dass im 1. Jahrhundert des Islams in vielen Fragen, die später als entscheidend für die Abgrenzung der Schulen untereinander wurden, die Auffassungen noch im Fluss waren. Manche Überlegungen waren an bestimmten Orten stark verbreitet, so etwa ein relativ abstraktes Gottesbild und ein Glaube an die menschliche Handlungsfreiheit im südirakischen Basra. Eine klare Zuordnung von Personen zu einer bestimmten Gruppe fällt jedoch zuweilen noch schwer. Wir haben das am Beispiel von al-Ḥasan al-Baṣrī gesehen. Auch von geschlossenen und stabilen Lehrsystemen kann man noch nicht sprechen. Grundlegend für die Entstehung von festem Gruppenbewusstsein war weniger die Haltung in theologischen Einzelfragen als die gemeinsame politische Aktion. Das mag vielleicht erklären, warum die politisch aktiven Gruppen der Ḫāriǧiten und Schiiten viel früher sich selbst als besondere, zusammengehörige Gemeinschaften wahrnahmen als diejenigen Muslime, aus denen später die Sunniten hervorgingen. Diesen beiden Gruppen werden wir uns jetzt zuwenden.

2.3.3 Die Ḫāriǧiten

Die Ḫāriǧiten haben für den frühen Islam und seine Erforschung eine Bedeutung, die deutlich über das hinausgeht, was ihre heutige Zahl annehmen lässt. Wichtig sind sie zum einen deshalb, weil die Selbstbezeichnung Muslime (arab. *muslimūn*, „die, die sich Gottes Willen unterwerfen") zum ersten Mal in ihrem Milieu aufgekommen ist. Zuvor hatten die Anhänger des Islams sich in der Regel einfach Gläubige, arab. *muʾminūn* genannt. Zum anderen hat sich ihre Richtung über Jahrhunderte getrennt von der der Sunniten und Schiiten entwickelt. Anhand ihrer Schriften kann die Islamwissenschaft daher Meinungen über Verhältnisse in der Zeit des frühen Islams noch einmal im Lichte einer eigenständigen Tradition überprüfen.

Die Tötung eines großen Teils seiner ḫāriǧitischen Gegner durch ʿAlī hatte die Bewegung nicht beseitigen können. Sie fand vielmehr vor allem unter den Angehörigen nordarabischer Stämme in den nächsten Jahrhunderten zahlreiche Anhänger. Auf der Arabischen Halbinsel sind die sich von ihnen herleitenden Ibāḍiten in Oman bis heute dominant. In Nordafrika konnten seit dem 8. Jahrhundert auch Berbergruppen für die Lehre der Ḫāriǧiten gewonnen werden, die ihr zum Teil bis heute angehören.

Diese Gruppen haben sich immer wieder mit militärischen Mitteln gegen die Herrschaft der Kalifen und ihrer Gouverneure zur Wehr gesetzt. Ihre Ablehnung der Herrschaft ʿAlīs und der späteren Kalifen mag sich damit erklären, dass in der alten nordarabischen Stammesgesellschaft (wie unter den Berbern) das Konzept des Königtums immer fremd geblieben ist. Das unterschied sie von den Südarabern, unter denen sich viele, wie erwähnt, der Schia anschlossen. Die Gemeinschaft der Muslime sollte aus ihrer Sicht genauso organisiert sein wie die Stammesgesellschaften, aus denen sie kamen. In diesen war der Führer (arab. *saiyid* oder *šaiḫ*) nur ein Erster unter Gleichen und hatte eine eher moderierende als herrschende Funktion. Er war genauso wie alle Stammesangehörigen an die überlieferten Normen und Werte seines Stammes und seiner Gesellschaft gebunden. Diese überlieferten Normen und Werte sahen die frühen Ḫāriǧiten nun in ihrem Verständnis des Korans verkörpert. Wer sich nach diesem Verständnis schwere Sünden zu Schulden kommen ließ, wurde aus der Gemeinschaft ausgeschlossen. Sich dem rechten Koranverständnis zu unterwerfen und damit auch sich der Gruppe der Ḫāriǧiten anzuschließen, wurde für sie zum obersten Maßstab. Anders als im umaiyadischen Umfeld, aber auch unter den Schiiten, sollte also diese Gruppenzugehörigkeit und nicht die Anhänglichkeit gegen einen bestimmten Führer entscheidend dafür sein, ob ein Mensch das ewige Heil erlangte.

Wer sich den Ḫāriǧiten nicht anschließen wollte, machte sich aus ihrer Sicht einer schweren Sünde schuldig. Die Ḫāriǧiten sprachen solchen Menschen den Glauben ab; manche unter ihnen sahen sie auf einer Stufe mit den altarabischen Polytheisten. Die Folge war, dass alle Anhänger des Islams, die sich nicht zu ihrer Gruppe bekennen und mit ihnen kämpfen wollten, in den Augen der Radikalen unter den Ḫāriǧiten ihr Lebensrecht verwirkt hatten und als Ungläubige (arab. *kuffār*, Sg. *kāfir*) zu töten waren (siehe S. 66, *takfīr*). Diese radikale Formulierung der ḫāriǧitischen Lehre konnte sich auf Dauer nicht durchsetzen. Nicht allein ihre für die übrigen Muslime erschreckende Gewalttätigkeit, auch die im Inneren dieser Gruppen herrschende Tendenz zur Anarchie machten das schwierig. Allerdings machten Anhänger der radikalen Positionen, etwa die Gruppe der Azraqiten, bis zum Ende des 1. Jahrhunderts des Islams (und mancherorts darüber hinaus) immer wieder mit Aufständen und Gewalttaten gegen Andersdenkende von sich Reden.

Andere Ḫāriǧiten vertraten deutlich moderatere Positionen als die Azraqiten. Zu ihnen gehörten die Ibāḍiten im südirakischen Basra, die wir seit dem Ende des 7. Jahrhunderts nachweisen können. Ihre Gelehrten stimmten zwar einerseits den strengen moralischen Maßstäben, die man im Milieu der Ḫāriǧiten an die Zugehörigkeit zur Gemeinde anlegte, vollauf zu. Sie zogen daraus aber nicht die gleichen radikalen Konsequenzen wie die Azraqiten. Anders als die Letztgenannten hielten die Ibāḍiten auch nicht alle für Polytheisten, die das Kalifat der aus ihrer Sicht schweren Sünder ʿUṯmān und ʿAlī anerkannten oder sich ihrer Bewegung nicht anschließen wollten. In ihren Augen hatten sich die beiden Kalifen und ihr Anhang nicht des Polytheismus (arab. *širk*, in der ḫāriǧitischen Lehre *kufr širk*; *kufr* heißt „Unglauben"; vgl. oben das von der gleichen Wurzel abgeleitete *kāfir*) schuldig gemacht. Man bezichtigte sie „nur" der glaubenswidrigen Undankbarkeit gegenüber Gott (arab. *kufr niʿma*). Im Jenseits erwartet sie dafür – nach traditioneller ibāḍitischer Lehre genauso wie jeden schweren Sünder – ewige Höllenpein, ganz ähnlich den Ansichten der Azraqiten. Im Diesseits dagegen darf man sich mit diesen „Undankbaren" zwar nicht anfreunden, sie bleiben aber dennoch weitgehend rechts- und geschäftsfähig und dürfen allenfalls im offenen Kampf getötet werden.

Der Kampf gegen die Andersdenkenden war aus Sicht der Ibāḍiten nicht in jeder Situation eine Pflicht. Im Allgemeinen lebten die Ibāḍiten friedlich unter ihren andersgläubigen Mitbürgern. Es mag an diesem Verzicht auf militärische Aktion liegen, dass unter ihnen, wie erwähnt, erstmals der Begriff *muslim* als Selbstbezeichnung von Islamanhängern aufkommt. Gerade weil sie zwar das Mindestmaß an religiösen Pflichten erfüllen, aber nicht zur Teilnahme am militärischen Einsatz für den Islam bereit sind, werden die Beduinen im Koran gemahnt, sich nicht Gläubige, sondern Muslime, d. h. (dem göttlichen Gebot) Unterworfene, zu nennen (49,14f.). Vereinzelt führten allerdings auch die Ibāḍiten militärische Unternehmungen durch; so in Verfolgungssituationen oder im Zusammenhang mit ibāḍitischen Reichsbildungen an der Peripherie der islamischen Welt. Solche Reichsbildungen wurden im Oman oder unter den Berbern Nordafrikas von eigens dafür aus Basra entsandten Werbern erfolgreich organisiert.

Die Gelehrten in Nordafrika und Oman hielten über die Jahrhunderte untereinander immer Kontakt. Die Lehren der ibāḍitischen Gemeinschaft blieben so, nachdem sie sich einmal endgültig herausgebildet hatten, trotz ihrer geographischen Zersplitterung und des Fehlens einer einheitlichen Führung relativ uniform.

Zu dieser Herausbildung trug bei, dass die Ibāḍiten in Basra an den unter Muslimen der ersten Jahrhunderte allgemein geführten theologischen Debatten teilnahmen. Neben ihrer Kernlehre, der Verurteilung ʿUṯmāns und ʿAlīs und der These vom Ausschluss des schweren Sünders aus der Gemeinschaft der Gläubigen, diskutierten sie dabei auch die großen Themen des Gottesbildes und der Vorherbestimmung. Anders als das Problem der Führung der Gemeinde hatten diese Gegenstände keinen notwendigen Bezug zu ihren politischen Positionen. Sowohl Gottes- als auch Menschenbild der Ibāḍiten stammten vielmehr aus einem Pool von Ideen, die im 2. und 3. Jahrhundert des Islams im Schwange waren. Eine notwendige Verbindung dieser Ideen zu den alten Kernthesen ḫāriǧitischen Denkens ist nicht zu erkennen. Dies wird nicht zuletzt an der ursprünglichen Uneinheitlichkeit der ibāḍitischen Ansichten in diesen Fragen deutlich. Erst im Laufe der ersten drei Jahrhunderte der islamischen Geschichte wurden abweichende Meinungen zugunsten einheitlicher Positionen aufgegeben.

takfīr

Der arabische Begriff *takfīr* bezeichnet das „Jemanden-für-ungläubig-Erklären“. Der Ungläubige (arab. *kāfir*) ist aus der Gemeinde ausgeschlossen. Mit ihm besteht keine Gemeinschaft (mehr). War ein *kāfir* zuvor Muslim, gilt er nun als *murtadd*, Apostat, Abtrünniger. Nach den Vorstellungen der überwiegenden Mehrheit der vormodernen islamischen Rechtsgelehrten wird der männliche *murtadd*, wenn er nicht bereut, mit dem Tode bestraft. Angesichts dieser Konsequenzen ist es nicht verwunderlich, dass – anders als die Ḫāriǧiten – die Sunniten und ihre Vorläufer als Vertreter der einträchtigen Gemeinschaft mit dem *takfīr* sehr vorsichtig umgehen. Ein Beispiel dafür ist etwa die unter den Murǧiʾiten übliche Definition des Glaubens als „Zustimmung mit dem Herzen“, ohne dass bestimmte äußere Handlungen (im Theologenjargon „Werke“) notwendig wären. Auf diese Weise wird der *takfīr* vermieden und die Gemeinschaft mit Sündern kann gewahrt werden. Die weite Definition des Glaubensbegriffs bei den Vertretern der einträchtigen Gemeinschaft dient also dem inneren Frieden der islamischen Gesellschaft.

Erst im 20. Jahrhundert findet sich unter Vertretern des politischen Islams wieder verstärkt die Idee, auch solche Muslime, die sich nicht an das von den Verfechtern des *takfīr* vertretene Verständnis von islamischem Recht halten, seien Ungläubige, die man gegebenenfalls mit Gewalt zu bekämpfen habe (siehe S. 156ff.).

2.3.4 Die Entstehung der Schia

Die religiösen Vorstellungen der Ḫāriǧiten waren einerseits antiautoritär, andererseits stark auf Sozialkontrolle durch eine kleine überschaubare Gruppe ausgerichtet. Ein solches Programm war vor allem für überwiegend in Stämmen organisierte Gemeinschaften attraktiv und fand Anhänger unter Nordarabern, Berbern, seltener auch Iranern. Die Stammväter der Schiiten entstammten zur Zeit ʿAlīs ebenfalls vielfach einem tribalen Milieu. Im Unterschied zu den Ḫāriǧiten spielten hier allerdings, wie wir sahen, hauptsächlich südarabische Gruppen eine Rolle. Schon im späten 7. Jahrhundert fanden sich unter den Schiiten auch zahlreiche zum Islam bekehrte Neumuslime. Sie stammten insbesondere aus der sesshaften Bevölkerung des Zweistromlandes, unter der

Charismatische Herrschaft, Veralltäglichung des Charismas

Charismatische Herrschaft ist ein Begriff, der von dem Soziologen Max Weber (1864–1920) geprägt wurde: „‚Charisma' soll eine als außeralltäglich (ursprünglich, sowohl bei Propheten wie bei therapeutischen wie bei Rechts-Weisen wie bei Jagdführern wie bei Kriegshelden: als magisch bedingt) geltende Qualität einer Persönlichkeit heißen, um derentwillen sie als mit übernatürlichen oder übermenschlichen oder mindestens spezifisch außeralltäglichen, nicht jedem andern zugänglichen Kräften oder Eigenschaften oder als gottgesandt oder als vorbildlich und deshalb als „Führer" gewertet wird" (Max Weber: *Wirtschaft und Gesellschaft*, 5. Aufl., Tübingen 1972, S. 140).

Das Charisma einer religiösen und politischen Führergestalt, das eine religiöse oder politische revolutionäre Bewegung ermöglicht und trägt, kann nach Weber in dieser revolutionären Weise nicht dauerhaft wirken. Es muss früher oder später „veralltäglicht" werden. Im Zuge dieser Veralltäglichung geht die Verwaltung der Religion von Personen, die beanspruchen, einen direkten Zugang zu Gott zu haben (etwa Propheten) in die Hände von Priestern über (im Islam in die Hände von Rechtsgelehrten), die die Religion in Regeln fassen.

Im politischen Bereich wird die revolutionäre Herrschaft einer Helden- oder Retterfigur, in die von den Anhängern große Erwartungen gesetzt werden, abgelöst durch eine auf Tradition (Weber spricht von „traditionaler Herrschaft") oder Zweckmäßigkeit (insbesondere bürokratische Systeme) beruhende Herrschaft (Weber spricht von „rationaler Herrschaft"). Die ʿabbāsidische Revolution mit dem im Text erwähnten Wandel des Begriffs *daula* – von „chiliastischer Wende" hin zu „Staat" – ist ein gutes Bespiel für diese Veralltäglichung des Charismas (siehe S. 71).

das Stammesdenken kaum eine Rolle spielte. Hier hatte, mehr als das Autonomiestreben von Stämmen, die Hoffnung auf einen starken und gerechten Herrscher Tradition.

Die spürbare Präsenz von sesshaften Bewohnern des Zweistromlandes unter den frühen Schiiten ist aber noch in anderer Hinsicht von Bedeutung. Diese Neubekehrten hatten zuvor den verschiedensten Religionen angehört. Das erklärt, warum sich in der schiitischen Religiosität stärker als in anderen Ausprägungen des frühen Islams Einflüsse von Christentum und Gnosis nachweisen lassen, die unter diesen Menschen zweifellos fester verwurzelt waren als in den Bevölkerungsgruppen, aus denen sich die Ḫāriǧitenbewegung speiste (zu gnostischen Vorstellungen in der Schia siehe Kap. 2.5.1 und 2.5.2).

Auch diese Konvertiten zum Islam hatten durchaus Grund, mit der umaiyadischen Regierung unzufrieden zu sein. Bei den Ḫāriǧiten war das Motiv für die Unzufriedenheit, dass sie es ablehnten, sich in ein organisiertes politisches Gemeinwesen mit all seinen Zwängen einzufügen. Für die Konvertiten dagegen bestand das Ärgernis darin, dass für die frühen Muslime Islam und Arabertum nicht zu trennen waren. Das hieß, dass im 1. Jahrhundert des Islams diejenigen unter den Unterworfenen, die die Religion der neuen Herren annehmen wollten, gezwungen waren, sich als *mawālī* (arab., Sg. *maulā*, hier „Klient, Schutzangehöriger") einem arabischen Stamm anzuschließen. Eine politische und soziale Gleichstellung mit den arabischen Muslimen konnten sie also auch durch den Übertritt zum Islam nicht erreichen. Dadurch, dass sie sich einem schiitischen Imam und charismatischen Führer anschlossen, der zudem genau wie sie als von den Herrschenden unterdrückt gelten konnte, bestand für sie dagegen Hoffnung auf künftige Gleichberechtigung. Die Schia wurde also zu einem Sammelbecken von unzufriedenen Neubekehrten. Diese waren allerdings beileibe nicht alle Iraner oder gar Vertreter einer iranischen Nationalbewegung, wie früher manchmal behauptet wurde. Im Irak waren die meisten von ihnen aramäischsprachig. Auch war ein nicht zu vernachlässigender Teil der Schiiten, insbesondere ihrer Führer, immer arabischen Ursprungs. Der schiitische Charakter Irans hat sich erst seit der Mongolenzeit im 13. Jahrhundert, vor allem aber seit der Herrschaft der Ṣafaviden ab dem 16. Jahrhundert herausgebildet.

Nach ʿAlīs Tod waren seine Anhänger zunächst ihres politischen Führers beraubt. Sein ältester Sohn von der Prophetentochter Fāṭima, al-Ḥasan, ließ sich von Muʿāwiya mit einer üppigen Pension abfinden und stand in der Folge als politischer Führer nicht mehr zur Verfügung. Er starb 49/669, wie die spätere schiitische Überlieferung wissen will,

Imām
Der Begriff *imām* bezeichnet den Vorbeter, aber auch den militärischen und politischen Anführer. Im sunnitischen Islam ist *Imām* einer der Titel des Kalifen, des Oberhauptes der Gemeinde. Unter den Schiiten ist sind die *Imāme* insbesondere die von Gott bestimmten Nachfolger des Propheten aus dessen Familie. In der Zwölferschia werden zwölf Imame anerkannt. Der erste ist ʿAlī, auf ihn folgen Ḥasan und Ḥusain, seine beiden Söhne von der Prophetentochter Fāṭima, und dann die Nachkommen Ḥusains. Der zwölfte Imam, Muḥammad al-Mahdī, ist nach schiitischer Überzeugung im Jahr 260/873 entrückt worden (arab. *ġaiba*) und wird am Ende der Zeiten als chiliastischer Endzeitherrscher wiederkehren. Den Imamen werden von den Zwölferschiiten Sündlosigkeit und die Fähigkeit zur unfehlbaren Ausdeutung der religiösen Texte zugeschrieben.

im Auftrag des Kalifen vergiftet. Doch das Fehlen eines geeigneten schiitischen Prätendenten bedeutete nicht, dass die Gruppen, die hinter ʿAlī gestanden hatten, nun sämtlich ihren Frieden mit der umaiyadischen Regierung gemacht hätten.

Als nach dem Tod Muʿāwiyas die Umaiyaden geschwächt erschienen, traten sie wieder auf den Plan. Al-Ḥasans jüngerer Bruder Ḥusain ließ sich, wie oben erwähnt, durch Unterstützungszusagen aus dem irakischen Kūfa zu einem schlecht vorbereiteten Aufstand verleiten, der von den Umaiyaden ohne größere Mühe niedergeschlagen wurde. Ḥusain fand dabei in der Nähe von Karbalāʾ mit einer Anzahl Getreuer den Tod (61/680). Die Bewegung hatte damit einen Märtyrer, dessen als bewusster Opfergang aufgefasstes Ende für das Selbstverständnis der Schia noch wichtiger wurde als der Tod ʿAlīs. Rituelle Bußübungen wegen der mangelnden Unterstützung, die die Schiiten in Kūfa dem Prophetenenkel Ḥusain bei seinem Aufstand hatten zuteil werden lassen, wurde nun zu einem wichtigen Kennzeichen schiitischer Gesinnung. Bis heute hat der Jahrestag des Todes Ḥusains, der *ʿĀšūrāʾ*-Tag (Zehner-Tag, nämlich der 10. des islamischen Monats Muḥarram), als Tag des Gedenkens und der Bußübungen einen prominenten Platz im schiitischen Festkalender. Dieses Gedenken hatte in späteren Jahrhunderten des Islams oft einen vergleichsweise apolitischen Charakter und ist erst in den letzten Jahrzehnten wieder politisiert worden (siehe Kap. 2.11.4). Im unmittelbaren Anschluss an die Ereignisse freilich entlud sich das Bedürfnis, Abbitte zu leisten, im Aufstand der sog. Büßer (arab. *tauwābūn*) von Kūfa, der jedoch schnell zusammenbrach. Unter diesen „Büßern“ kam es bereits zu den Selbstgeißelungen, die später das schiitische *ʿĀšūrāʾ*-Ritual prägen sollten.

Auf die Bewegung der Büßer folgte der Aufstand des al-Muḫtār in den Jahren 66–67/685–687. Die Umaiyadendynastie befand sich mittlerweile nach dem Tod des zweiten umaiyadischen Kalifen Yazīd I. (gest. 64/683) in einer existenzbedrohenden Krise. Diese wird als zweiter Bürgerkrieg (arab. zweite *fitna*) bezeichnet. Angesichts der Auflösungserscheinungen der umaiyadischen Herrschaft war die Gelegenheit für einen schiitischen Aufstand günstig. Der genannte al-Muḫtār, ein arabischer Großgrundbesitzer aus Kūfa, behauptete, er sei der Beauftragte eines dritten Sohnes ʿAlīs mit Namen Muḥammad b. al-Ḥanafīya. Inwieweit dieser in den Aufstand involviert war, lässt sich nicht mit Sicherheit sagen. Er hielt sich jedenfalls nach außen hin zurück und wurde auch nach Niederschlagung des Aufstandes nicht weiter behelligt. Das erneute Scheitern einer schiitischen Erhebung und schließlich einige Jahre später der Tod Muḥammad b. al-Ḥanafīyas bedeuteten für die Anhänger eine unerträgliche Enttäuschung. Sie glaubten daher, Muḥammad b. al-Ḥanafīya sei nicht gestorben, sondern bloß entrückt und werde in naher Zukunft wiederkehren und ein Reich der Gerechtigkeit gründen. Die Vorstellung eines Mahdi (arab. *al-Mahdī*, „der Rechtgeleitete"), der am Ende der Zeiten wiederkehren und dann die große Wende zum Guten herbeiführen soll, gehört bis heute zum Standardrepertoire schiitischer Glaubensüberzeugungen.

Chiliasmus

Chiliasmus (von griech. „tausend", adj. „chiliastisch") ist ursprünglich eine aus dem christlichen Kontext stammende Vorstellung von einem Tausendjährigen Reich des Friedens am Ende der Zeiten. Vor der Errichtung dieses Endzeitreiches (das außerhalb des christlichen Kontextes nicht unbedingt tausend Jahre dauert) müssen im Denken der meisten chiliastischen Gruppen die Mächte des Bösen in einem letzten großen Ringen von den Mächten des Guten, meist angeführt von einer übermenschlichen Führerfigur (im islamischen Kontext meist Mahdi genannt), niedergerungen werden.

Chiliastische Vorstellungen finden sich nicht nur in im engeren Sinne religiösen Bewegungen, sondern sind auch in säkularen (weltlichen) politischen Heilslehren weit verbreitet.

Im 1. Jahrhundert des Islams waren derartige chiliastische Ideen allerdings nicht nur unter Schiiten gängig. Die Vorstellung, dass die Welt bereits alt sei und Gott bald das Weltende herbeiführen werde, war unter den frühen Muslimen allgemein recht weit verbreitet. Das Gleiche galt für die Idee eines von Gott besonders begnadeten Herrschers, dem zu folgen Voraussetzung für den Erwerb des Seelenheils sein sollte. Die Umaiyaden hielten, wie wir sahen, ihre Herrschaft und alle ihre Maßnahmen für gottgewollt und ließen sich als Stellvertreter Gottes auf Erden feiern. Einzelne umaiyadische Kalifen wie Sulaimān (reg. 85–87/715–717) wurden von ihren Anhängern auch als endzeitliche Rettergestalten, als Mahdi angesehen. Das Gleiche galt für die frühen ʿabbāsidischen Kalifen: Sie nahmen für sich in Anspruch, der einzige Maßstab religiöser Rechtleitung zu sein. Bei Herrschaftsantritt nahmen sie programmatische Herrschernamen an, die ebenfalls in diese Richtung deuten: aṣ-Ṣaffāḥ, „der mit vollen Händen (Schätze) verteilt"; al-Mahdī, „der Rechtgeleitete" usw. Den Umsturz, mit dem sie die Umaiyaden beseitigten, nannten sie *daula*: „die (große, endzeitliche) Wendung". Dieser ursprünglich stark aufgeladene Begriff zeigt aber auch, wie überspannte Heilserwartungen sich im Laufe der Zeit abnutzen. *Daula* bezeichnet im weiteren Verlauf der Geschichte dann zunächst die ʿabbāsidische Dynastie und im späteren Arabischen einfach nur den Staat.

Der Aufstand des al-Muḫtār im Namen des Muḥammad b. al-Ḥanafīya ist aber nicht allein deshalb interessant, weil hier zum ersten Mal chiliastisches Gedankengut in der Schia zu Tage tritt. Er zeigt auch, wie diffus der Begriff Schia in der damaligen Zeit verstanden wurde. Der Name Ibn al-Ḥanafīya rührt daher, dass seine Mutter nicht die Prophetentochter Fāṭima, sondern eine Sklavin aus dem Stamm der Banū Ḥanīfa war. Als ältester überlebender Sohn ʿAlīs erschien er in einer Welt, in der die mütterlichen Vorfahren traditionell weniger zählten als der natürliche Erbe. Im schiitischen Milieu der Zeit hatte sich das Prinzip, dass der von Gott erwählte Führer ein Nachkomme des Propheten durch Fāṭima sein musste, noch keineswegs generell durchgesetzt. Grundsätzlich galt jeder Angehörige des Prophetenhauses als ein geeigneter Kandidat. Selbst eine Abstammung von ʿAlī war bis ins späte 8. Jahrhundert nicht unbedingt Bedingung. Derjenige der Angehörigen des Prophetenhauses, der *ahl al-bait*, mit dem man zufrieden sein werde, solle die Herrschaft ausüben, lautete ein Schlagwort. Unter Prophetenhaus verstand man dabei nicht allein die Nachkommen ʿAlīs, sondern alle Nachkommen der beiden Prophetenonkel al-ʿAbbās und Abū Ṭālib oder gar alle Abkömmlinge des Urgroßvaters des Propheten, Hāšim (daher Hāšimiten, die religiös-politische Bewegung, die die Rechte der Hāšimiten vertrat, nannte sich arab. *Hāšimīya*).

Die ʿAbbāsiden machten sich diese Unklarheit des Begriffes zunutze und betrachteten sich selbst als legitime Angehörige des Prophetenhauses. Es scheint allerdings, als sei ihnen die Problematik ihres Anspruchs durchaus bewusst gewesen. Sie versuchten ihn zunächst dadurch zusätzlich abzusichern, dass sie sich als politische Erben des Muḥammad b. al-Ḥanafīya ausgaben. Später behaupteten sie, ihr Stammvater ʿAbbās, ein Onkel Muḥammads, sei direkt vom Propheten zu seinem Nachfolger eingesetzt worden.

rafḍ, imāmat al-mafḍūl, Zaiditen

Die Herausbildung einer schiitischen Identität brachte auch eine Verengung des schiitischen Geschichtsbildes mit sich. Während für viele der frühen Schiiten das Kalifat zumindest Abū Bakrs und ʿUmars legitim war, weil ʿAlī selbst diese als Kalifen seinerzeit anerkannt hatte, lehnten die meisten späteren Schiiten die ersten beiden und umso mehr ʿAlīs Vorgänger ʿUṯmān als Kalifen ab. Diese Idee, die ab ca. 60/680 vertreten worden zu sein scheint, wird als *rafḍ* („Ablehnung") bezeichnet. *Ar-rawāfiḍ* („die Ablehner") wurde zu einem sunnitischen Schimpfwort für Schiiten. Diese Ablehnung der von Sunniten hochverehrten ersten Kalifen durch die Schiiten ging in der traditionellen Schia einher mit der rituellen Verfluchung der genannten drei Kalifen etwa an *ʿĀšūrāʾ*. Derartige Praktiken haben in der Vergangenheit und zum Teil bis in die Gegenwart immer wieder zu oft auch gewalttätigen Auseinandersetzungen zwischen beiden Gemeinschaften geführt.

Unter den Schiiten gehen einzig die Anhänger der zaiditischen Richtung (nach dem von ihnen im Unterschied zu den übrigen Schiiten als Imam anerkannten Zaid b. ʿAlī, gest. 122/740, benannt) davon aus, dass die beiden ersten Kalifen zwar an Tugenden von ʿAlī übertroffen worden seien, dass aus Erwägungen der Zweckmäßigkeit das Imamat eines an Tugend übertroffenen (arab. *imāmat al-mafḍūl*) dennoch Gültigkeit haben kann. Aus der Sicht der Zaiditen gehört das Imamat demjenigen aus der Nachkommenschaft ʿAlīs, der gelehrt und bereit ist, für das Recht der Familie mit der Waffe in der Hand einzustehen. Die Zaiditen stehen in ihrem Recht den Sunniten von allen heute noch existierenden Gruppen am nächsten. In theologischen Fragen vertreten sie allerdings wie die Zwölferschiiten der Muʿtazila ähnliche Positionen (zur Muʿtazila siehe Kap. 2.4.1). Zu finden sind sie heute vor allem im Jemen, wo bis in die 60er Jahre des 20. Jahrhunderts ein zaiditisches Imamat bestand, das auf das späte 9. Jahrhundert zurückging. Vom 9. bis zum 12. Jahrhundert gab es auch in verschiedenen Gegenden südlich des Kaspischen Meeres zaiditische Herrschaften.

Im frühen 9. Jahrhundert versuchte der Kalif al-Maʾmūn (reg. 198 bis 218/813–833) dann noch einmal, die Linien der ʿAbbāsiden und der ʿAlīden (der Nachkommen ʿAlīs) zu vereinigen, indem er einen ʿAlīden zu seinem Nachfolger ausrief. Zu dieser Zeit war die Trennung zwischen beiden Gruppen allerdings bereits dermaßen verfestigt, dass dieses Projekt nach dem vorzeitigen Tod des erwählten Nachfolgers nicht weiter verfolgt wurde. Während die Imame der Zwölferschia in der Folgezeit abseits der Politik als religiöse Figuren die Verehrung ihrer Anhänger genossen, gaben die ʿAbbāsiden bald darauf ihre Ansprüche auf, als Kalifen zentrale Figuren religiöser Rechtleitung zu sein.

2.4 Die Formierung theologischer Schulen

2.4.1 Die Muʿtazila

Ein großer Teil der Probleme, die im Laufe des 1. Jahrhunderts des Islams die Theologen umgetrieben hatten, beschäftigte die Theologen auch in der Folgezeit. Dabei formierten sich langsam die religiösen Richtungen, die in den späteren Jahrhunderten den Islam prägen sollten, insbesondere die der Sunniten und die der Zwölferschiiten. Für die Entwicklung der Theologie beider Gruppen ganz entscheidend war die Auseinandersetzung mit den Lehren der Muʿtaziliten. Unter den Muʿtaziliten gab es unterschiedliche Strömungen, die hier im Einzelnen nicht behandelt werden können. Insgesamt war diese Denkschule bis ins hohe Mittelalter hinein sehr einflussreich und vor allem zwischen Irak und Ostiran weit verbreitet, geriet später aber in Vergessenheit. Erst im 20. Jahrhundert spielten ihre Ideen für manche Vertreter des islamischen Reformdenkens wieder eine Rolle als ein historisches Vorbild, auf das man meinte, sich berufen zu können.

Der Name *Muʿtazila* heißt: „die, die sich absondern", wobei nicht ganz klar ist, worauf diese Absonderung zu beziehen ist. Heute geht man allgemein davon aus, die ersten Vertreter dieser Schule seien zu ihrem Namen gekommen, weil sie sich weder ʿAlī noch seinen Gegnern anschließen wollten. Die muʿtazilitische Lehre war nach Ansicht mancher Gelehrter folglich gut geeignet, als theologische Grundlage der ʿabbāsidischen Herrschaft zu dienen. Eine Nähe zu den ʿAbbāsiden ist für die ersten muʿtazilitischen Theologen jedoch nicht nachzuweisen. Es hat unter ihnen im Gegenteil solche gegeben, die Aufstände gegen die frühen ʿAbbāsiden unterstützten. Eine ganze Reihe von ihnen lehnte die Herrschaft von Kalifen auch grundsätzlich ab, da das Kalifat zu einer Tyrannei verkommen sei. Die frühen ʿAbbāsiden stützten sich religiös zudem nicht auf die Muʿtaziliten, sondern stark auf Vertreter der ḥanafitischen Schule im Irak, die theologisch damals den Murǧiʾiten nahestand.

Ein enges Bündnis von muʿtazilitischer Theologie und ʿabbāsidischer Herrschaft lässt sich erst unter der Regentschaft des Kalifen al-Maʾmūn (gest. 218/833) nachweisen. Dieser stammte von einer iranischen Mutter, hatte auch viele Jahre im Osten Irans verbracht. Gleichzeitig verfügte er über eine solide Bildung, was die klassische arabische Dichtung und Sprache anging. Nachdem er in einem Bürgerkrieg gegen seinen Halbbruder al-Amīn (reg. 193–198/809–813) die Macht an sich gebracht hatte, zeigte er sich auch gegenüber den kulturellen Einflüssen der klassischen Antike sehr offen. So förderte er die Übersetzung wissenschaftlicher Schriften aus dem Griechischen.

Al-Maʾmūn suchte seine Stellung zunächst dadurch zu festigen, dass er ʿAlī ar-Riḍā, der von den Zwölferschiiten als ihr achter Imam verehrt wurde, als seinen Nachfolger einsetzte. Nach dem Tod ʿAlī ar-Riḍās (202/818) hat al-Maʾmūn angesichts von Widerständen gegen diese Politik im ʿabbāsidischen Lager nicht einen weiteren Abkömmling ʿAlīs zu seinem Nachfolger aufgebaut. Er versuchte auf anderem Wege, den Riss innerhalb der islamischen Gemeinde zu kitten. Die muʿtazilitische Theologie arbeitete weniger mit Überlieferungen, deren Echtheit je nach Parteizugehörigkeit in Zweifel gezogen werden konnte, als mit Verstandesargumenten. Der Kalif mochte hoffen, eine Lehre, die für jeden Verständigen einsichtig sein würde, müsste alle Streitigkeiten zwischen den Muslimen überwinden helfen und das Reich unter seiner Herrschaft befrieden. Die Erschaffenheit des Korans, ein Kernpunkt ihrer Theologie, wurde zur offiziellen Lehre, zu der sich alle religiösen Würdenträger – insbesondere in Bagdad, der Hauptstadt des ʿabbāsidischen Reiches – bekennen mussten. Das Bekenntnis dazu wurde abgeprüft, wobei Widersetzliche mit Strafen zu rechnen hatten. Diese sog. Inquisition des al-Maʾmūn wurde *miḥna* (arab., „Prüfung“) genannt. Inwieweit mit der Einführung der *miḥna* tatsächlich das gesamte Lehrgebäude der Muʿtazila zur Staatsdoktrin erklärt wurde, ist in der Forschung umstritten. Fest steht, dass sie im Ergebnis für die Muʿtazila eher kontraproduktiv war. Sunnitische Gelehrte, die das in der *miḥna* geforderte Bekenntnis zur Geschaffenheit des Korans verweigerten und deshalb bestraft wurden, genossen angesichts dessen bei der Bevölkerung höheres Prestige als zuvor. Der Bekannteste unter diesen Opfern der *miḥna* war Aḥmad b. Ḥanbal (gest. 240/855), auf den wir im Folgenden noch zurückkommen werden.

Die Vorstellung, mit dem Verstand allein sei religiöse Einheit herzustellen, hatte sich also als Trugschluss erwiesen. Der dritte Nachfolger al-Maʾmūns, al-Mutawakkil (gest. 246/861), gab die *miḥna* im Jahr 243/849 auf. Doch blieben die Muʿtaziliten noch für Jahrhunderte, nachdem die ʿabbāsidischen Kalifen ihnen ihre Unterstützung entzogen hatten, ausgesprochen zahl- und einflussreich. Zudem fand im Laufe des 10. Jahrhunderts ihre Lehre Eingang in die Theologie der Zwölferschiiten, unter denen sie bis heute lebendig ist.

Die Sunniten profitierten von der Auseinandersetzung mit der Muʿtazila insofern, als diese ihr erlaubte, ihr theologisches Profil zu schärfen. Das galt nicht zuletzt in methodischer Hinsicht. Die Sunniten mussten ihre aus Koran und Prophetenüberlieferung hergeleiteten Ansichten nun argumentativ begründen. Auch die fünf Grundprinzipien, in denen die Muʿtaziliten ihre Lehre zusammenfassten, galten für sie noch lange als die Hauptfragen, die die Theologie zu beantworten hatte. Eines ist dabei allerdings zu beachten: Unter den Vertretern der breiten theologischen Strömung, die unter dem Namen Muʿtazila gefasst wird, sind in vielen Einzelfragen sehr unterschiedliche Meinungen vertreten worden, auf die im Folgenden nur im Ausnahmefall näher eingegangen werden kann.

Die genannten fünf Grundprinzipien der Muʿtazila (arab. *al-uṣūl al-ḫamsa*) waren die folgenden:

1. Gott ist einer (arab. *at-tauḥīd*). Die erste der fünf Hauptlehren der Muʿtazila ist die Lehre vom *tauḥīd*, das Bekenntnis, dass es nur einen Gott gibt. Dieses Bekenntnis erscheint zunächst als eine Selbstverständlichkeit, ist doch die Lehre von dem einen Gott der Kern der koranischen Botschaft. Ganz so einfach, wie es zunächst schien, war die Sache für die muslimischen Theologen in dieser Frage nicht mehr, als sie anfingen, näher darüber nachzudenken, was Eins-Sein eigentlich heißt. Dabei haben sicherlich die Lehren der hellenistischen Philosophie eine Rolle gespielt, die die Muslime durch Übersetzungen, aber auch im direkten Gespräch mit in solchen Kategorien denkenden christlichen Theologen kennen lernten. Ein wichtiger Gegenstand dieser Philosophie und Theologie war das Nachdenken darüber, wie man Dinge definieren und präzise beschreiben kann. Man unterschied insbesondere zwischen der Substanz einer Sache (arab. *ǧauhar*), also dem, was sie eigentlich ausmacht, und den Attributen oder Eigenschaften (arab. *ṣifa*, Pl. *ṣifāt*), die einer Substanz zukommen.
   Wenn man diese Begriffe nun auf Gott anwenden wollte, bekam man Probleme. Gott ist aus islamischer Sicht einer, zunächst einmal, weil es keinen anderen Gott neben ihm gibt. Er gilt aber auch als einer, weil in ihm keine Teile unterschieden werden können.

Wäre das möglich, würde es potenziell der Vielgötterei wieder Tür und Tor öffnen. Zudem würde es in der Vorstellung der damaligen Zeit im Widerspruch zu seiner Ewigkeit stehen: Etwas, das zusammengesetzt ist, meinte man, kann nicht ewig sein. Dies zog die Frage nach sich, auf welche Weise man sich vorstellen sollte, dass Gott, obwohl er einer ist, doch Eigenschaften haben kann, die unter Umständen als von ihm getrennt zu denken wären. Wenn Gott seit jeher über Wissen verfügt, was aus der Sicht der islamischen Theologen angesichts einschlägiger koranischer Aussagen nicht zu leugnen war, stellte sich die Frage, ob dieses Wissen, wie er selbst, ewig war. Nahm man dies an, könnte Gott dann der Schöpfer dieses ewigen Wissens sein? Die Muʿtaziliten lösten dieses knifflige Problem, indem sie feststellten, Gott wisse nicht dank eines Wissens, also dank einer von ihm verschiedenen Sache. Vielmehr sei das Wissend-Sein untrennbarer Teil seines Wesens. Gott hat also aus ihrer Sicht keine Eigenschaften, die von seinem Wesen zu trennen sind.

Nun gibt es unter Gottes Eigenschaften solche, über die man sinnvollerweise sagen muss, er habe sie immer schon gehabt. Das gilt etwa für das Wissen. Es ist für Muslime (oder Christen) schlechterdings nicht vorstellbar, dass Gott unwissend sei. Anders sieht es mit anderen Eigenschaften Gottes aus, die erst nach Schöpfung der Welt Sinn machen, weil sie mit Gottes Umgang mit der Schöpfung zu tun haben. Diese für ewig zu halten, erschien unlogisch. Es lag aus Sicht der Muʿtaziliten folglich nahe, zwischen Wesenseigenschaften Gottes (arab. *ṣifāt aḏ-ḏāt*) und seinen Handlungseigenschaften (arab. *ṣifāt al-fiʿl*) zu trennen. Die Letztgenannten treten nur ein, wenn Gott die entsprechende Handlung vollzieht, sind also keine ewigen Eigenschaften Gottes.

Genau hierin liegt eine Begründung für die muʿtazilitische Lehre von der Geschaffenheit des Korans: Die Existenz einer Rede Gottes macht vor der Schöpfung der Menschen, die diese Rede hören, keinen Sinn. Erst nachdem es eine geschaffene Welt gab, hat Gott aus muʿtazilitischer Sicht begonnen zu reden. Das Idealbild dieser göttlichen Rede ist der Koran. Es geht bei der muʿtazilitischen Idee des geschaffenen Korans also nicht um die Vorstellung, der Koran sei Menschenwerk oder allein unter bestimmten historischen Umständen gültig. Diese Lehre ist vielmehr nur ein Versuch, die Eigenschaften Gottes näher zu beschreiben. Auch aus der Sicht der Muʿtaziliten (oder der Zwölferschiiten, die diese Lehre übernommen haben) ist der Koran unmittelbar Gottes unverfälschtes Wort.

Für das Gottesbild der Muʿtaziliten ist nicht nur die Lehre von der Identität von Gottes Wesen mit seinen Eigenschaften und die Trennung von Wesens- und Handlungseigenschaften wichtig. Ihr Gottesbild ist darüber hinaus geprägt vom Gegensatz zur Tendenz des *ḥadīṯ*, Gott sehr konkret darzustellen. Mit den einschlägigen Überlieferungen hatte man leichtes Spiel, indem man sie als Fälschungen abtat. Solche konkreten, anthropomorphen Beschreibungen Gottes fanden sich aber auch im Koran selbst (siehe S. 46 und Kap. 3.1.1). Für die Muʿtaziliten ist jede Verähnlichung Gottes mit den geschaffenen Dingen (arab. *tašbīh*) ein Verstoß gegen seine Einzigartigkeit. Gott kann nicht mit Sinnesorganen wahrgenommen werden. Soweit im Koran sinnlich konkret von ihm die Rede ist, etwa von seiner Hand (48,10), ist eine solche Aussage daher nicht wörtlich zu verstehen, sondern muss metaphorisch gemeint sein: Gottes Hand ist ein Sinnbild für seine Großzügigkeit. Die Lehre von der Großzügigkeit Gottes gehört in den Kontext der zweiten Hauptlehre der Muʿtazila, der Lehre von Gottes Gerechtigkeit (arab. *ʿadl*).

2. Gott ist gerecht (*al-ʿadl*). Im Hinblick darauf, wie man sich Gott als Körper vorzustellen hat, oder besser: nicht vorstellen darf, haben die Muʿtaziliten den Unterschied zwischen unserer Erfahrungswelt und dem Göttlichen betont. Ihr Gottesbild ist in dieser Hinsicht ausgesprochen unkonkret. Anders steht es um Gott als moralisches Wesen. Die ethischen Maßstäbe, die wir mit Hilfe des Verstandes entwickeln, stimmen aus ihrer Sicht mit dem überein, was bei Gott gut und richtig ist. Das Gute ist also nicht etwa deshalb gut, weil Gott es so will, sondern Gott will es, weil es gut ist. Gott hat keine Bedürfnisse, folglich gibt es für ihn auch keinen Grund, etwas anderes zu wollen als das Gute. Ja, eigentlich müsse Gott immer das wollen, was für die Menschen am besten wäre. Umstritten war unter den Muʿtaziliten allerdings, ob sich das allein auf das Jenseitsschicksal oder auch auf das diesseitige Leben der Menschen bezieht.
   Zum Besten des Menschen ist es, wenn Gott die Guten belohnt und die Bösen bestraft, denn auf diese Weise haben die Menschen z. B. die Möglichkeit, Verdienste zu erwerben. Dass Gott strafen und lohnen wird, wird im Koran angekündigt. Strafe und Lohn werden in jedem Fall nach Maßgabe des Handelns erfolgen (siehe Prinzip 3, *waʿd*). Doch setzt Gottes Gerechtigkeit voraus, dass die Menschen, die bestraft oder belohnt werden sollen, auch selbst für ihre Taten verantwortlich sind. Die Menschen müssen daher in ihrem Handeln frei sein: Sie müssen zum Zeitpunkt jeder Handlung in der Lage sein, sich zu entscheiden, ob sie etwas tun oder unterlassen wollen. Die

Fähigkeit zu Handlung und Unterlassung wird dabei von Gott im Menschen erschaffen. Gott ist insofern der alleinige Schöpfer. Die Entscheidung aber treffen die Menschen selbst.
Die Muʿtaziliten folgen in der Frage der Willensfreiheit den Positionen der Qadariten, von denen bereits die Rede war. Sie diskutieren die damit zusammenhängenden Probleme aber auf einem deutlich höheren intellektuellen Niveau und unter Berücksichtigung aller nur denkbaren Eventualitäten.

3. Verheißung und Drohung (arab. *al-waʿd wal-waʿīd*): Gott wird die Gläubigen und die, die Gutes tun, belohnen, die Ungläubigen und die schweren Sünder, die nicht bereuen, bestrafen. Die Fürsprache des Propheten beim Jüngsten Gericht wird dem schweren Sünder unter den Muslimen nicht helfen. Sie hilft nur den grundsätzlich Guten.
4. Der Sünder steht zwischen Glauben und Unglauben (arab. *al-manzila baina al-manzilatain*): die Vorstellung, ein schwerer Sünder unter den Muslimen sei weder aus der Gemeinde auszuschließen noch gehöre er dazu. Nach seinem Tod wird er auf ewig in der Hölle bestraft.
5. Das Anbefehlen des Guten und das Verbieten des Tadelnswerten (arab. *al-amr bil-marūf wan-nahy ʿan al-munkar*): Die Gläubigen sollen sich in ihrer Gesellschaft aktiv für die Einhaltung islamischer Normen einsetzen. (Die Frage, wie das zu geschehen hat, und ob einzelne dazu befugt sind, zu diesem Zweck Gewalt anzuwenden, spielt bis in die Gegenwart unter Muslimen eine große Rolle.)

Die Lehre der Muʿtazila stellt an die Gläubigen große Ansprüche. Einerseits ist ihr Gottesbild außerordentlich abstrakt. Das bei vielen gläubigen Menschen in allen Religionen vorhandene Bedürfnis, sich Gott vorstellen zu können oder ihn auf Erden präsent zu erleben, wurde von ihnen in keiner Weise befriedigt. Auf der anderen Seite fordert ihre Theologie in Fragen der Moral von den Menschen höchste Leistungsbereitschaft. Nicht der Glaube allein, sondern auch das rechte Handeln ist Bedingung für das Seelenheil. Fehltritte, die nicht ausreichend bereut werden, führen auch bei Gläubigen zu womöglich ewiger Strafe. Man kann sich vorstellen, dass für die meisten Menschen diese Form von Religion eine Überforderung darstellte.

Auf Dauer erfolgreichere Varianten von Islam, das Sunniten- und Schiitentum, machten ihren Gläubigen in mancher Hinsicht ein attraktiveres Angebot: Unter den Zwölferschiiten, die im Prinzip die Theologie der Muʿtazila übernahmen, war die Zugehörigkeit zur Gruppe auch bei schwerer Sünde ausreichend für die Rettung. Unter den Sunniten herrschte bald die Vorstellung, der Prophet werde für alle sunnitischen Muslime am Jüngsten Tag erfolgreich Fürbitte einlegen. Doch ist hierin der Grund für das Verschwinden der Muʿtaziliten als theologischer Schule zu suchen?

Man könnte meinen, dass die Muʿtaziliten im Vergleich mit anderen in ihrem Alltag strikter und skrupelhafter gewesen seien als andere Muslime. Im Falle einer Schuld hatten sie schließlich nicht das Hintertürchen, sich auf die Fürsprache des Propheten oder (wie bei den Schiiten) ʿAlīs verlassen zu können. Genau dies lässt sich allerdings, wenn wir unseren Quellen trauen können, nicht nachweisen. Schon unter den frühen Muʿtaziliten gab es ausgesprochen lebensfrohe Menschen. Auch als im 10./11. Jahrhundert die Muʿtaziliten im Osten Irans zusehends durch Anhänger der sunnitischen ašʿaritischen Theologie verdrängt werden, erscheinen eher die Sunniten als Vertreter einer auf die Erfüllung der kleinsten Einzelnormen des Gesetzes ausgerichteten Religion. Auch hatte insbesondere die klassische sunnitische Theologie Seiten, die für die Gläubigen genauso beängstigend sein konnten wie der im Guten wie im Bösen genau abrechnende Gott der Muʿtazila (siehe Kap. 2.4.2).

Die Schia, die ihren Anhängern einen klaren und einfach zu befolgenden Heilsweg bot (das Bekenntnis zu den Imamen), hat sich auf Dauer dennoch vor allem dort durchgesetzt, wo die politische Herrschaft in ihren Händen lag. Hierin könnte ein Schlüssel für das Verschwinden der Muʿtazila liegen. Nach den letztlich vergeblichen Versuchen unter den frühen ʿAbbāsiden ist es ihnen nie mehr gelungen, Herrscher für ihre Lehre zu gewinnen. Die hauptsächlich von Herrschern und ihrem Umfeld finanzierten großen islamischen Lehreinrichtungen, die seit dem 11. Jahrhundert entscheidend für die Ausbildung von Theologen wurden (siehe S. 21f.), waren ihnen verschlossen. Die Lehre der Muʿtazila (wie jede Theologie im engeren Sinne) ist auf Grund ihrer Komplexität, die hier nur angedeutet werden konnte, sicher immer nur den Bildungseliten im Einzelnen zugänglich gewesen. Unter diesen war sie noch bis ins 13. Jahrhundert verbreitet. Ohne Anbindung an den organisierten Lehrbetrieb der Medressen musste sie aber gerade in diesem Milieu an Boden verlieren.

2.4.2 *Abū l-Ḥasan al-Ašʿarī und die sunnitische Theologie*

Die Zukunft gehörte nicht der Muʿtazila, sondern denjenigen, die sich „Leute der prophetischen Überlieferung und der einträchtigen Gemeinschaft“ (arab. *ahl as-sunna wal-ǧamāʿa*) nannten. In dieser Gruppe fanden sich im Laufe der Zeit die meisten der Muslime wieder, die in der Frühzeit des Islams nicht klar für das werdende Schiitentum oder die Bewegung der Ḫāriǧiten Partei ergriffen hatten. Die späteren Sunniten waren deshalb nicht unbedingt Anhänger der Umaiyaden gewesen. Im

Gegenteil: Die meisten umaiyadischen Kalifen werden in der sunnitischen Geschichtsüberlieferung kritisch bewertet. In ihren Augen führte aber der aktive Kampf gegen die Obrigkeit, mochte sie auch nicht ganz den eigenen Vorstellungen entsprechen, zur Spaltung der Gemeinde und mithin zu schlimmen Sünden. Für die Umaiyaden, die frühen ʿAbbāsiden und die Schiiten waren die von ihnen jeweils anerkannten Kalifen oder Imame in der Lage, den Menschen Rechtleitung und eine Verbindung zu Gott anzubieten.

Aus der Sicht der Sunniten war dies nicht der Fall. Sie gingen davon aus, dass eine direkte Verbindung zu Gott nach dem Tode Muḥammads Menschen nicht mehr möglich war (zu Abwandlungen dieser Vorstellung in der islamischen Mystik vgl. Kap. 2.6). Allein im Koran und in den vom Propheten überlieferten Aussprüchen, den *ḥadīṯen*, sprach Gott noch zu den Menschen. Der eigene Verstand, der aus der Sicht der Muʿtazila dem Menschen erlaubte, den Weg zu Gott zu erkennen, schied für die frühen Sunniten als Maßstab weitgehend aus. Von den Muʿtaziliten trennte die Sunniten aber nicht allein die Ablehnung der rationalen Methoden, die nach muʿtazilitischer Ansicht zur Gotteserkenntnis führten. In den von den Sunniten stattdessen hochgehaltenen Prophetenüberlieferungen wurde die von den Muʿtaziliten wiederum abgelehnte Lehre von der Vorherbestimmung der Taten vertreten. Das Gottesbild, das in den Überlieferungen gezeichnet wurde, war – anders als das abstrakte Gottesbild der Muʿtaziliten – von großer Anschaulichkeit. Dank der Lehre, dass der Prophet am Jüngsten Tag Fürsprache für die Sünder aus seiner Gemeinde einlegen werde, konnten auch religiös weniger engagierte Menschen hoffen, dass sie zu guter Letzt doch das Seelenheil erlangen würden.

Insbesondere die beiden letztgenannten Lehren mussten das Sunnitentum bei der Masse der Bevölkerung beliebt machen. Die Standhaftigkeit sunnitischer Gelehrter im Angesicht der *miḥna* hat ihnen zusätzliches Prestige verliehen. Ein besonders bekanntes Beispiel in dieser Hinsicht ist Aḥmad b. Ḥanbal, der auch als Begründer der ḥanbalitischen Rechtsschule gilt. In Bagdad, über das wir, weil es die Hauptstadt des ʿabbāsidischen Kalifats war, besonders gut informiert sind, war bald die Mehrheit der Bevölkerung auf Seite der Sunniten; man lieferte sich zuweilen Straßenschlachten mit den in der Hauptstadt ebenfalls zahlreich präsenten Schiiten. Die ʿabbāsidischen Kalifen gaben nach dem Scheitern des Versuchs, die Religion ihrer Untertanen mit Gewalt zu vereinheitlichen, in der Mitte des 9. Jahrhunderts ihren Anspruch auf, selbst Verkörperung göttlicher Rechtleitung zu sein, und näherten sich den Sunniten an. Die Sunna wurde schließlich durch den Kalifen al-Qādir im Jahr 407/1017 zur offiziellen Lehre erklärt.

In dieser Zeit hatten die Sunniten längst eine eigene Theologie entwickelt, die ihre aus Koran und Überlieferung herrührenden Überzeugungen argumentativ absichern sollte. Bereits Abū Ḥanīfa, der zwar Murǧ'it war, später aber von den Sunniten zu den Gründervätern ihrer eigenen Richtung gezählt wurde, hatte seine Positionen in theologischen Lehrschriften zusammengefasst. Der eigentliche Begründer der sunnitischen Theologie war aber Abū l-Ḥasan al-Ašʿarī (gest. 323/935). Dieser war ursprünglich Anhänger der Muʿtazila gewesen, hatte sich dann aber von dieser Lehre abgewandt und versuchte nun, die Ansichten der Sunniten nicht mehr allein mit Überlieferungen, sondern auch mit Hilfe rationaler Argumente zu begründen.

Al-Ašʿarī und seine Schüler haben nicht allein die von den Sunniten ursprünglich abgelehnten muʿtazilitischen Methoden des Räsonierens übernommen, auch in den Inhalten stellt ihre Lehre zuweilen den Versuch eines Kompromisses zwischen den wörtlichen Aussagen von Koran und Sunna und den muʿtazilitischen Lösungen dar. Das gilt besonders für das Gottesbild. Aus der Sicht der Sunniten ist eine metaphorische Deutung von Aussagen etwa über die Hand Gottes im Koran unzulässig. Wenn von Gottes Hand die Rede ist, müsse das heißen, dass Gott tatsächliche eine Hand habe. Den Vorwurf, damit würden Gott unzulässigerweise Eigenschaften der geschaffenen Dinge zu geschrieben, vermeiden Al-Ašʿarī und seine Schüler, indem sie sagen, Gott habe zwar tatsächlich eine Hand. Gemeinsam mit den meisten Anhängern der Überlieferung schränkt er allerdings ein: Was das konkret heiße, sei für Menschen nicht zu ermitteln. Man müsse alle derartigen Aussagen in Koran und Sunna glauben, ohne zu fragen, wie dies eigentlich zu verstehen sei (arab. *bi-lā kaifa*). Ähnlich gelagert sind die Aussagen zu der Frage, ob Gott Attribute habe, und ob diese von ihm zu unterscheiden seien. Wir hatten oben gesehen, dass die Muʿtaziliten die Ansicht vertraten, dass Gott wissend sei, sei nicht ein von Gott zu trennendes Attribut. Er sei wissend auf Grund seines Wesens, nicht wegen eines Wissens, über das er verfüge. Al-Ašʿarī behilft sich auch hier mit einem Formelkompromiss. Er kann sowohl die wörtliche Aussage der Offenbarung, die von solchen Attributen spricht, gelten lassen als auch das Bedürfnis der Theologie befriedigen, Gott zu einem Wesen zu machen, das in sich eins und nicht aus verschiedenen Bestandteilen zusammengesetzt ist. Gottes Attribute seien nicht mit Gott identisch, aber auch nicht von ihm verschieden. Der Koran jedenfalls sei Gottes unerschaffene ewige Rede.

Wir hatten oben gesehen, dass aus der Sicht der Muʿtazila Gott zwar in seiner Gestalt (bereits zu sagen, er verfüge über etwas wie eine Gestalt, ist für sie unzulässig) für uns Menschen nicht zu greifen sei, dass er in moralischer Hinsicht sich von uns Menschen nicht unterscheide. Was unser Verstand gutheißt, das heiße auch Gott gut. Was bei uns verwerflich erscheint, müsse ihrer Meinung nach bei Gott ebenfalls verwerflich sein. Die ašʿaritische Theologie ist hier sehr viel vorsichtiger. Aus ihrer Sicht ist der Verstand zur Beurteilung, ob etwas moralisch gut ist, allein nicht in der Lage. Das Gute ist allein deshalb gut, weil Gott es gutheißt. Gott könnte durchaus Handlungen für gut erklären, die uns verwerflich erscheinen. Der ašʿaritische Gott ist also nicht an unsere Maßstäbe gebunden. Er ist uns auch nichts schuldig. Während die Muʿtaziliten davon ausgehen, dass Gott die Guten belohnen und die Bösen bestrafen muss, könnte er aus der Sicht der Ašʿariten auch umgekehrt handeln, ohne dass wir sagen dürften, Gott tue Unrecht. Dass er letztlich die Guten belohnen wird, können wir allerdings dennoch annehmen, weil er uns das im Koran verheißen hat und Gott sein Wort hält.

Die Verheißung von der Belohnung der Guten heißt aber nicht, dass alle frommen Menschen sich sicher sein können, dass ihnen dereinst das Heil zuteil werden wird. Gott kann einen Menschen sein ganzes Leben lang fromm handeln und ihn dann am Ende seiner Tage straucheln lassen. Wer in seiner letzten Stunde vom Glauben abfällt, den wird Gott dann ungeachtet früherer Verdienste bestrafen.

Die Funktion all dieser Aussagen, die heutigen Menschen womöglich befremdlich vorkommen, ist die Sicherstellung von Gottes Allmacht. Die Muʿtaziliten hatten die Idee der Allmacht Gottes letztlich aufgegeben. Zum einen, indem sie ihn menschlichen moralischen Maßstäben unterworfen hatten, zum andern, indem sie behaupteten, der Mensch könne sich frei für oder gegen eine Handlung entscheiden. Diesen Weg ist das Sunnitentum nicht mitgegangen. Für al-Ašʿarī und seine Schüler schafft Gott allein alle Taten der Menschen. Der Mensch „erwirbt" dann die von Gott geschaffenen Handlungen (arab. *kasb*). Diese „Aneignung" der Handlungen geschieht mit Hilfe einer Kraft, die Gott im Moment der Handlung schafft. Dieser Kraft kann sich der Mensch nicht entziehen. Gott straft und belohnt die Menschen aus der Sicht dieser Theologie also tatsächlich für ihre eigenen Taten, wie es ja auch der koranischen Aussage entspricht. Gottes Allmacht bleibt aber gewahrt, weil letztlich der Mensch sich den Handlungen, die Gott ihn vollziehen lässt, gar nicht entziehen kann, selbst wenn er sie subjektiv als seine ansieht.

Für die Ašʿariten wird dieser Gedanke dann noch ausgeweitet, indem sie ein ursprünglich von muʿtazilitischen Theologen entwickeltes Konzept übernehmen und auf die gesamte Natur anwenden: den Okkasionalismus, d. h. die Lehre vom (zufälligen) Zusammentreffen von Ereignissen oder den „Gelegenheitsursachen“. Wir hatten oben gesehen, dass aus koranischer Sicht Gottes Schöpfung nicht ein abgeschlossener Vorgang ist, sondern Gott kontinuierlich die geschaffene Welt erhält und in sie hineinwirkt. Dieses Konzept wird in der Theologie al Ašʿarīs und seiner Schüler dahingehend ausgeweitet, dass Gott in jedem Moment die Welt neu schafft. Alles, was wir für regelmäßige, gesetzmäßige Abläufe in der Natur halten, ist nichts als Gottes Gewohnheit. Gottes Gewohnheit sorgt dafür, dass wir uns immer, wenn wir die Hand ins Feuer halten, verbrennen. Die Verbrennung ist also kein naturgesetzlicher Vorgang, der bei Berührung mit Feuer automatisch abläuft. Zwischen beiden Vorgängen besteht kein ursächlicher Zusammenhang. Gott schafft vielmehr in dem Moment, in dem man die Hand ins Feuer hält – gleichzeitig aber ohne ursächlichen Zusammenhang zwischen beiden Vorgängen –, auch die Symptome der Verbrennung. Wenn ein Mensch bei Berührung mit Feuer nicht verbrannt wird, werden folglich nicht etwa Naturgesetze außer Kraft gesetzt. Gott hat nur seine Gewohnheit durchbrochen, normalerweise Berührung mit Feuer und Verbrennung gleichzeitig eintreten zu lassen.

Dieses Konzept des Okkasionalismus erscheint heutigen Menschen, die gewohnt sind, in der Natur nach Gesetzmäßigkeiten zu suchen, befremdlich. Es gehört in den Kontext der Theologie der göttlichen Allmacht, die die ašʿaritische Schule prägt und die sie mit bewundernswerter Konsequenz vertritt: Wenn Gott wirklich allmächtig ist, kann es nichts geben, was neben ihm auch noch Macht ausübt. Das gilt sowohl für die Handlungen des Menschen als auch für die Vorgänge in der Natur. Gott steht in jeder Hinsicht und dauernd über seiner Schöpfung und kann frei über sie verfügen.

Die Theologie al-Ašʿarīs hat nicht alle Sunniten überzeugt. Manche Anhänger der Sunna hielten den Versuch, sich argumentativ auf die Auseinandersetzung mit der Muʿtazila und anderen Lehren einzulassen, von vorneherein für verfehlt. Am besten sei es, am „Glauben der alten Frauen“ festzuhalten, also einem Glauben, der die Aussagen der heiligen Texte annimmt, ohne sie in irgendeiner Hinsicht zu hinterfragen. Auch gut gemeinte theologische Spitzfindigkeiten würden die Menschen letztlich nur vom Glauben abführen. Vor allem die einfachen Menschen sollten deshalb von den Diskussionen der Theologen möglichst ferngehalten werden. Anders als das Recht, das als praktische Richtschnur für das Leben eines jeden benötigt wurde, wurde Theologie nur dafür als notwendig angesehen, den rechten Glauben gegen Andersgläubige und Ketzer zu verteidigen. Wo diese Gefahren fehlen, ist die Theologie überflüssig. Diese Ablehnung der Theologie hat sich im Sunnitentum in einer eigenen Literaturgattung der „Tadel der Theologie“-Schriften (arab. *ḏamm al-kalām*) niedergeschlagen.

Derartiges Denken wird nicht ganz zu Unrecht vor allem den Anhängern der auf den genannten Aḥmad b. Ḥanbal zurückgeführten ḥanbalitischen Rechtsschule unterstellt. Es gab allerdings auch an der Theologie interessierte Ḥanbaliten. Auf der anderen Seite war die Kritik an der Theologie auch unter den Anhängern anderer Richtungen verbreitet. Ein bedeutender ašʿaritischer Theologe wie al-Ǧuwainī (gest. 478/1085) soll im Alter zu der Überzeugung gekommen sein, besser als all sein theologisches Nachdenken sei doch der schon erwähnte „Glauben der alten Frauen“.

Die sunnitischen Rechtsschulen

Im sunnitischen Recht haben sich vier verschiedene Schulen (arab. *maḏhab*, Pl. *maḏāhib*) durchgesetzt. Die Schule des Abū Ḥanīfa (gest. 147/765) war ursprünglich die Schule Iraks und verbreitete sich später bis nach Zentralasien und Indien (die Ḥanafiten); Türken sind in der Regel Ḥanafiten. Die Schule des Mālik (gest. 178/795) war ursprünglich die Schule von Medina; sie ist heute vor allem in Nord(west)afrika verbreitet (die Mālikiten). Die Schule des aš-Šāfiʿī (gest. 204/820) ist hauptsächlich in der ostarabischen Welt und Indonesien zu finden (die Šāfiʿiten). Die kleinste der Schulen ist schließlich die nach Aḥmad b. Ḥanbal (gest. 240/855) benannte Schule der Ḥanbaliten; sie ist heute besonders auf der Arabischen Halbinsel verbreitet und bildet die Grundlage der wahhābitischen Lehre.

Diese vier Schulen erkennen sich seit dem hohen Mittelalter gegenseitig als in gleicher Weise gültig an. Die Rechtsschulen haben jeweils eigene Traditionen, auf welche Weise sie von den religiösen Quellentexten (insbesondere dem Koran und der *ḥadīṯ*-Überlieferung) zu Lösungen für konkrete rechtliche Probleme kommen. Die Unterschiede zwischen den Rechtsschulen sind dabei aber letztlich gering.

Innerhalb der Rechtsschulen besteht seit dem späten 10. Jahrhundert eine Tendenz, die Lösungen älterer Rechtslehrer, insbesondere der für die Schule namengebenden Gelehrten und ihrer Schüler, als für alle Zeiten verbindlich anzusehen. Diese Nachahmung älterer Gelehrter bezeichnet man als *taqlīd*, das selbständige Bemühen um neue Rechtslösungen dagegen als *iǧtihād*.

2.4.3 *al-Māturīdī*

Neben diesen Vertretern einer traditionalistischen Fundamentalkritik an der Arbeit al-Aš'arīs und seiner Schüler sind innerhalb des Sunnitentums auch noch Vertreter einer anderen Theologie zu erwähnen, die weiter als al-Aš'arī von den Vorstellungen der theologiefeindlichen Anhänger eines Aḥmad b. Ḥanbal entfernt war: die Anhänger der Schule al-Māturīdīs (gest. 333/944). Al-Māturīdī stammte aus Samarqand. Seine Schule blieb zunächst auf den zentralasiatischen Raum beschränkt. Erst mit der Westwanderung der Türken ab dem 11. Jahrhundert kam sie auch in die Kernländer des mittelalterlichen Islams. In osmanischer Zeit erfreute sie sich offizieller Protektion des Osmanischen Reiches und wird noch heute von Theologen in der Türkei als die eigene theologische Tradition wahrgenommen. Sie war, anders als die aš'aritische Schule, von Anfang an an die in Zentralasien verbreitete ḥanafitische Rechtsschule gebunden. Die Ḥanafiten sind ursprünglich eng verwandt mit der theologischen Richtung der Murǧ'iten gewesen. Etwas vereinfachend kann man vielleicht sagen, dass ihre Theologie eine Weiterentwicklung der murǧ'itischen Lehre im späteren Sunnitentum darstellt. In mancher Hinsicht sind die Positionen al-Māturīdīs und seiner Nachfolger näher an der Lehre der Mu'tazila als die der Aš'ariten. Sie sind etwa bereit, eine Beteiligung des Menschen an seinen Handlungen zuzugestehen.

Auch sonst bestanden zwischen den beiden großen Schulen der sunnitischen Theologie, Māturīdīya und Aš'arīya, durchaus deutliche Unterschiede. In osmanischer Zeit, als eine māturīditisch gesonnene Herrscherschicht mit den überwiegend aš'aritischen Theologen des Nahen Ostens konfrontiert war, war man allerdings bemüht, die Unterschiede zu bloßen Differenzen in der Wortwahl zu erklären.

2.4.4 *Die Entstehung der Zwölferschia und die Imamatslehre*

Der Name der Zwölferschia leitet sich davon ab, dass diese nach dem Propheten eine Reihe von zwölf Imamen (arab. *imām*) anerkennen, denen sie Sündlosigkeit und eine besondere Nähe zu Gott zuschreiben. Der erste dieser Imame ist 'Alī, der Cousin des Propheten, der letzte der Mahdi, d. h. eine Figur, die nach zwölferschiitischer Vorstellung entrückt in der Verborgenheit lebt und erst am Ende der Zeiten zurückkehren wird.

So klar, wie sich die Reihe der zwölf Imame heutigen Schiiten darstellt, ist sie in der Geschichte der Schia nicht immer gewesen. Wir hatten gesehen, dass die Schia noch am Ende des 1. Jahrhunderts des Islams sowohl in Hinblick auf ihre innere Struktur als auch auf ihre Außengrenzen eine recht diffuse Bewegung war. Klar war eigentlich nur, dass

ʿAlī in der Auseinandersetzung mit ʿUṯmān im Recht gewesen war und die Herrschaft einem Angehörigen des Prophetenhauses zustehen sollte. Nach der Machtübernahme der ʿAbbāsiden wurde deutlicher, was im schiitischen Milieu darunter verstanden wurde. Man setzte sich nun entschieden ab von der breiteren *hāšimīya*-Bewegung, die die ʿAbbāsiden zur Macht gebracht hatte. Zum Prophetenhaus sollten nur noch Nachkommen ʿAlīs durch die Prophetentochter Fāṭima zählen. Aber auch mit dieser Einschränkung war die Auswahl an potenziellen Kandidaten noch sehr groß, und keineswegs alle Schiiten erkannten damals die Imamlinie an, die später in der Zwölferschia verbindlich wurde.

Manche, aus denen sich später die Zaiditen entwickelten, meinten, jeder Nachkomme ʿAlīs, der gelehrt sei und die Herrschaft für sich tatsächlich in Anspruch nehme, könne als rechtmäßiger Imam gelten. Ihren Namen verdankte diese Bewegung Zaid b. ʿAlī, genannt an-Nafs az-Zakīya (arab., „die reine Seele"), einem Sohn des vierten zwölferschiitischen Imams ʿAlī Zain al-ʿĀbidīn (gest. 122/740). Zu seinen Anhängern gehörte wohl auch der von den Zwölferschiiten als siebter Imam gezählte Mūsā al-Kāẓim (gest. 184/800). Dass dieser Zaid bei seinem Aufstand unterstützte, ohne dass sein von den Zwölfern als sechster Imam gezählter Vater Ǧaʿfar aṣ-Ṣādiq (gest. 148/765) protestierte, zeigt, dass dieser sich selbst wohl noch nicht als der Imam im Sinne der späteren zwölferschiitischen Lehre begriff. Ǧaʿfar war allerdings ein bedeutender Sammler von Prophetenüberlieferungen und ein Rechtslehrer. Zu seinen Schülern zählten auch zahlreiche sunnitische Gelehrte. Angesichts der unklaren Grenzen der Schia in dieser Zeit ist das weniger überraschend, als es auf den ersten Blick scheinen mag.

Nach dem Tode seines Vaters fand Mūsā al-Kāẓim dann bei einer großen Zahl von Schiiten als Imam Anerkennung. Der Weg, den er und seine Nachkommen gingen, unterschied sich deutlich von der Haltung Zaid b. ʿAlīs, dem, wie wir sahen, auch Mūsā in seiner Jugend angehangen hatte. Die Imame aus seiner Nachkommenschaft versuchten nicht, mit Waffengewalt die Macht den ʿAbbāsiden zu entwinden. Sie lebten relativ zurückgezogen, unter strenger Aufsicht der ʿabbāsidischen Kalifen zuerst in Medina, später im Irak. In die Politik mischten sie sich nicht ein, sehen wir von der kurzen Episode unter al-Maʾmūn ab, von der bereits die Rede war (siehe S. 74). Nach zwölferschiitischer Überlieferung sind die Imame allesamt von den ʿabbāsidischen Kalifen, die in steter Angst vor ihnen gelebt hätten, ermordet worden. Es ist schwer zu sagen, welche Rolle die Imame in der zwölferschiitischen Gemeinde dieser Zeit tatsächlich gespielt haben. Vermutlich wird es für sie nicht einfach gewesen sein, mit ihren an entfernten Orten wohnenden Anhängern Kontakt zu halten. Auf diese Weise haben wohl schon zu ihren Lebzeiten lokale Gelehrte vor Ort das Bild der Schia mehr bestimmt als die Imame.

Die Rolle der schiitischen Gelehrten wurde noch bedeutsamer, als nach dem Tod des elften Imams, al-Ḥasan al-ʿAskarī (gest. 260/874), kein Nachfolger präsentiert werden konnte. Nach zwölferschiitischer Überzeugung hatte al-Ḥasan einen Sohn namens Muḥammad gehabt, den er, um ihn vor den Nachstellungen der ʿAbbāsiden zu schützen, nie der Öffentlichkeit vorgestellt habe. Nach dem Tod seines Vaters sei dieser entrückt worden, um nicht das gleiche Schicksal zu erleiden wie seine Vorfahren. Einstweilen allerdings schien jedoch nicht jeder Kontakt zum zwölften Imam abgebrochen. Führende Schiiten behaupteten, noch in brieflichem Kontakt zu ihm zu stehen, bis schließlich der Imam (oder die Gelehrten, die sich als seine Sprecher ausgaben) auch diese Form der Kommunikation beendete.

Es wird in der Forschung meist angenommen, dass der als zwölfter Imam verehrte Sohn al-Ḥasan alʿAskarīs in Wahrheit nie existiert habe. Doch unabhängig davon, ob er je gelebt hat, entfaltete die Vorstellung von der Entrückung (arab. *ġaiba*) eine ungeheure historische Wirkung. Die Imame und insbesondere der Letzte unter ihnen konnten nun in den Augen ihrer Anhänger von historischen Figuren, mit deren Handeln seine Anhänger unter Umständen auch hätten unzufrieden sein können, endgültig zu kosmischen Heilsfiguren werden. Diesen Aufstieg verdankten sie nicht zuletzt den schiitischen Gelehrten, die in immer umfangreicheren Sammlungen von den Wundertaten, Aussprüchen und Handlungen der Imame berichteten.

Die Imame der Zwölferschia

1) ʿAlī b. Abī Ṭālib (gest. 40/661)
2) al-Ḥasan b. ʿAlī (gest. 49/669–670)
3) al-Ḥusain b. ʿAlī (gest. 59/680)
4) ʿAlī Zain al ʿĀbidīn (gest. um 94/713)
5) Muḥammad al-Bāqir (gest. um 114/733)
6) Ǧaʿfar aṣ-Ṣādiq (gest. 147/765)
7) Mūsā al-Kāẓim (gest. 182/799)
8) ʿAlī ar-Riḍā (gest. 202/818)
9) Muḥammad at-Taqī (oder: al-Ǧawād, gest. 219/835)
10) ʿAlī al-Hādī (gest. 250/865)
11) al-Ḥasan al-ʿAskarī (gest. 258/873)
12) Muḥammad al-Mahdī (der verborgene Imam)

Die Rolle, die den Imamen in der zwölferschiitischen Literatur zugeschrieben wird, unterscheidet sich dabei fundamental von dem Bild des politischen Führers als Heilsbringer, das die Umaiyaden und frühen ʿAbbāsiden von sich zu verbreiten gesucht hatten. Die Imame sind nicht machtvolle, von Gott eingesetzte Könige. Sie verzichten vielmehr auf irdische Macht. Stellvertretend für ihre Gemeinde sterben sie von den Händen der Mächtigen den Märtyrertod. Insbesondere der Tod Ḥusains bei Karbalāʾ steht dabei den gläubigen Schiiten vor Augen.

Das Diesseits ist aus der Sicht der Zwölferschiiten ein Ort der Ungerechtigkeit und des Jammers. Erlösung daraus verheißt nicht der Kampf, sondern das Jenseits, wo die Schiiten den Lohn ihrer Treue empfangen werden. Genauso wichtig wie die Jenseitshoffnung ist die Vorstellung, am Ende der Zeiten werde der zwölfte Imam, der Mahdi, als Heilsbringer wiederkehren. Nach einem großen Kampf gegen die Mächte des Bösen werde er dann die Welt mit Gerechtigkeit füllen, so wie sie bis dahin mit Ungerechtigkeit gefüllt ist, ehe dann nach einiger Zeit der Weltuntergang eintritt.

Es ist allerdings nicht allein der Mahdi, dem von den Zwölferschiiten, insbesondere seit der *ġaiba*, Übermenschliches zugeschrieben wird. Alle Imame gelten ihnen als frei von Sünden, unfehlbar (beides arab. *maʿṣūm*, wörtl. „gefeit“) und mit göttlichem Wissen begabt. Sie allein sind zu sicherer Auslegung des Korans befähigt. Neben den Prophetenüberlieferungen werden deshalb auch ihre Aussprüche im schiitischen Milieu gesammelt und gelten als Grundlage jeden religiösen Wissens. Da nur durch die Imame Gott in die Welt hineinwirkt, ist unvorstellbar, dass er zu irgendeiner Zeit die Welt ohne Imam gelassen haben könnte. In der zwölferschiitischen Theologie wird dieser Umstand als Argument dafür angeführt, dass der zwölfte Imam trotz seines in späteren Jahrhunderten sehr beachtlichen Alters noch am Leben sein müsse.

Die Imamatslehre und das Bewusstsein, dass die Guten in der Welt bis zur Rückkehr des Mahdi in dieser Welt stets Unterdrückung zu erwarten haben, prägt die Religiosität der Zwölferschiiten. Beides unterscheidet sie auch stark vom Sunnitentum. Bei ihnen genießt allenfalls der Prophet Muḥammad selbst, insbesondere seit dem hohen Mittelalter, in einem gewissen Rahmen eine Verehrung, die der schiitischen Imamverehrung gleichkommt. Anders als bei den Schiiten, die sich fortwährend als Verlierer der Weltgeschichte ansehen, ist das sunnitische Selbstbewusstsein aber eher davon geprägt, sich auf der Siegerseite der Geschichte zu glauben.

Sehen wir von diesen beiden wichtigen Punkten ab, der Imamatslehre und der negativen Weltsicht, findet die theologische Diskussion der frühen Zwölferschiiten im gleichen Rahmen statt, der oben geschildert wurde, als es um die Auseinandersetzungen zwischen Muʿtazila und Ašʿariten ging.

Wir hatten gesehen, dass die frühen Imame, insbesondere Ǧaʿfar aṣ-Ṣādiq, aber auch andere, Teil des Milieus derer waren, bei denen die Sammlung von Prophetenüberlieferungen zentral für ihren Glauben war. Es ist daher naheliegend, dass auch die Theologie der frühen Schiiten etwa in der Frage der Willensfreiheit des Menschen dem entsprach, was in diesen Kreisen üblich war. Den Imamen werden folglich Äußerungen zugeschrieben, die auf einen Vorherbestimmungsglauben schließen lassen. Im Laufe des 10. und 11. Jahrhunderts dann gerieten die Zwölferschiiten immer mehr unter den Einfluss muʿtazilitischen Gedankenguts. Sowohl in der Frage der Willensfreiheit als auch in anderen Streitpunkten, wie der Auseinandersetzung um die Natur des Korans oder der Rolle des Verstandes im Vergleich mit der Überlieferung, obsiegte unter ihnen schließlich die muʿtazilitische Position.

In Abwesenheit des Imams hatten die zwölferschiitischen Gelehrten also nunmehr die Aufgabe, mit Hilfe ihres Verstandes die Lehren der Religion auszudeuten. Dass es dabei zu Irrtümern kommen konnte, wurde in Kauf genommen, war doch einstweilen eine bessere Lösung nicht zur Hand. Die Gelehrten übernahmen im Laufe der Jahrhunderte dann immer mehr praktische Aufgaben, die eigentlich nur dem Imam zustehen. Ein Beispiel ist die Einsammlung des Fünften (arab. *ḫums*), einer von den Schiiten zugunsten der Angehörigen des Prophetenhauses und im Interesse des Imams erhobenen Steuer. Dies geschah auf informellem Weg ohne die Hilfe der Regierung, auf die die Zwölferschiiten ja nur in den wenigsten Gegenden und Epochen der Geschichte direkt Zugriff hatten.

Wir kommen hier zur für die zwölferschiitischen Gelehrten schwierigen Frage, ob man sich vor der Rückkehr des verborgenen Imams in die politischen Geschäfte einer ohnedies schlechten Welt einmischen sollte. Grundsätzlich neigte man dazu, jede Zusammenarbeit mit den Herrschenden zu meiden und sich aus den Streitereien der Welt zurückzuziehen, bis der Mahdi wiederkommen würde. In der Praxis hatte sich das von Anfang an als schwierig erwiesen. Viele schiitische Gelehrte lebten am Hof der ʿabbāsidischen Kalifen und anderer Herrscher und übernahmen dort Ämter. Dies rechtfertigte man mit der Notwendigkeit, durch Kontakte zur Macht den Glaubensbrüdern zu helfen. Später hat es auch zwölferschiitische Dynastien gegeben, unter denen die Zusammenarbeit mit den Herrschenden durchaus positiv bewertet werden konnte. Die Gelehrten gerieten allerdings selbst unter schiitischen Herrschern immer wieder in Konflikte mit den politisch Mächtigen. Mit der Revolution von 1979 ist der Prozess der Heranführung der Gelehrten an die Ausübung politischer Macht in Iran zur Vollendung gekommen. Nach der Lehre Ayatollah Chomeinis obliegt es den qualifizierten Geistlichen, die volle Staatsgewalt in Stellvertretung des Imams zu übernehmen, eine Position, die allerdings nicht alle Schiiten teilen (siehe Kap. 2.11.4).

2.5 Gnosis und Philosophie

2.5.1 Gnostische Vorstellungen im frühen Islam

In der Umwelt des frühen Islams spielten auch gnostische Vorstellungen, von denen oben schon einmal die Rede war, eine große Rolle. Diese Vorstellungen sind in manch islamische Strömung eingedrungen. Die sunnitische Theologie von der allumfassenden Schöpfermacht Gottes wird von manchen daher als Reaktion auf die Herausforderung durch die gnostische Vorstellung angesehen, die diesseitige Welt sei nicht das Werk Gottes, sondern der Mächte des Bösen. Indem man wie die Ašʿariten Gott als den allzeit tätigen Schöpfer der Welt um uns herum postuliert, wird dieser Argumentation der Boden entzogen.

Gnostische Ideen wurden von Einzelpersonen wie dem Literaten Ibn al-Muqaffaʿ (gest. 139/756), dem Schöpfer der arabischen Kunstprosa, vertreten. Wirklich bedeutsam wurden sie aber im Milieu der schiitischen sog. Übertreiber (arab. *ġulāt*). Diese machten seit dem 2. Jahrhundert des Islams vor allem im südirakischen Kūfa von sich reden, wo, wie wir sahen, eine schiitische Tradition schon seit Längerem bestand (siehe S. 70). Die „Übertreibung" (arab. *ġulūw*), die man diesen Leuten vorwarf, lag darin, dass in ihren Augen ʿAlī nicht nur rechtmäßiger Nachfolger des Propheten und Deuter seiner Lehre gewesen ist. Für die „Übertreiber" hat sich in ʿAlī vielmehr die Gottheit selbst manifestiert, d. h. das Lichtwesen, das den in der Materie gefangenen Menschen Rettung verheißt. Die offenbarte Religion sei letztlich ein Geheimcode. Wenn man ihn richtig dechiffriere, finde man dort statt des Gesetzes des Islams die gnostische Botschaft.

2.5.2 Die Siebenerschiiten

In der islamischen Geschichte auf Dauer sehr viel einflussreicher als diese *ġulāt*-Gruppen waren die Siebenerschiiten oder Ismāʿīliten. Der Name rührt daher, dass sie nach Ǧaʿfar aṣ-Ṣādiq die Linie der Imame nicht über seinen jüngsten Sohn Mūsā al-Kāẓim weiterführen. Sie gehen vielmehr davon aus, dass der rechtmäßige Nachfolger Ǧaʿfars ein Sohn von Mūsās schon vor dem Vater verstorbenen älteren Bruder Ismāʿīl mit Namen Muḥammad sei. Die Anhänger dieser Richtung meinten zunächst, Muḥammad halte sich verborgen und werde zu geeigneter Zeit die Herrschaft einfordern. Wir finden hier also wieder das Schema, das wir zuvor schon bei den Anhängern Muḥammad b. al-Ḥanafīyas kennen gelernt haben und das später von den Zwölferschiiten übernommen wurde.

Im Namen dieses verborgenen Imams begannen nun seine Anhänger, überall in der damaligen islamischen Welt zu werben. In ähnlicher Weise hatten zuvor auch die ʿAbbāsiden und ḫāriǧitische Gruppen versucht, ihre Sache voranzubringen. Diese geheime Werbung (arab. *daʿwa*, „Einladung, Aufforderung") wurde zentral gesteuert und hatte einen nicht unerheblichen Erfolg, sowohl unter den Gebildeten in den Städten als auch bei manchen nomadisierenden Gruppen etwa in Syrien oder in Nordafrika. Die sehr unterschiedlichen sozialen Milieus, in denen die Lehre erfolgreich war, lassen erstaunen. Die Lehre der Siebenerschiiten war im Unterschied zur Zwölferschia eindeutig eine politische Oppositionsideologie gegen das ʿabbāsidische Kalifat und lokale Herrscher. Man darf annehmen, dass der Kern ihrer Attraktivität hierin gelegen hat.

Im Jahr 296/909 kam es zu einer Spaltung der ismāʿīlitischen Gemeinde, als der Leiter der *daʿwa*, ʿAbdallāh (bei seinen Gegnern auch unter der Verkleinerungsform ʿUbaidallāh bekannt), versuchte, die Anhänger der Bewegung davon zu überzeugen, nicht weiter auf den verborgenen Imam Muḥammad b. Ismāʿīl zu warten. Der erwartete Mahdi sei vielmehr er selbst. Er legte sich zu diesem Zweck eine, mit an Sicherheit grenzender Wahrscheinlichkeit gefälschte, auf ʿAlī zurückgehende Genealogie zu. Später wurde dann das Kommen des Mahdi auf eine unbestimmte Zukunft verschoben. Er und seine Nachfolger beanspruchten aber, Imame zu sein und insofern in enger Beziehung zum Göttlichen zu stehen. Die von ʿAbdallāh begründete fāṭimidische Dynastie herrschte fast drei Jahrhunderte lang in Nordafrika und Ägypten. Wir haben hier wieder einen Fall der Veralltäglichung von Charisma entsprechend dem oben beschriebenen Schema.

In ihrem Herrschaftsgebiet gründeten die Fāṭimiden Zentren der ismāʿīlitischen Mission (ein solches war etwa die in anderer Funktion bis heute existierende Azhar-Lehranstalt in der ehemaligen fāṭimidischen Hauptstadt Kairo). Sie ließen ihre Werber zwar lehren, dass der Koran einen inneren Sinn habe, der eigentlich das Entscheidende sei. Doch einstweilen hielten sie an der Durchsetzung des äußeren Sinns, d. h. der Scharia (arab. *šarīʿa*) fest, für die sie eigens ein ismāʿīlitisches System der Rechtsdeutung entwickeln ließen. Sie versuchten auch nicht, ihre Botschaft mit Gewalt unter der Bevölkerung der von ihnen beherrschten Gebiete durchzusetzen. Die meisten muslimischen Bewohner Ägyptens und Nordafrikas blieben deshalb Sunniten.

Ab dem 11. Jahrhundert wurden die fāṭimidischen Kalifen zu Spielbällen in den Händen der Mächtigen in der ägyptischen Bürokratie oder dem Heer. Dies führte dazu, dass ein Thronwechsel in Kairo die Anhänger der Bewegung anderorts nicht immer überzeugte. Aus solchen Anlässen spalteten sich Gruppen ab, die wie die Nizāriten (oder Assassinen) zum Teil noch heute existieren (zu ihnen gehören die Anhänger des Agha Khan).

In Ägypten verschwand die ismāʿīlitische Lehre, als im Jahr 567/1171 der letzte fāṭimidische Kalif von Kairo von den Truppen Saladins (arab. Ṣalāḥ ad-Dīn) abgesetzt wurde. Sie hatte, wie wir sahen, nie einen großen Anhang unter der Masse der Bevölkerung gehabt. In der Spätzeit der Fāṭimiden war sie schließlich auch für die fāṭimidischen Kalifen so unbedeutend geworden, dass sie gar Sunniten als Leiter ismāʿīlitischer Lehreinrichtungen zuließen.

Obwohl die Herrschaft der Fāṭimiden trotz ihres kläglichen Endes zu den erfolgreichsten Reichsbildungen der islamischen Geschichte zählte, war der Anspruch der Dynastie, an die Stelle des verborgenen Imams zu treten, unter den Siebenerschiiten nicht konsensfähig. Zunächst war deshalb um die Wende vom 9. zum 10. Jahrhundert, wie wir sahen, die große Mehrheit der Siebenerschiiten von ʿAbdallāh, dem Gründer der fāṭimidischen Dynastie, abgefallen. Diese antifāṭimidischen Anhänger der Siebenerschia werden nach einem der Anführer der Bewegung mit Namen Qarmaṭ Qarmaṭen genannt. Es gelang einigen von ihnen Ende des 9. Jahrhunderts, die Herrschaft über Baḥrain und die angrenzenden Gegenden an sich zu bringen. Von dort aus überfielen sie u. a. die Pilgerkarawane von Irak nach Mekka und raubten im Jahr 317/930 den schwarzen Stein der Kaaba, der für sie Sinnbild der falschen äußerlichen Religion der übrigen Muslime war. Erst nach langen Verhandlungen konnte 339/952 der ʿabbāsidische Kalif die Rückgabe erwirken.

Es war bereits davon die Rede, dass die Siebenerschiiten zwischen einem äußeren Sinn des Korans (arab. *ẓāhir*, „das Äußere") und einem tieferen inneren Sinn (arab. *bāṭin*, „das Innere") unterscheiden. Nach dieser Lehre vom äußeren Sinn werden die Lehre und ihre Anhänger auch *bāṭinīya* genannt. Der äußere Sinn, insbesondere die gesetzlichen Regelungen der Scharia, bleibt bis zur Herbeikunft des Mahdi verbindlich, er ist aber nicht der eigentliche Kern der Botschaft. Alle Gebote und Verbote des Korans sind wie bei den oben erwähnten *ġulāt*-Gruppen in Wahrheit verdeckte Hinweise auf die Heilslehre. Mit Hilfe einer den Eingeweihten zugänglichen Ausdeutung des Korans kann man den inneren Sinn entschlüsseln.

Die Propheten, Bevollmächtigten und Imame sind Boten des guten Gottes, des Lichtes, in der dunkeln materiellen Welt. Indem die Menschen sie als die Boten des Lichts und der göttlichen Wahrheit erkennen, erlangen sie Befreiung aus der Gefangenschaft in der Materie und können zu ihrem göttlichen Ursprung zurückkehren. Die Geschichte ist eingeteilt in Siebenerzyklen. Jeder von ihnen repräsentiert die Zeit eines Propheten: angefangen mit Adam und endend mit Muḥammad. Jeder Prophet, der ein Gesetz bringt, hat einen Bevollmächtigten (arab. *waṣī*), der den wahren inneren Sinn des Gesetzes verkörpert. Dieser Bevollmächtigte ist im Falle Muḥammads ʿAlī. Den Bevollmächtigten folgt eine Siebenzahl von Imamen nach (wir sahen, dass in der fāṭimidischen Variante davon abgewichen wird, indem die Zahl der Imame beliebig vermehrt wird). Am Ende des von Muḥammad eingeleiteten siebten Zyklus wird der Mahdi auftreten und die Herrschaft der Gesetzesreligion beenden. Die Lichtwesen leben dann in einem Zustand reiner Gottesanbetung ohne äußere Regeln. Bis dahin bleibt das islamische Gesetz allerdings bestehen.

In der älteren gnostischen Variante der siebenerschiitischen Lehre entsteht die Welt und damit das Gefängnis der Lichtpartikel, die die Seelen der guten Menschen sind, durch die Arroganz des ersten von Gott geschaffenen Wesens. Dieses hält sich selbst für Gott. Als das erste Wesen seinen Irrtum einsieht, ist es bereits zu spät. Aus diesem Irrtum heraus entsteht die materielle Welt. Gegenstand des weiteren Verlaufs der Weltgeschichte ist nun die Rettung der in die Materie verstrickten Lichtpartikel.

Ab dem 10. Jahrhundert setzt sich zuerst unter Ismāʿīliten im iranischen Raum und unter den Qarmaṭen anstelle dieser gnostischen Vorstellungen eine neuplatonische Variante der Lehre durch (siehe S. 95), die später auch im fāṭimidischen Herrschaftsgebiet dominiert. An die Stelle des gnostischen Mythos tritt dabei eine nach den Maßstäben der damaligen Zeit wissenschaftliche Welterklärung.

Der Kosmos entsteht nach diesem neuen Modell ismāʿīlitischer Theologie nicht mehr durch die Sünde des ersten Wesens, ist also nicht wie in der Gnosis ein Produkt des Bösen. Die Entstehung von Vielheit aus dem Einen, d. h. der Welt aus Gott, ist vielmehr ein natürlicher, moralisch neutraler Prozess. Auf dem Wege der Emanation (des Ausströmens) entsteht aus dem ersten Wesen (Gott) die Welt. Über eine große Zahl von Zwischenstufen gelangt man dabei schließlich über den Menschen bis zur unbelebten Materie. Das Wesen des Menschen ist es, sowohl an der materiellen als auch an der höheren, immateriellen Welt Anteil zu haben. Die Imame sind Verkörperungen dieser höheren Welt der Intellekte (reinen Verstandeswesen). Indem die Menschen sich zu ihnen bekennen, können sie sich von den Verunreinigungen der Materie frei machen und mit dem reinen Intellekt eins werden. Darin liegt die Erlösung.

Diese Idee einer großen Kette von Wesen, die bei Gott beginnt, sich über zahllose zunächst rein geistige Zwischenstufen fortsetzt und schließlich bei der unbelebten Materie endet, ist von Siebenerschiiten im Einzelnen unterschiedlich ausgemalt worden. Die neuplatonische Philosophie, die dieser Vorstellung zugrunde liegt, ist aber auch über die Siebenerschia hinaus in der islamischen Geistesgeschichte ausgesprochen einflussreich gewesen.

2.5.3 Die islamische Philosophie

In der islamischen Welt unserer Tage reduziert sich das Interesse an der philosophischen Tradition der vormodernen islamischen Welt häufig auf die Rolle, die man ihr bei der Entstehung der europäischen Moderne zuschreibt. Das entspricht ganz den Forschungsinteressen der älteren europäischen Forschung. Sie hat die muslimischen Philosophen vor allem unter dem Aspekt untersucht, auf welche Weise sie das Erbe der griechischen Antike bewahrten und wie sie mit ihrem Denken das mittelalterliche Europa beeinflussten.

Erst in den letzten Jahrzehnten hat die Islamwissenschaft sich von diesen Gedanken frei gemacht und begonnen, die Philosophietradition der islamischen Welt aus ihren eigenen Voraussetzungen heraus zu untersuchen. Dabei ist deutlich geworden, dass philosophisches Denken unter Muslimen keineswegs im 13. Jahrhundert aufgehört hat, wie man früher oft meinte.

Die Arabische Halbinsel, die Welt, aus der die ersten Muslime kamen, war mit der Tradition der Wissenschaften der klassischen Antike wenig in Berührung gekommen. Einmal in den Zentren der Zivilisation der alten Welt angekommen, traten die arabischen Muslime bald in kulturellen Austausch mit den Bewohnern der eroberten Länder. Sie interessierten sich dabei nicht zuletzt für deren praktische Kenntnisse in Medizin, Mathematik und Landwirtschaft. Dieses nutzbare Wissen stand in engem Zusammenhang mit allgemeinen Welterklärungsmodellen und philosophischen Lehren. Bereits die umaiyadischen Herrscher, mehr aber noch die ʿAbbāsiden, förderten bewusst die Aufnahme des fremden Wissens. Die Präsenz von Gelehrten und Künstlern bei Hofe gehörte zur Selbstdarstellung der islamischen Herrscher, die sich selbst als Erben der spätantiken Großreiche, insbesondere des sassanidischen Iran, und ihrer kulturellen Traditionen betrachteten.

Spielte zu Anfang auch die indopersische Wissenschaftstradition eine nicht unerhebliche Rolle an den Höfen der Kalifen, so geriet sie doch mehr und mehr zugunsten der griechisch-hellenistischen Wissenschaft in den Hintergrund. Herrscher und Höflinge ließen in großer Zahl die Schriften der Griechen ins Arabische übersetzen. Dies geschah oft auf direktem Weg, zuweilen aber auch auf dem Umweg über eine schon vorhandene Übersetzung in das Syrische. Dank dieser intensiven Übersetzungstätigkeit lag am Ende des 9. Jahrhunderts ein großer Teil der antiken Wissenschaften auf Arabisch vor.

Die griechische Tradition, mit der die Muslime auf diese Weise vertraut wurden, bestand vor allem aus den Schriften des Aristoteles. Doch las man diese Schriften im Lichte spätantiker Kommentare. Manche neuplatonischen Schriften wurden so für Werke des Aristoteles gehalten.

Neuplatonismus

Mit Neuplatonismus bezeichnet man die späten Entwicklungsstufen der antiken platonischen Philosophie seit etwa dem 3. Jahrhundert. Die Neuplatoniker stellen sich die Welt hierarchisch geordnet vor: Am obersten Ende dieser Hierarchie steht „Das Eine“, die Gottheit, das absolute Gute. Da diese Wesenheit vollkommen abstrakt ist, ist sie der menschlichen Vorstellungskraft nicht direkt zugänglich. Am unteren Ende steht die unbeseelte materielle Welt. Zwischen beiden spannt sich eine Kette von Wesenheiten, die nacheinander (in logischem, nicht zeitlichen Sinn) aus dem jeweils höheren Wesen hervorgehen (emanieren) und sich dabei immer weiter ausdifferenzieren. Die niederen Wesenheiten sind dabei ein Spiegel der jeweils höheren. Je weiter man auf dieser Kette nach unten gelangt, desto weiter entfernt man sich vom rein geistigen Einen. Der Emanation der Welt aus dem Einen steht die Idee der Rückkehr der Einzelwesen zu ihrem Ursprung gegenüber, die das Ziel der Erkenntnis ist.

Die Muslime blieben nicht bei der passiven Rezeption der antiken Wissenschaften stehen. Zum einen ergaben sich aus jeder übersetzten Schrift neue Fragen, vor allem aber musste die philosophische Tradition der Spätantike mit dem offenbarten Glauben der Muslime in Einklang gebracht werden. Die spätantike Philosophie hatte zwar durchaus auch religiöse Züge, sie beanspruchte aber, dieses religiöse Wissen allein auf dem Wege des rationalen Nachdenkens zu erlangen. Prophetentum und Offenbarung waren für die Gotteserkenntnis überflüssig. Die islamischen Philosophen (Philosophie heißt arab. *falsafa*; wer sie betreibt, ist *failasūf*, Pl. *falāsifa*) gingen damit deutlich über die Ansichten der Muʿtaziliten in dieser Frage hinaus, die doch zumindest für die Details der Religion die Information durch Propheten für notwendig hielten. Noch weiter entfernt waren sie aber von einem sunnitischen Theologen wie al-Ašʿarī, für den alles Wissen in Fragen der Religion seinen Ausgang im Koran und der Prophetenüberlieferung nehmen musste.

Für Zündstoff sorgte nicht nur dieser das Prophetentum abwertende Erkenntnisweg der Philosophie. Auch bestimmte Einzelüberzeugungen der Philosophen waren nicht gut mit der Lehre des Islams in Einklang zu bringen. Das galt etwa für die philosophische Ansicht, die Welt sei ewig. Genauso wurden die Auferstehung der Körper oder das individuelle Fortleben der Einzelseelen nach dem Tode in der Philosophie vielfach angezweifelt (zu weiteren Details des philosophischen Weltbildes siehe Kap. 3.5.2).

Der erste große *failasūf*, al-Kindī (gest. 252/866), neigte noch dazu, im Zweifel immer die Offenbarung als zuverlässigste Quelle des Wissens anzusehen. Ein etwas jüngerer Zeitgenosse, der aus Rey im Süden des heutigen Teheran stammende Abū Bakr ar-Rāzī (gest. 313/925), vertrat dagegen die Ansicht, offenbarte Religion sei Unsinn. Gott habe allen Menschen die Möglichkeit gegeben, mit Hilfe des Verstandes die Wahrheit zu erkennen. Die angeblichen Propheten seien nur Betrüger, die nichts als Zank und Streit in die Welt gebracht hätten.

Weder die eine noch die andere Ansicht setzte sich unter den *falāsifa* durch. Die Zukunft gehörte vielmehr der Idee des al-Fārābī (gest. 339/950), dass offenbarte Religion und Philosophie nur zwei Ausdrucksformen ein und derselben Wahrheit seien. Die Philosophen sind die Elite der Menschen. Sie sind in der Lage, allein mit dem Verstand den Aufbau der Welt und die höchsten Wahrheiten zu erkennen. Die meisten Menschen können das nicht. Ihnen muss die Wahrheit in Bildern vermittelt werden. Diese Bilder sind das, was wir als Religion bezeichnen. Die Propheten sind Menschen, die Gott dazu besonders begabt hat, die rationale Wahrheit der Philosophie in eine den einfachen Menschen verständliche Sprache zu übersetzten. In einem idealen Gemeinwesen gebührt ihnen daher die politische Herrschaft.

Eine Philosophie, die sich bewusst als Wahrheit für die Elite versteht, musste an den in der Zeit al-Fārābīs bereits zahlreichen Herrscherhöfen der islamischen Welt großen Anklang finden. Statt sich den Vorschriften von griesgrämigen Religionsgelehrten zu unterwerfen, konnten sich die Herrscher abends bei Wein und anderen Annehmlichkeiten in die Geheimnisse des Aufbaus der Welt einführen lassen. Die Einhaltung der Einzelheiten des islamischen Gesetzes überließ man anderen. Diese Funktion der Philosophie als Zeitvertreib für Herrscher darf aber nicht darüber hinwegtäuschen, dass die Ethik der islamischen Philosophie generell und auch bei einem so religionskritischen Gelehrten wie dem oben erwähnten Abū Bakr ar-Rāzī einen starken Zug ins Asketische aufwies. Dieser asketische Zug resultierte nicht zuletzt aus der engen Verwandtschaft von spätantiker Philosophie mit gnostischen Ideen der Ablehnung der materiellen Welt. Dass Gnosis und Philosophie wahlverwandt waren, haben wir bereits im Zusammenhang mit der Lehre der Ismāʿīliten gesehen.

Der in der islamischen Welt wirkmächtigste der *falāsifa*, Ibn Sīnā (gest. 428/1037), der im lateinischen Mittelalter unter dem Namen Avicenna bekannt war, lebte allerdings überhaupt nicht asketisch. Ibn Sīnā verdiente seinen Lebensunterhalt als Arzt und Wesir (Minister) verschiedener Fürsten im iranischen Raum. Von seiner Tätigkeit als Arzt rührt auch seine Berühmtheit in Europa her, wo sein medizinisches Hauptwerk, der sog. *Kanon*, noch bis ins 17. Jahrhundert als das wichtigste Kompendium für die Ausbildung von Ärzten galt.

Ibn Sīnā ist für die Geistesgeschichte des späteren Islams vor allem deshalb bedeutsam, weil er beim Nachdenken über das Problem der Ewigkeit der Welt auch den von al-Fārābī in der islamischen Philosophie erstmals eingeführten Begriff der Existenz (arab. *wuǧūd*) intensiv diskutiert. Das Nachdenken über das, was Existenz meint, spielte im religiösen Denken der Muslime nach Ibn Sīnā, wie wir sehen werden, eine Rolle, die angesichts der Abstraktheit des Gegenstandes überraschen mag. Ibn Sīnā stellt fest, dass alles, was dem Werden und Vergehen unterworfen ist, also letztlich alles, was wir in der Welt sinnlich wahrnehmen können, nur als möglich, aber nicht notwendig existiert. Alles, was nur möglich ist, muss einen Verursacher haben, der das Mögliche zu einem tatsächlich Existierenden macht. Da es aus der Sicht der Philosophen in der Tradition des Aristoteles absurd ist, eine endlos lange Kette von Verursachern anzunehmen (man spricht hier vom Verbot des sog. infiniten Regress), muss es irgendwann eine erste Ursache geben, die selbst nicht verursacht ist. Diese erste Ursache wird landläufig Gott genannt. Sie muss notwendig existieren, da sie selbst nicht verursacht ist. Anders als in der offenbarten Religion ist Gott so zwar Urgrund alles Seienden, aber nur in logischer, nicht in zeitlicher Hinsicht. Die Ewigkeit der Welt und ihre Erschaffung durch Gott stehen mithin nicht im Widerspruch.

Das für uns heute allzu abstrakte Nachdenken über die Frage der Existenz (und darüber, dass Gott und Mensch sich darin treffen, dass beide existieren, wenn auch der eine vermittels des anderen) hat die spätere Theologie stark beeinflusst. Beeinflusst hat die Theologie aber auch die von den *falāsifa* als Maßstab von Rationalität in der islamischen Welt durchgesetzte aristotelische Logik.

Die Betonung der Vernunft zu Lasten der Offenbarung durch die *falāsifa* musste für muslimische Theologen aber dennoch als Herausforderung erscheinen. Das gilt ebenfalls für manche Einzellehren, wie die von der Ewigkeit der Welt, die Leugnung der körperlichen Wiederauferstehung und die Vorstellung, dass Gott nur die Kategorien des Geschaffenen (d. h. die Allgemeinbegriffe oder „Universalien"), nicht aber die Einzeldinge jeder Kategorie kenne.

Universalien

Eine Universalie ist etwa „Berg". Gemeint ist dann kein konkreter Berg, sondern das, was Berge an sich ausmacht und das sich in allen Einzeldingen der Kategorie „Berg", also etwa dem Matterhorn oder dem Mount Everest, im Prinzip wiederfindet. Der Realitätscharakter dieser Allgemeinbegriffe oder Universalien ist in der Philosophiegeschichte immer strittig gewesen.

Die Anhänger der tatsächlichen Existenz der Universalien werden Realisten genannt, ihre Gegner, für die die Universalien bloße Begriffe oder Namen sind, nennt man Nominalisten.

Die islamische Philosophie war, auch wo sie sich auf Aristoteles berief, stark vom Platonismus geprägt, in dem, mehr noch als in der Lehre des Aristoteles, die Realität dieser Allgemeinbegriffe vertreten wird. Aber nicht allein in der Philosophie und Theologie, selbst in der Mystik Ibn al-ʿArabīs wird die Vorstellung vertreten, es gebe für alle konkreten Einzeldinge auf der Erde himmlische Urbilder.

Die islamische Theologie des hohen Mittelalters hat die Herausforderung durch *falsafa* und Gnosis, die in den letzten beiden Abschnitten geschildert wurde, angenommen und sich dabei entscheidend weiter entwickelt. Es kam unter Einbeziehung von Ideen der islamischen Mystik zu einer neuen theologischen Synthese, die das Gesicht des sunnitischen wie schiitischen Islams bis ins 19. Jahrhundert prägen sollte.

2.6 *Theologie, islamische Mystik und Philosophie*

Mystische Strömungen gibt es in vielen Religionen. Mystische Religiosität ist gekennzeichnet durch die Vorstellung, dass der Gläubige in irgendeiner Weise mit der Gottheit in eine enge Verbindung (Liebesbeziehung, auch Verschmelzung, lat. *unio mystica*) treten kann. Um dies zu erreichen, üben Mystiker bestimmte Praktiken aus (Askese, Formen der Meditation). Die unmittelbare Beziehung des Mystikers zu Gott führt dazu, dass konventionelle religiöse Hierarchien und Regeln von den Mystikern zuweilen als unwichtig oder zweitrangig angesehen werden. Das heißt allerdings nicht, dass sie in jedem Fall abgelehnt werden, sondern – und dies ist in der islamischen Mystik die Regel – dass sie nur als äußere Vorstufe der vertieften, mystischen Religion angesehen werden.

2.6.1 Sufismus

Die islamische Mystik war (und ist) sehr vielgestaltig. Selbst ein gemeinsamer Begriff für die vielfältigen Phänomene, die hier kurz als islamische Mystik zusammengefasst werden, setzte sich erst im 10. Jahrhundert allgemein durch. Man spricht von Sufismus oder Sufik nach dem arabischen *taṣauwuf* (abgeleitet aus *ṣūf*, „Wolle“, dem von Asketen getragenen Stoff).

Die Vorformen des *taṣauwuf* entstanden in den ersten beiden Jahrhunderten des Islams aus dem Bedürfnis nach einer über das gewöhnliche Maß von Einhaltung des Gesetzes hinausgehenden religiösen Praxis. Wer besondere Leistungen im Dienste Gottes erbringen wollte, gab sich mit dem fünfmaligen Beten, der Almosenabgabe und dem Fasten im Ramadan (arab. *Ramaḍān*) und den anderen für alle verbindlichen Geboten nicht zufrieden. Man übte sich in länger anhaltendem Fasten, in Nachtwachen oder verschrieb sich dem aufreibenden Kampf gegen die Feinde des Glaubens (arab. *ǧihād,* eingedeutscht Dschihad, siehe Kap. 3.6.3). Durch diese Übungen versuchte man, die eigenen Triebe (den Triebseele genannten Teil der menschlichen Psyche, arab. *nafs*) zu zügeln.

Bald trat zur Askese (arab. *zuhd*) die Vorstellung von der besonderen Beziehung zwischen Gott und den Mystikern, die sich als Freunde Gottes (arab. *auliyāʾ*, Sg. *walī*) betrachteten, hinzu. Indem der Asket (selten auch: die Asketin) sich vom Einfluss der Welt, des Geschaffenen frei macht, kann er dem Wirken des Göttlichen in sich Raum geben. An die Stelle des eigenen Bewusstseins und der eigenen Eigenschaften treten dann die Eigenschaften Gottes. Dieses Einswerden mit dem Göttlichen kann als kurzer Moment der Ekstase, aber auch als dauerhafter Zustand empfunden werden. Da dieser Zustand aber ein Individuelles, letztlich unaussprechliches Erleben ist, darf der Mystiker niemandem oder höchstens Eingeweihten über seine Geheimnisse mit Gott Auskunft geben. Mystiker, die allzu offen mit ihren Erlebnissen umgingen, erregten Skandal (unter den frühen Mystikern ist hier insbesondere al-Ḥallāǧ zu nennen, 309/922 hingerichtet – allerdings wohl aus anderen Gründen). Die Regel war ein solches Verhalten allerdings nie.

Parallelen zwischen bestimmten Vorstellungen der frühen islamischen Mystik und in der christlichen Mystik des Ostens verbreiteten Konzepten legen nahe, dass der Kontakt mit christlichen und womöglich je nach Region noch der mit anderen lokalen Einflüssen bei der Entstehung der islamischen Mystik eine Rolle gespielt haben. Nach eigenem Bewusstsein der Mystiker kam ihre Lehre jedoch allein aus einem vertieften Verständnis des Islams und seiner Quellentexte heraus. Mystik, Orientierung an der mehr und mehr verklärten Lebenspraxis des Propheten und sich daraus ergebende Gesetzesfrömmigkeit standen dabei in der Regel in enger Verbindung.

2.6.2 Die Synthese von Theologie, Mystik und Philosophie: Abū Ḥāmid al-Ġazālī

Besonders gut untersucht ist der frühe Sufismus in Ḫorāsān, der Landschaft im Nordosten des heutigen Iran und den angrenzenden Staaten. Die Mystik in Ḫorāsān wurde im 10. Jahrhundert vor allem von Angehörigen der šafiʿitischen Rechtsschule getragen, die sich in theologischen Fragen an der Linie al-Ašʿarīs orientierten. Der Rigorismus, mit dem in diesem Milieu die kleinsten Einzelheiten der Scharia eingehalten wurden, hat bereits die Zeitgenossen beeindruckt.

Ein typischer Vertreter dieses Umfelds ist der aus Ḫorāsān stammende Abū Ḥāmid al-Ġazālī (gest. 505/1111), der vielen als einer der bedeutendsten muslimischen Denker des Mittelalters gilt. Al-Ġazālī war lange Jahre theologischer Lehrer an der vom seldschukischen Wesir Niẓām al-Mulk gestifteten Medresse in Bagdad tätig. In seinem Werk hat er sich mit allen großen geistigen Strömungen seiner Zeit auseinandergesetzt und sie aus sunnitischer Sicht zu widerlegen versucht. Berühmt ist er für seine Kritik an der Philosophie und seine positive Haltung zur islamischen Mystik.

Die Versuche der Philosophen, allein mit dem Verstand zu Glaubensgewissheit zu kommen, lehnt al-Ġazālī ab. Viele Aussagen der Philosophie (insbesondere die zur Ewigkeit der Welt usw., von denen oben die Rede war) seien nicht im Einklang mit der Lehre des Islams. Sie ließen sich aber, und das ist für ihn genauso wichtig, mit den Methoden der Philosophen selbst auch gar nicht wirklich widerspruchsfrei herleiten. Eines seiner wichtigsten Werke trägt demgemäß den Titel *Die Inkohärenz* (d. h. innere Widersprüchlichkeit) *der Philosophen* (arab. *Tahāfut al-falāsifa*).

Neben den Philosophen kritisiert er die Lehren der Ismāʿīliten. Vertreter beider Gruppen meinten, sie könnten auf dem Weg des Verstandes oder durch Vermittlung eines unfehlbaren Imams sicheres Wissen verfügen, doch in Wahrheit sind ihre Lehren entweder falsch oder jedenfalls nicht gegen Irrtum gefeit. Selbst die sunnitischen Theologen (die Vertreter des *kalām*), zu denen al-Ġazālī selbst gehört, können für ihre Aussagen mit ihren Methoden keinen letzten Beweis liefern. Ihre Diskussionen und Zänkereien führen womöglich Menschen sogar vom wahren Glauben ab. Wenn man auf sie schon nicht verzichten kann, weil man sie braucht, um Ketzer zu widerlegen, so sollte doch zumindest die breite Masse der Gläubigen von ihren Diskussionen ferngehalten werden. Der richtige Weg zu sicherer Erkenntnis führt für al-Ġazālī allein über die unmittelbare Gotteserfahrung des Mystikers. Indem er seine Lebenspraxis ganz am Vorbild des Propheten ausrichtet, wie es die Mystiker zu tun meinen, kommt der Gläubige schließlich dazu, dass er Gott erfahren, „schmecken" (arab. *ḏauq*) kann. Das führt zu einer Glaubensgewissheit, die mit dem Verstand nicht zu erlangen ist.

In der älteren Forschung wird angesichts des Gesagten gerne behauptet, al-Ġazālī habe die Mystik mit der Orthodoxie versöhnt und sei gleichzeitig dafür verantwortlich, dass die Rationalität der Philosophie aus der sunnitischen Welt verdrängt worden sei. Beide Aussagen sind in dieser Pauschalität nicht haltbar. Der Islam hat keine Institutionen, die über die Glaubenslehre wachen und bestimmen könnten, was als orthodox zu gelten hat und was nicht. Aber auch zu sagen, er habe den Sufismus mit dem Mainstream des Sunnitentums versöhnt, ist problematisch. Die meisten Vertreter der islamischen Mystik hatten immer schon zu genau diesem Mainstream des Sunnitentums gehört. Die Versöhnung, die al-Ġazālī zugeschrieben wurde, musste also gar nicht stattfinden.

Die Haltung al-Ġazālīs zur islamischen Philosophie war zwar kritisch. Er wandte sich jedoch vor allem gegen die Ergebnisse des Nachdenkens der Philosophen, nicht so sehr gegen die Instrumente, deren sie sich bedienten. Mathematik und aristotelische Logik waren aus seiner Sicht zwar im Hinblick auf die Gotteserkenntnis nur beschränkt einsatzfähig, in einem gewissen Rahmen aber durchaus zulässige Mittel des Erkenntniserwerbs. Sie allein deshalb abzulehnen, weil die Philosophen, von denen sie eingeführt worden waren, in Hinblick auf die Religion auch zu irrigen Ansichten gekommen sind, wäre aus seiner Sicht töricht. Die von Aristoteles und seinen Schülern entwickelten Methoden, etwa die Definition von Begriffen und der Syllogismus, werden in der Zeit al-Ġazālīs und mit seiner Unterstützung zu anerkannten Instrumenten des theologischen Diskutierens im Islam.

Syllogismus

Der Syllogismus ist eine Methode des logischen Schließens bei denen sich aus zwei Prämissen eine Schlussfolgerung ergibt. Ein einfaches Beispiel dafür ist:

Prämisse 1: Alle Menschen sind sterblich. Prämisse 2: Sokrates ist ein Mensch. Schluss: Sokrates ist sterblich.

Das Erlernen der Methoden der antiken Philosophie nahm in der Ausbildung der Theologen in den Jahrhunderten nach al-Ġazālī einen außerordentlich breiten Platz ein. Muslimische Theologen unterschieden in der Folge zwischen einer alten und einer neuen Theologie, wobei die neue Theologie seit der Zeit al-Ġazālīs und vor ihm schon seines Lehrers al-Ǧuwainī sich genau dadurch auszeichnete, dass sie sich des aristotelischen Instrumentariums bediente.

Aber nicht allein wegen dieser Integration der Philosophie in die Theologie ist es falsch, von einem durch al-Ġazālī bewirkten oder auch nur in seiner Zeit einsetzenden Niedergang der Philosophie im Islam zu sprechen. Die Philosophie fand nicht nur Eingang in die Theologie, sie überlebte auch als eigenständige Disziplin. Dies gilt in Iran, wo die philosophische Tradition Ibn Sīnās im 17. Jahrhundert in der sog. Schule von Iṣfahān eine große Blüte erlebte. Sie ist dort bis heute lebendig geblieben (ein bekannter Verehrer Ibn Sīnās war Ayatollah Chomeini). Gleiches lässt sich, wie gerade jüngere Forschungen zeigen, über das Osmanische Reich sagen. Auch hier war das Philosophieren in der Tradition Ibn Sīnās noch lange lebendig. Die Vorstellung von einer Auslöschung der islamischen Philosophie nach dem 12. Jahrhundert erscheint so als ein historiographisches Konstrukt.

Mehr als mit der modernen, auf Empirie (Prüfung durch Experimente) beruhenden Naturwissenschaft war die islamische Philosophie allerdings der Mystik geistesverwandt. Einflüsse aus Mystik und Philosophie prägten nicht nur die Methoden, sondern auch das gesamte Weltbild der späteren islamischen Theologie, so wie es dann bis ins 19. Jahrhundert unter gebildeten Muslimen vorherrschte.

Ein typisches Beispiel für diese Integration philosophischer und mystischer Vorstellungen in die Theologie ist neben dem Werk al-Ġazālīs das des Faḫr ad-Dīn ar-Rāzī (gest. 605/1209). Die ältere aš῾aritische Theologie hatte, wie wir gesehen haben, die Welt gänzlich der Macht des Schöpfergottes unterworfen und dem Geschaffenen keinerlei eigene Existenz zugesprochen. Faḫr ad-Dīn sieht die Möglichkeiten des Geschaffenen nicht mehr ganz so pessimistisch.

Nicht die einzelnen Gliedmaßen des Menschen sind für Faḫr ad-Dīn das entscheidende Element, das den Menschen zum Menschen macht. Wenn wir ein Bein verlieren, sind wir immer noch wir selbst. Was den Menschen ausmacht, ist seine Seele. Diese ist für Faḫr ad-Dīn – entsprechend einer von Ibn Sīnā entlehnten Idee –, sobald sie einmal geschaffen ist, ewig und unteilbar und steuert die Organe. Der Mensch ist für ihn insofern nicht mehr eine allein von Gott abhängige Ansammlung von einzelnen Atomen, sondern ein sinnvoll gefügter und von einer ihrer selbst bewussten Seele gesteuerter Organismus.

Sinnvoll ist in dieser Theologie aber nicht allein der Mikrokosmos Mensch. Nach al-Ġazālī formt Gott die Welt zu jeder Zeit auf die beste denkbare Weise. In der älteren ašʿaritischen Theologie wird die geschaffene Welt gänzlich willkürlich von Gott in die Existenz gebracht. Sie steht als Geschaffenes und stets Abhängiges (Kontingentes) dem Schöpfer gegenüber. An die Stelle der Opposition von Schöpfer und Geschöpf tritt in der späteren Theologie das aus der Philosophie entlehnte Konzept der beiden gemeinsamen Existenz. Ibn Sīnā hatte zwischen notwendigem Sein (*wāǧib al-wuǧūd*), d. h. dem Schöpfer, und möglichem, auf einer außerhalb seiner selbst liegenden Ursache beruhenden Sein (arab. *mumkin al-wuǧūd*), d. h. der Schöpfung, unterschieden. Die neue Theologie stellt nun fest, dass auch die Geschöpfe, da sie von jeher in Gottes Wissen vorhanden waren und von Gott immer schon gewollt worden sind, notwendig existieren müssen. Beide haben also letztlich die gleiche Seinsqualität, jedoch mit dem Unterschied, dass Gott aus sich selbst heraus notwendig existiert, die Geschöpfe aber aus einer anderen Ursache als sich selbst heraus (arab. *wāǧib al-wuǧūd bi-ġairihi*).

2.6.3 *Ibn al-ʿArabī und die „Einheit der Existenz"*

Denkanstöße aus der Philosophie haben auch auf das im engeren Sinne mystische Denken im Islam eingewirkt. Hier spielt der Begriff der Existenz wieder eine große Rolle. Die alten Sufis waren noch davon ausgegangen, dass man sich von den Verunreinigungen der materiellen Begierden frei machen müsse, um dem Göttlichen im Menschen Raum zu geben. Angesichts der neuen Lehre von der Existenz konnte nun die Vorstellung Platz greifen, dass hinter allen existierenden Dingen ohnedies das eine göttliche Sein stehe. Alles, was an den Geschöpfen existiert, ist Gott; eine andere Existenz als die seine gibt es nicht. In der islamischen Theologie spricht man hier von der Lehre von der Einheit der Existenz (arab. *waḥdat al-wuǧūd*). Der Begriff wird meist mit dem aus Andalusien stammenden und in Damaskus verstorbenen Sufimeister Ibn al-ʿArabī (gest. 638/1240) in Verbindung gebracht. Das ist nicht ganz falsch. Der Ausdruck allerdings kommt in dieser Weise erst in den Schriften seiner Schüler vor, und vergleichbare Gedanken waren seit dem 11. Jahrhundert bei vielen Sufimeistern verbreitet.

Einheit der Existenz heißt nicht, dass die Geschöpfe selbst Gott sind. Nur das, was in ihnen Existenz ist, ist göttlich, da die Existenz göttlich ist. Auch sind die Dinge in ihrem jeweiligen Sein nur Ausschnitte der viel größeren Existenz Gottes. Die geschaffene Welt ist in dieser Lehre eine Manifestation der Eigenschaften Gottes, der göttlichen Namen, die von den Muslimen aus bestimmten koranischen Versen abgeleitet werden. Diese göttlichen Namen spiegeln sich in den geschaffenen Dingen, ohne dass sie sich in irgendeinem von ihnen erschöpfen.

Die Vorstellung von der Welt als Manifestation des göttlichen Seins, das letztlich doch nur eines sein kann, ist eng verwandt mit entsprechenden neuplatonischen Vorstellungen (siehe S. 95). In mystischer Sprache wurden anstelle der Begriffe der Philosophie allerdings zum Ausdruck der gleichen Dinge gerne im Koran erwähnte Gegenstände verwendet, in denen man kosmische Wesenheiten sah (das Schreibrohr, arab. *qalam*, etwa konnte mit dem neuplatonischen ersten Intellekt gleichgesetzt werden). Selbst wenn sie aus der Sprache der Philosophie in die der Mystik übersetzt wurden, prägten sie auf diesem Weg philosophische Ideen seit etwa dem 11. bis ins 19. Jahrhundert hinein das Weltbild der Muslime.

Die Lehre von der Existenz klingt außerordentlich abstrakt und war in der Form, wie sie von Philosophen, Theologen und Mystikern diskutiert wurde, den meisten Menschen wahrscheinlich im islamischen Mittelalter genauso fremd wie uns Heutigen. Der Glaube an das damit verbundene Weltbild hat aber bis in die Alltagswelt hinein eine Rolle gespielt. Durch die postulierte Verbindung von göttlicher Welt und geschaffener Welt, von Mikrokosmos (Mensch) und Makrokosmos (Universum), durch den Glauben endlich an eine zwischen unserer Welt und dem Göttlichen existierenden Sphäre von Geistwesen, die auf ihre Weise natürlich genauso Manifestationen von Aspekten des Göttlichen sind, wurden magische Vorstellungen und Wunderglaube theologisch abgesichert. Wer zu den Geistwesen der höheren Welt Zugang hatte, verfügte auch in unserer niederen Welt über besondere Kräfte. Man kann sich natürlich fragen, ob der in vorindustriellen Gesellschaften unter den meisten Menschen ohnedies weit verbreitete Glaube an Magie einer solchen theologischen Absicherung überhaupt bedurfte.

Die hier in aller Kürze skizzierte Synthese aus Theologie, Mystik und Philosophie war unter den Gelehrten der islamischen Welt ab dem 13. Jahrhundert populär, vielleicht sogar die Mehrheitsmeinung. Auch von Seiten z. B. der osmanischen Herrscher wurden diese Ideen unterstützt. Kritiker der Lehren Ibn al-ʿArabīs etwa wurden im Osmanischen Reich durch eines offiziöses Rechtsgutachten (arab. *fatwā*) im frühen 16. Jahrhundert gar des Unglaubens gescholten. Wenn man zu solchen Mitteln greifen musste, zeigt das allerdings, dass bei Weitem nicht alle islamischen Gelehrten diesen Weg mitgegangen sind.

2.7 *Puritanische Reformbewegungen*

2.7.1 *Die Reformbewegung der Almohaden*

Sehr früh regte sich Widerstand gegen die von al-Ġazālī und anderen verfochtene Synthese von Theologie, Mystik und Elementen der Philosophie. Insbesondere die Öffnung gegenüber der Philosophie erschien vielen Gelehrten etwa im heutigen Marokko suspekt. Sie setzten deshalb beim Herrscher, dem Almoravidenemir ʿAlī b. Yūsuf b. Tāšufīn (reg. 500–537/1107–1143), durch, dass die Werke al-Ġazālīs 503/1109 öffentlich verbrannt wurden. Die Almoraviden (arab. *al-Murābiṭūn*, wörtl. „die Bewohner einer Grenzfestung") waren eine im 11. Jahrhundert in Marokko zur Macht gelangte Reformbewegung, die vor allem unter den lokalen Berberstämmen der Ṣanhāǧa Erfolg gehabt hatte. Ihr Gründer, ʿAbdallāh b. Yāsīn (gest. 450/1059), war auf Pilgerfahrt nach Mekka zu

Puritanismus

Puritanismus bezeichnet eigentlich eine bestimmte Strömung innerhalb des calvinistischen Spektrums der protestantischen Kirchen, die sich durch strikte Ablehnung aller als Überreste des Katholizismus empfundenen Dinge in Kirchenverfassung, Kultus und Lehre sowie durch besondere Sittenstrenge auszeichnete.

Der Begriff wird hier, obwohl eine solche Übertragung von Begriffen aus dem Kontext einer Religion in den einer anderen grundsätzlich problematisch ist, auf solche islamischen Gruppen angewandt, die sich mit besonderem Engagement für die Reinigung des Islams von als unislamisch wahrgenommenen Elementen einsetzen und auf einer kompromisslosen und gegebenenfalls gewaltsamen Durchsetzung islamischer Normen im Alltagsleben bestehen.

der Überzeugung gelangt, dass viele in Marokko verbreitete Vorstellungen nicht mit dem Islam vereinbar seien. Mit der Forderung, den marokkanischen Islam von vorislamischen Bräuchen zu reinigen, war es ihnen gelungen, die Herrschaft über den äußersten Westen der islamischen Welt an sich zu bringen. Sie konnten sich dabei auf breite Zustimmung unter den städtischen Gelehrten der Region stützen, die in der Regel der stark an einem wörtlichen Verständnis der Überlieferung orientierten mālikitischen Rechtsschule angehörten.

Die Herrschaft der Almoraviden wurde 541/1146–1147 von einer anderen Reformbewegung gestürzt: den Almohaden (arab. *al-Muwaḥḥidūn*, die „Bekenner der Einheit Gottes"). Sie machten zum einen den Almoraviden und den Menschen unter ihrer Herrschaft zum Vorwurf, dass sie es inzwischen selbst mit den Normen des islamischen Gesetzes nicht mehr ausreichend genau nähmen. Sie zerstörten Musikinstrumente und Weinschläuche als Quellen unerlaubter Vergnügungen. Dieses Handeln entsprach ihrer Vorstellung von dem seit der Muʿtazila zu den Grundlagen des Islams gehörenden Gebot, das Gute anzubefehlen und das Tadelnswerte zu verbieten (arab. *al-amr bil-maʿrūf wan-nahy ʿan al-munkar*). Doch nicht allein ihr moralisches Versagen machten die Almohaden ihren Gegnern zum Vorwurf. Sie kritisierten auch das starre Festhalten der Almoraviden und der sie tragenden Rechtsgelehrten an einer wörtlichen Auslegung der heiligen Texte und den in der mālikitischen Rechtsschule üblichen Traditionen.

Der Anführer der Almohaden, Ibn Tūmart (gest. 524/1130), hatte in Córdoba und im Irak studiert und war dabei nicht zuletzt unter den Einfluss der Ideen al-Ġazālīs geraten. Er beanspruchte für sich, der auch von den Sunniten erwartete Mahdi zu sein (im sunnitischen Kontext ist der Mahdi nicht der verborgene zwölfte Imam, sondern einfach nur ein am Ende der Zeiten erscheinender, von Gott besonders begnadeter Herrscher). Als Mahdi verfüge er über unmittelbare Einsicht in Gottes Willen und könne deshalb unabhängig von traditionellen Ansichten zu neuen Lösungen rechtlicher wie theologischer Probleme gelangen. Unter den Almohaden kam auch im Westen eine Theologie in Blüte, die stark von philosophischen und sufischen Ansätzen geprägt war. Es ist kein Zufall, dass der oben erwähnte Ibn al-ʿArabī aus dem almohadisch beherrschten Andalusien stammte. Das almohadische Andalusien spielt weltgeschichtlich eine nicht zu vernachlässigende Rolle, weil vor allem von dort die arabisch-islamische Wissenschaft nach Europa gelangte und die europäische Geistesgeschichte entscheidend befruchtete. Zu nennen ist in diesem Zusammenhang insbesondere Ibn Rušd (lat. Averroes, gest. 595/1198). Das Werk dieses Gelehrten kann hier nicht näher behandelt werden. Es war aber ohnedies im mittelalterlichen Europa einflussreicher als in der islamischen Welt.

Die almohadische Lehre ist insofern ein Sonderfall in der Geschichte der islamischen Theologie, als wir es mit einer Reformbewegung mit (zumindest in ihren Anfängen) ausgesprochen strikt auf eine Einhaltung des Gesetzes ausgerichteter Praxis zu tun haben, die nicht hauptsächlich auf eine möglichst wörtliche Auslegung der islamischen Quellen, Koran und Sunna, gegründet war. Diese Sonderform eines puritanischen Islams hat sich auch im Westen der islamischen Welt nur wenige Jahrzehnte halten können und hatte ihren auf strikte Erfüllung des Gesetzes ausgerichteten Charakter ohnedies schon bald nach der Machtübernahme der Almohaden eingebüßt.

2.7.2 Die Ḥanbaliten und die Rolle Ibn Taimīyas

In der weiteren Geschichte des Islams war vor allem das Ḥanbalitentum Inspirationsquelle eines moralisch äußerst strikten und auf eine möglichst wörtliche Auslegung der Quellentexte zielenden Religionsverständnisses. Die Ḥanbaliten hatten in Bagdad bereits im 11. Jahrhundert die ʿabbāsidischen Kalifen für sich gewinnen können. Insbesondere unter der Masse der Bagdader Bevölkerung war die ḥanbalitische Richtung ausgesprochen populär. Sie lieferten sich, wie bereits erwähnt wurde, im 11. Jahrhundert regelmäßig Straßenschlachten mit den lokalen Schiiten.

Anders als manchmal behauptet, waren die Ḥanbaliten keine grundsätzlichen Gegner der islamischen Mystik. Die starke Ausrichtung der frühen Mystik am im *ḥadīt* vergegenwärtigten Vorbild des Propheten machte die Mystik für die *ḥadīt*gläubigen Ḥanbaliten sogar ausgesprochen populär. Zu den Freunden der Mystik unter den Ḥanbaliten gehörte auch Ibn Taimīya (661–728/1263–1328), der heute sicher einflussreichste aller islamischen Theologen des Mittelalters. Doch gerade seine Prominenz spielt eine große Rolle, wenn man häufig gemeint hat, die Mystik und Zugehörigkeit zur ḥanbalitischen Rechtsschule stünden im Widerspruch zueinander. Ibn Taimīya war nämlich ein scharfer Kritiker des in der Mystik verbreiteten Heiligenkultes und der mit dem Namen Ibn al-ʿArabīs verbundenen Lehre von der Einheit der Existenz. Ibn Taimīya kritisierte allerdings den Heiligenkult nicht, weil er die Vorstellung abgelehnt hätte, dass es von Gott mit Wundern begnadete Menschen gebe. Die Existenz solcher Gottesfreunde (arab. *auliyāʾ*, Sg. *walī*) erschien ihm wie fast allen seiner muslimischen Zeitgenossen als unstreitig. Anstoß nahm er vielmehr an der kultischen Verehrung, die lebende und tote Heilige bei seinen Glaubensgenossen fanden. Dieser

Heiligenkult, insbesondere an Gräbern, erschien Ibn Taimīya als notdürftig verbrämter Polytheismus, den es unbedingt zu bekämpfen galt.

Gefahren sah Ibn Taimīya auch in der Lehre Ibn al-ʿArabīs. Die Vorstellung, dass Gott sich in der Welt offenbart, dass sich hinter allen Dingen die Existenz des einen Gottes verbirgt, drohte aus seiner Sicht, die Grenzen zwischen Schöpfer und Geschöpf zu verwischen. In letzter Konsequenz musste, wenn man eine solche Lehre ernst nahm, auch die Verbindlichkeit des islamischen Gesetzes in Zweifel geraten. Wozu sollte man sich an das Gesetz halten, wenn alles Geschehen auf Erden letztlich eine Manifestation der göttlichen Existenz war? Dass Ibn al-ʿArabī selbst ein gesetzeskonformer Muslim gewesen war, änderte nichts an der Gefährlichkeit seiner Lehren.

Die Geltung der Scharia war in der Epoche Ibn Taimīyas aber auch in anderer Hinsicht in Gefahr. Das 13. Jahrhundert war geprägt von der mongolischen Eroberung der östlichen islamischen Welt. Die mongolischen Eroberungen waren, noch weit mehr als die von ihrer Ausdehnung her viel unbedeutenderen Erfolge der Kreuzfahrer, für die Muslime traumatisch. Dies galt zum einen, weil die Kampfmethoden der Mongolen, ihr Vorgehen gegen die Zivilbevölkerung, auch den Zeitgenossen als ungewöhnlich brutal erschienen. Mit den Mongolen hatte erstmals eine nicht muslimische Macht große Teile der islamischen Welt unterworfen. Der ʿabbāsidische Kalif al-Mustʿaṣim (reg. ab 1242), Sinnbild der Einheit der sunnitischen Welt, war von ihnen bei der Einnahme Bagdads 656/1258 hingerichtet worden. Nicht mehr das islamische Recht, die Scharia, war in ihrem Herrschaftsbereich die oberste Norm, sondern das mongolische Recht, die *Yāsā*. Die Normen der *Yāsā* behielten im mongolischen Herrschaftsbereich ihre Geltung auch, nachdem Ende des 13. Jahrhunderts die mongolischen Herrscher über Iran zum Islam übergetreten waren.

Ibn Taimīya waren diese Entwicklungen nicht gleichgültig. Er predigte beständig den Dschihad gegen die Mongolen und ihre Verbündeten. Von größter Bedeutung für den Islam im 20. Jahrhundert ist dabei das von ihm erlassene Rechtsgutachten (arab. *fatwā*), wonach ein Herrscher, der sich zwar zum Islam bekennt, in seinem Herrschaftsbereich aber ein anderes Gesetz als die Scharia anwende, als Ungläubiger zu bekämpfen sei. Diese *fatwā* lieferte im 20. Jahrhundert die Grundlage für das Vorgehen gewaltbereiter Gruppen des politischen Islams gegen Regierungen und zum Teil auch gegen die Bevölkerung zahlreicher islamischer Länder (siehe Kap. 2.10 und 2.11).

Ibn Taimīya wandte sich mit ausgesprochen scharfsinnigen Argumenten gegen die von Theologen wie al-Ġazālī und Faḫr ad-Dīn ar-Rāzī propagierte Integration der aristotelischen Logik in die islamische Theologie.

In der aristotelischen Logik wird scharf unterschieden zwischen der Substanz einer Sache, ihrem eigentlichen Wesen und den nicht zu ihrem Wesen gehörenden Eigenschaften, den Akzidenzien (Beispiel: Es gehört nicht zum Wesen eines Autos, dass es rot ist. Rote Farbe ist bei einem Auto folglich ein Akzidens). Nach Meinung Ibn Taimīyas können wir nie sicher sagen, welche Eigenschaften zum Wesen einer Sache gehören und welche als Akzidenzien zu diesem Wesen hinzutreten, ohne notwendig zu ihr zu gehören. Die von den Aristotelikern vorgenommene Unterscheidung ist also unhaltbar.

Auch die unter den Logikern in der islamischen Welt gängige Vorstellung, es gebe von allen Dingen Idealtypen oder Allgemeinbegriffe, die Universalien, erschien ihm problematisch. Für ihn waren diese Allgemeinbegriffe nicht wirklich existent, sondern reine Konstrukte. Welche Eigenschaften den unter diesen Allgemeinbegriffen zusammengefassten Dingen jeweils zuzuschreiben sind, ist nach Ibn Taimīyas Meinung nicht präzise zu definieren. Wir können nur von unserer Beobachtung ausgehen, wissen aber letztlich nicht, ob sie wirklich immer für alle Individuen einer Gattung gelten.

Ibn Taimīya meinte darüber hinaus, dass die Vorstellung von den Allgemeinbegriffen mit dem islamischen Prinzip des Eingottglaubens nicht in Einklang zu bringen war. Wären die Allgemeinbegriffe real, dann bestünde die Gefahr, dass man in ihnen neben Gott weitere ewige Dinge sehen könnte, was aus islamischer Sicht unzulässig ist.

Für Ibn Taimīya waren damit auch die Bereiche der Philosophie unbrauchbar, die nach al-Ġazālī ohne Probleme in die islamische Theologie zu integrieren waren.

Theologie sollte sich aus seiner Sicht auf die offenkundigen Aussagen von Koran und Überlieferung beschränken und alles Unklare nicht weiter hinterfragen. Ibn Taimīya hat nach dieser Methode eine Glaubenslehre verfasst, in der er die Positionen eines so verstandenen Sunnitentums als die Mittelposition zwischen den in allen anderen Lehren und Religionen vertretenen Extremen preist. Damit nimmt er für seine Lehre das in Anspruch, was Muslime generell für einen der vornehmsten Wesenszüge ihrer Religion ansehen: Die Religion der Mitte zu sein, die jede Form von Über- und Untertreibung vermeidet.

Diese Religion der Mitte findet für Ibn Taimīya ihre reinste Verwirklichung in der Religiosität der islamischen Urgemeinde, so wie sie sich in Koran und *ḥadīṯ* spiegelt. Das Leben und Denken der frommen Altvorderen (arab. *as-salaf aṣ-ṣāliḥ*) soll der einzige Maßstab sein. Für die meisten seiner Zeitgenossen boten die Lehren der vier sunnitischen Rechtsschulen die verbindliche Auslegung des von den Vorvätern Ererbten an. In der Sicht Ibn Taimīyas haben sie die wahre Religion zuweilen eher verdunkelt als erhellt. Auch wenn er in der Praxis meist die Lehren der Ḥanbaliten vertrat, hat sich Ibn Taimīya, ausgehend von diesem Konzept, doch immer wieder im Einzelfall von ihren Vorstellungen frei gemacht.

Ibn Taimīya gilt angesichts dieser Haltung als der Stammvater der Bewegungen, die heute Salafisten genannt werden (von ihnen wird im Folgenden noch die Rede sein, siehe Kap. 2.10). Sein Glaube, man könne die Religion frei machen von den im Laufe der Jahrhunderte angehäuften

Fundamentalismus

Für den Begriff Fundamentalismus gibt es verschiedene Definitionen. Er bezeichnet hier solche religiösen Bewegungen, die für sich in Anspruch nehmen, man könne durch eine als wörtlich verstandene Auslegung religiöser Quellentexte und die unmittelbare Umsetzung der daraus abgeleiteten Gebote den Heilszustand zur Zeit der Stiftung einer Religion (unter den Jüngern Jesu, in der frühislamischen Gemeinde Muḥammads) wieder herstellen. Fundamentalisten wenden sich also gegen die Religion, so wie sie im Laufe der Geschichte geworden ist. Damit verbunden ist auch eine Ablehnung der jeweils zeitgenössischen Gesellschaft, der man vorwirft, sich vom eigentlich von der Religion angestrebten Ideal entfernt zu haben (heute z.B. im Hinblick auf die Geschlechterverhältnisse). Da die ideale Gesellschaft von Fundamentalisten in einer verklärten Vergangenheit angesiedelt wird, kann man Fundamentalismen auch als rückwärtsgewandte Utopien bezeichnen.

Aus dem oben Gesagten ergibt sich, dass nicht jede rigoristische Auslegung einer Religion fundamentalistisch im hier genannten Sinne ist. Ein Rigorismus, der sich nicht auf einen vermeintlich zur Zeit der Entstehung der Heilstexte herrschenden Idealzustand, sondern auf eine lebendige Tradition bezieht, wie etwa konservative Strömungen im Katholizismus, ist insofern nicht fundamentalistisch, da für sie die Tradition der Kirche gleichberechtigt neben der Bibel steht. Diese hier vorgenommene Unterscheidung von Fundamentalismus und traditionalistischem Rigorismus fehlt allerdings in vielen Fundamentalismusdefinitionen. Strittig ist ebenfalls, ob es bereits vor der Moderne Fundamentalismen hat geben können, oder ob sie als Reaktion auf die Moderne entstanden sind. Der Begriff Fundamentalismus ist ursprünglich eine Selbstbezeichnung bestimmter Strömungen im US-amerikanischen Protestantismus.

Hinzufügungen und zur reinen Lehre des Ursprungs, die in bestimmten fundamentalen Texten sicher und eindeutig bewahrt sei, zurückkehren, stellt eine Frühform von Fundamentalismus dar. Derartige Lehren sind, da sie die unmittelbare Vergangenheit und die Gegenwart zugunsten einer mythisch verklärten Frühzeit ablehnen, besonders in Zeiten attraktiv, in denen Menschen ihre Gegenwart als unbefriedigend und krisenhaft erscheint.

Ibn Taimīyas Lehre und die Heftigkeit, mit der er sie vorgebracht hat, lässt sich sicher daraus erklären, dass er die islamische Welt seiner Zeit als in vielfacher Weise bedroht wahrgenommen hat. Im 20. Jahrhundert haben ein ähnliches, weit verbreitetes Gefühl der Bedrohung des Islams und die Förderung seiner Lehren durch das wohlhabende Saudi-Arabien dafür gesorgt, dass Ibn Taimīya als der heute einflussreichste Denker des mittelalterlichen Islams zu gelten hat.

2.7.3 Die Lehre des Ibn ʿAbd al-Wahhāb

Fundamentalistische Bewegungen mit Anliegen, die denen Ibn Taimīyas vergleichbar oder direkt von ihm inspiriert waren, hat es in der islamischen Welt auch nach seinem Tod immer wieder gegeben. Ab dem späten 16. Jahrhundert machen in Istanbul und den arabischen Provinzen des Osmanischen Reiches die Anhänger der Kadizadeler (nach einem ihrer Anführer, Ḳāḍīzāde Meḥmed) von sich reden. Auch diese in der ḥanafitischen Schule beheimatete Bewegung wendet sich vorzugsweise gegen die mit dem Namen Ibn al-ʿArabīs verbundenen Lehren und religiösen Praktiken der zeitgenössischen Sufis. Neben diesen alten Feindbildern eines fundamentalistischen Islams wenden sich die Kadizadeler gegen neu eingeführte Konsumgüter wie Kaffee und Tabak. Die Kadizade-Bewegung beansprucht, anders als die zeitgenössischen Sufiorden (arab. Sg. *ṭarīqa*, wörtl. „Pfad"), den Pfad des Propheten Muḥammad, die *ṭarīqa muḥammadīya,* zu verfolgen. Sie argumentieren also ebenfalls mit dem angeblichen Abweichen ihrer Gegner von der im *ḥadīṯ* bis in die Einzelheiten bewahrten Praxis des Propheten.

Ihre Gegner nahmen gerade das aufs Korn: Wenn es nach den Anhängern der Kadizade-Bewegung gehe, müsse man wohl wieder so leben wie die von den gebildeten Städtern besonders verachteten Beduinen zur Zeit des Propheten, man müsse auf alle Segnungen der Zivilisation verzichten. Wir finden hier bereits Argumentationsmuster vorgezeichnet, die in der Türkei bis heute in der Auseinandersetzung um ein striktes Islamverständnis in Gebrauch sind.

Auch die soziale Zugehörigkeit der meisten der Anhänger der Kadizade-Bewegung lässt an fundamentalistische Bewegungen des 20. Jahrhunderts denken. Wie diese hatten sie großen Zulauf bei vergleichsweise gebildeten Schichten, denen in ihren Gesellschaften ein ihnen aus ihrer Sicht zustehender sozialer Aufstieg verwehrt blieb. Es scheint, als hätten die Kadizadeler vor allem zur Schicht der mittleren Gelehrten gehört, deren Aufstieg in die höheren Ränge der Gelehrtenhierarchie vielfach von Anhängern der von ihnen abgelehnten Mystik der Einheit der Existenz blockiert wurde.

Auf Dauer sehr viel einflussreicher als die Gruppe der Kadizadeler war eine Bewegung, die im Naǧd, einer Region im Nordosten der Arabischen Halbinsel, ihren Ausgang nahm. Dort begann 1153/1740 der Gelehrte Muḥammad Ibn ʿAbd al-Wahhāb (gest. 1206/1792), gegen die in seiner Umwelt zu beobachtenden Bräuche zu polemisieren, wie die Verehrung von Gräbern, Steinen und Bäumen. In derartigen Praktiken sah er einen Verstoß gegen das vom Islam geforderte Einheitsbekenntnis. Nicht allein die Verehrung von Heiligen, auch das Konzept der Einheit der Existenz und die Lehren der im Osten der Arabischen Halbinsel stark vertretenen Zwölferschia stellten für die nach ihrem Gründer benannten Wahhābiten einen Abfall vom Glauben dar. Hartnäckige Vertreter solcher Lehren galt es deshalb in ihren Augen zu bekämpfen und gegebenenfalls zu töten. Monumente eines aus ihrer Sicht götzendienerischen Pseudoislams wie etwa Grabbauten ließen sie zerstören.

Auffällig ist darüber hinaus ihr Insistieren darauf, dass man die im Koran erwähnten göttlichen Namen und Eigenschaften wörtlich zu verstehen habe (ohne dass freilich die genaue Natur dieser Eigenschaften von Menschen zu diskutieren wäre). Sie sind hier im Prinzip mit den anderen Sunniten einer Meinung, etwa mit den Anhängern al-Ašʿarīs, doch wird ihnen von ihren zahlreichen Gegnern in diesem Zusammenhang gerne vorgeworfen, sie verträten ein anthropomorphes Gottesbild und seien deshalb selbst keine rechten Muslime.

Ibn ʿAbd al-Wahhāb sah sich anfangs starkem Widerstand von Seiten der Bevölkerung gegenüber. Im Bund mit einem lokalen Emir namens Ibn Saʿūd (gest. 1179/1765) konnte er seine Lehre dann aber in weiten Teilen der Arabischen Halbinsel durchsetzen. Die Herrschaft der Saudis über die heiligen Stätten des Islams, die von den Bewohnern Mekkas und Medinas auf Grund der von den Wahhābiten verfügten Zerstörungen von Grabdenkmälern bedeutender Muslime und ihrer generellen Intoleranz als schlimme Heimsuchung empfunden wurde, nahm 1234/1818 ein vorläufiges Ende. Erst nach dem Ersten Weltkrieg konnte die saudische Herrschaft über die heiligen Stätten neu begründet werden. Das seit den 1950er Jahren durch Öleinnahmen reich gewordene Saudi-Arabien fördert auf der ganzen

Welt einen an wahhābitischen und salafistischen Maßstäben ausgerichteten Islam.

Inspirationsquelle der Lehren des Ibn ʿAbd al-Wahhāb war Ibn Taimīya. Ganz ähnlich wie Ibn Taimīya meinte Ibn ʿAbd al-Wahhāb, sein Verständnis des Islams bedeute eine Rückkehr zu den Verhältnissen der Prophetenzeit. Dies sollte auch in rechtlicher Hinsicht gelten. Man fühlte sich nicht mehr an die Rechtslösungen der Rechtsschulen gebunden, sondern meinte, im Rahmen der von den sunnitischen Rechtsschulen gefundenen Lösungen die auswählen zu können, die Koran und Sunna am nächsten stehe. In der Praxis blieb man dabei meist der ḥanbalitischen Schule treu.

Der Anspruch, man könne die Prophetenzeit unmittelbar wieder lebendig machen und die über die Jahrhunderte aufgehäuften Traditionen rechtlicher wie sufischer Natur übergehen, wurde auch andernorts laut. Im Jemen kämpfte aš-Šaukānī (gest. 1255/1832), der Großmufti der dortigen zaiditischen Imame, nicht nur gegen Heiligenkult, sondern genauso für eine Öffnung des zaiditischen Rechts durch den erneuten direkten Zugang zu Koran und Überlieferung.

2.7.4 *Islamische Mystiker als „Reiniger der Religion", Theologie im späten Osmanischen Reich*

Der Rückbezug auf die Zeit und Person des Propheten und der Kampf gegen als unislamisch wahrgenommene Neuerungen waren allerdings nicht allein die Sache von Gelehrten, die wie Ibn ʿAbd al-Wahhāb zur Mystik eine problematische Beziehung hatten oder jedenfalls außerhalb des Hauptstroms der islamischen Mystik standen. Es war vielmehr durchaus nicht selten, dass gerade Vertreter der Mystik als Reiniger der Religion von tadelnswerten Neuerungen (arab. *bidaʿ*, Sg. *bidʿa*) wie dem Heiligenkult und einer unvorsichtigen Deutung der Lehre von der Einheit der Existenz auftraten. In diesem Zusammenhang ist besonders der im 14. Jahrhundert entstandene und auf Bahāʾ ad-Dīn Naqšband (gest. 791/1389) aus Buḫāra zurückgeführte Naqšbandīorden zu nennen, der vor allem in den Ländern des persischen und türkischen Kulturraumes, vom Balkan bis nach Zentralasien und Indien viele Anhänger hatte und immer noch hat. Ein prominentes Beispiel in dieser Hinsicht ist der indische Mystiker Aḥmad Sirhindī (gest. 1034/1624). Dieser predigte nicht nur mit Vehemenz gegen synkretistische (d. h. zur Mischung verschiedener Religionen neigende) Vorstellungen am Hof der indischen Mogulherrscher. Er wandte sich genauso gegen ein radikales Verständnis der Lehre von der Einheit der Existenz. Es sei nicht so, dass alles Existierende letztlich eine Manifestation Gottes sei, dies sei nur die Wahrnehmung des Mystikers, der neben Gott nichts anderes mehr zu erkennen vermag. Er spricht deshalb statt von *waḥdat al-wuǧūd* (arab., „Einheit der Existenz") von *waḥdat aš-šuhūd*, der „Einheit der Wahrnehmung". Aḥmad Sirhindī gilt unter konservativen Vertretern der islamischen Mystik in Indien bis heute als der große Erneuerer des Islams im zweiten Jahrtausend seines Bestehens.

Gerade im 18. Jahrhundert wuchsen dann innerhalb der islamischen Mystik Bewegungen, die besonders stark den Rückbezug auf den Propheten lehrten. Anders als im Falle des Ibn ʿAbd al-Wahhāb stellen sie diesen Rückbezug allerdings nicht allein auf dem Wege des Studiums von Koran und Sunna her. Viele Mystiker des 18. und 19. Jahrhunderts betonten vielmehr die Möglichkeit, auch in ihrer Zeit auf spirituellem Wege noch direkt mit Muḥammad in Kontakt zu treten und von ihm Botschaften zu empfangen. Wem dies vergönnt sei, der stehe den Prophetengenossen gleich und sei insofern an islamische Schultraditionen nicht mehr gebunden.

Anders als man zeitweilig geglaubt hat, stellten diese Bewegungen keineswegs die oben skizzierten Lehren der späteren islamischen Mystik in Frage. Die Vorstellung vom Fortleben des Propheten gehört vielmehr gerade in den Kontext des zur Zeit des Ibn al-ʿArabī ausgeprägten Weltbildes. Die sehr vorsichtige Deutung der Lehre von der Einheit der Existenz, die Aḥmad Sirhindī im synkretistischen indischen Milieu gegeben hat, war also nicht unbedingt die Norm unter den der islamischen Mystik nahestehenden Gelehrten des 18. und 19. Jahrhunderts.

Sowohl die Ideen der auf die geistige Begegnung mit dem Propheten Muḥammad fixierten sufischen Bewegungen als auch Gruppen, die einen von lokalen außerislamischen Traditionen gereinigten Islam zum Teil mit Gewalt durchzusetzen suchten, gab es im 18. und frühen 19. Jahrhundert nicht allein in Indien oder den Ländern des Vorderen Orients. Diese Ideen waren vielmehr von Westafrika bis nach Indonesien verbreitet und sorgten vielerorts für die endgültige Islamisierung zuvor nur oberflächlich vom Islam erfasster Gebiete.

Die Gleichzeitigkeit, mit der in den verschiedensten Gegenden der islamischen Welt in dieser Zeit derartige Bewegungen auftauchten, die nicht selten auch aufeinander Bezug nahmen, hat in den letzten Jahren verstärkt das Interesse der Forschung gefunden. Die Pilgerfahrt nach Mekka und der teils langjährige Aufenthalt von Gelehrten an den heiligen Stätten des Islams spielte bei der Verbreitung dieser Lehren offenbar eine große Rolle.

Die Radikalität, mit der viele dieser Reformbewegungen für ihr Verständnis des Islams eintraten, darf aber nicht darüber hinwegtäuschen, dass in den vorderorientalischen Kernländern noch in den ersten Jahrzehnten des 19. Jahrhunderts Theologie in der Regel in genau den Bahnen betrieben wurde, die zuvor über Jahrhunderte die theologischen Diskurse bestimmt hatten. Dies ist etwa für das Ägypten der Zeit relativ gut untersucht. Nicht, dass die Ideen der Wahhābiten unter den Gelehrten Kairos zu Beginn des 19. Jahrhunderts keine Anhänger gehabt hätten. Gerade einer der vielseitigsten und geistig regsamsten unter ihnen, der auch als Historiker der napoleonischen Invasion Ägyptens hervorgetretene ʿAbd ar-Raḥmān al-Ǧabartī (gest. 1240/1825), war ein entschiedener Befürworter der wahhābitischen Vorstellungen von der Einsheit Gottes (*tauḥīd*) und des Verbots von jeglichem Heiligenkult.

Im Alltag der theologischen Ausbildung an den Medressen spielten in dieser Zeit allerdings die Debatten um die religiös-politischen Revolutionen der Wahhābiten oder gar geographisch entlegenerer Gruppen kaum eine Rolle. Der Anfängerunterricht wurde vielmehr weiter dominiert durch ganz traditionell ausgerichtete Texte wie das gereimte Glaubensbekenntnis des ägyptischen Islamgelehrten Ibrāhīm al-Laqānī (gest. 1041/1631). Wenige Fortgeschrittene wandten sich dann den in der Zeit zwischen dem 12. und dem 15. Jahrhundert entstandenen großen Überblicksdarstellungen der Theologie zu. Eine Neuerung war allerdings, dass man sich, anders als vor dem 14. Jahrhundert, bei dieser Rezeption theologischer Klassiker darum bemühte, beide große Schulen der mittelalterlichen sunnitischen Theologie zu versöhnen: die al-Matūrīdīs, die unter den ḥanafitischen Osmanen dominierte, und die unter den ägyptischen Muslimen traditionell vorherrschende Theologie al-Ašʿarīs.

In derartigen Schriften wurden oft in Form von Listen zu glaubende und zu verwerfende Glaubenssätze behandelt. Dabei wurden in der Regel aus dem Diskussionskontext der frühen Theologie stammende Fragen wie in einem Katechismus ohne den Aufweis tieferer Zusammenhänge aneinandergereiht: die Attribute Gottes, seine Allmacht, dass es möglich sei, ihn im Jenseits zu sehen, auch wenn wir nicht sagen könnten, wie das geschehe (*bi-lā kaif*, d. h. „ohne zu fragen, wie man sich das vorstellen soll"), die Frage der menschlichen Willensfreiheit, die Sündenfreiheit der Propheten, die Existenz des Wasserbeckens, an dem am Jüngsten Tag die Gläubigen versammelt werden, die Fürsprache des Propheten für die Gläubigen, der Umstand, dass eine schwere Sünde ihren Urheber nicht zu einem Ungläubigen mache usw.

Diese Form von Theologie hat seit dem 19. Jahrhundert an öffentlicher Wahrnehmung verloren, sie spielt aber in der islamischen Theo-

iǧtihād und Rechtsreform im 18. und frühen 19. Jahrhundert

Unter *iǧtihād* (arab., wörtl. „Anstrengung, Bemühung“) versteht man den Versuch, mit Hilfe der anerkannten Quellen der Rechtsfindung eine Lösung für ein Rechtsproblem zu finden. Ab dem hohen Mittelalter bestand in den sunnitischen Rechtsschulen zunehmend die Tendenz, die Rechtsfindung an die Lösungen zu binden, die innerhalb der Rechtsschule bereits Anerkennung gefunden hatten (arab. *taqlīd*, „Nachahmung“). Man ging davon aus, dass die späteren Generationen, weil sie von der heilvollen Zeit des Propheten weiter entfernt seien, weniger zur Rechtsfindung in der Lage seien als die Rechtsschulgründer und ihre Schüler zwischen dem 8. und dem 10. Jahrhundert.

Diese sog. „Schließung der Pforten des *iǧtihād*“ ist ein typisches Beispiel für das in vormodernen Agrargesellschaften generell vorherrschende Geschichtsbild. Der heute in Bereichen wie Wissenschaft und Technik stets spürbare Fortschritt gehörte nicht zur täglichen Erfahrung vormoderner Menschen. Man achtete die Älteren unter den Lebenden und die Vorfahren, deren Lebensweise, anders als in modernen Industriegesellschaften, nicht durch die rasche Veränderung der Verhältnisse offenkundig entwertet war. Die Vergangenheit erschien den Menschen besser als die Gegenwart. Das gilt insbesondere für den Teil der Vergangenheit, der als religiöse Heilszeit galt. Genau zu dieser älteren Vergangenheit wollten die Vertreter der hier behandelten Erneuerungsbewegungen zurückkehren, indem sie Kritik an manchen Praktiken der dazwischen liegenden Zeit übten.

logenausbildung vielfach bis auf den heutigen Tag eine Rolle. Das gilt auch für die oben angesprochenen Einzelfragen wie etwa die, ob es den Gläubigen im Jenseits vergönnt sein werde, Gott zu schauen, die unter Fachtheologen aus Oman und Saudi-Arabien noch am Ende des 20. Jahrhunderts Gegenstand heftiger, im Wesentlichen mit traditionellen Argumenten geführter Auseinandersetzungen war, bei denen beide Seiten nicht davor zurückschreckten, die jeweils andere wegen ihrer diesbezüglichen Ansichten des Unglaubens zu zeihen.

2.7.5 Die Zwölferschia 1100–1900

Nach Beginn der Verborgenheit des zwölften Imams übernahmen im schiitischen Islam zunehmend die Gelehrten die Funktionen der Imame in der Leitung der zwölferschiitischen Gemeinde. Die nun körperlich nicht mehr präsenten Imame wurden dafür mehr denn je als übermenschliche, unfehlbare Heilsvermittler angesehen. Die meisten schi-

Es ging den Vertretern dieser Bewegungen dabei nicht um eine radikale Erneuerung der Praxis des islamischen Rechts, wie sie heute von manchen islamischen Reformern gefordert wird. Was sie anstrebten, war eine Wiederherstellung der direkten Beziehung auch der späteren Generationen zum Propheten. Dies geschah entweder auf dem Weg über eine verstärkte Hinwendung zu den *ḥadīṯ*-Studien und der Umgehung dessen, was man für spätere Traditionen hielt (so etwa im Falle der Wahhābiten), oder durch die Vorstellung, besonders begabte Menschen könnten selbst in ihrer Zeit noch direkt mit dem Propheten kommunizieren.

Trotz der großen Aufmerksamkeit, die derartige Reformbewegungen in der Forschung der letzten Jahre auf sich gezogen haben, muss doch festgehalten werden, dass die Mehrheit der islamischen Gelehrten bis weit in das 20. Jahrhundert davon ausging, ja vielfach bis heute davon ausgeht, dass die im Mittelalter einmal gefundenen Rechtsnormen weiterhin Gültigkeit besitzen und eine Verwerfung des Systems der Rechtsschulen, wie sie in den Reformbewegungen des 18. Jahrhunderts und im Reformislam des 19. und 20. Jahrhunderts propagiert wurde, problematisch oder abzulehnen sei. Hinzu kommt, dass die von den Reformern des 18. Jahrhunderts propagierten neuen Rechtslösungen in den seltensten Fällen Fragen von größerer gesellschaftlicher Relevanz betrafen. Es ging vielmehr häufig nur um Einzelfragen des Rituals wie die Handhaltung beim Gebet.

itischen Gelehrten folgten in theologischen Fragen dabei den Ansichten der Muʿtaziliten. Diese Gruppe wurde später die *uṣūlī*-Schule genannt. Sie vertraten also die Ansicht, dass religiöses Wissen nicht direkt aus den Quellen, also aus Koran und Sunna abgeleitet werden könne, sondern dieses auf dem Weg (allerdings immer potenziell fehlbarer) Deutung mit Hilfe der von den Gelehrten entwickelten Grundprinzipien (arab. *uṣūl*, Sg. *aṣl*) entwickelt werden müsste.

Die Einmischung in die Politik galt, insbesondere für Gelehrte unter sunnitischen Herrschern, zunächst als unpassend. Gelehrte, die sich doch politisch engagierten, rechtfertigten dies damit, dass sie auf diese Weise ihre Glaubensbrüder unterstützen konnten. Im Gefolge der mongolischen Eroberung Irans im 13. Jahrhundert kam es zu einer gewissen Zunahme des schiitischen Einflusses, da die Mongolen ja zunächst keine Muslime waren und die Schiiten potenziell ihre Verbündeten gegen sunnitische Mächte darstellten.

Nicht nur die Schia erlebte in dieser Zeit im iranisch-anatolischen Raum allerdings einen Aufschwung, sondern auch verschiedene Sufi-Gruppen, die zentralasiatische, gnostische und lokale Elemente in ihr Glaubenssystem integrierten. Ein besonders erfolgreicher Orden dieser Art war der Orden der Ṣafaviden, der sich im Laufe des 15. Jahrhunderts von einem sunnitischen zu einem schiitischen Orden der eben beschriebenen Art wandelte. Schah (pers. *šāh*) Ismāʿīl (reg. 907–931/1501–1524), der gegen Ende des 15. Jahrhunderts Scheich des Ordens geworden war, feierte sich in seinen auf Türkisch verfassten Gedichten als Inkarnation des Göttlichen. Seine ihm bedingungslos ergebenen Anhänger eroberten weite Teile Iraks und Irans bis nach Zentralasien.

Das Gebiet wurde unter Anwendung von Gewalt zum Schiitentum bekehrt. Sunnitische Gelehrte wurden verfolgt und vertrieben. Nach der Gründung des ṣafavidischen Staates mussten sich die Herrscher allerdings um den Aufbau einer regulären religiösen Hierarchie bemühen, um die eroberten Gebiete dauerhaft verwalten zu können. Sie wandten sich deshalb von den ursprünglichen Lehren der Bewegung ab und brachten stattdessen zwölferschiitische Gelehrte aus dem Libanon nach Iran. Auch hier haben wir es wieder mit einem Fall der Veralltäglichung von Charisma im Sinne Max Webers (siehe S. 67) zu tun. Die Lehre des Ṣafaviden-Ordens ist so in Iran zugunsten der Zwölferschia verschwunden; sie übte aber einen großen Einfluss auf die Herausbildung der alevitischen Religion in der Türkei aus.

In Iran selbst bestand seit ṣafavidischer Zeit zwischen schiitischen Gelehrten und Herrschern ein Spannungsverhältnis. Obwohl die Herrscher Schiiten waren und von den Imamen abzustammen beanspruchten, konnte es aus der Sicht vieler Gelehrter außer dem verborgenen Imam, als dessen Stellvertreter sie sich sahen, keinen legitimen Herrscher geben. Unter der Dynastie der Qağaren (1210–1343/1796–1925), die, anders als die Ṣafaviden, ihre Dynastie nicht auf die Imame zurückführen konnten, war, obwohl die Herrscher fromme Schiiten waren, die Legitimität ihrer Machtausübung aus Sicht der Gelehrten noch fraglicher als zuvor. Die schiitischen Gelehrten wurden so ein Hauptfokus der sich aus den verschiedensten Motiven speisenden politischen Oppositionsbewegungen im zeitgenössischen Iran.

Die iranische Kultur ist seit dem 16. Jahrhundert tief von der zwölferschiitischen Religion durchdrungen. Sichtbares Zeichen dessen sind etwa die überall präsenten *Imāmzāde*s, Gräber von Nachkommen der Imame, die von den Menschen als Heilige verehrt werden. Aber auch die im engeren Sinne gelehrte Tradition der Schia erlebte in ṣafavidischer Zeit eine Blüte. Auf die religiös-philosophische Schule von Iṣfahān wurde oben schon hingewiesen. Ihre Ansichten wie auch die schiitischen sufischen Strömungen der Zeit fanden unter den Gelehrten zum Teil entschiedene Gegner. Zu nennen ist hier vor allem Bāqir al-Maǧlisī (gest. 1110/1698), der ansonsten durch seine monumentale 110-bändige Sammlung von Überlieferungen Muḥammads, Fāṭimas und der Imame mit dem Titel *Biḥār al-anwār* (arab., „Die Lichtermeere") bekannt ist.

Nicht alle Schiiten der hier behandelten Jahrhunderte gehörten der bislang behandelten *Uṣūlī*-Schule an. Bis ins 18. Jahrhundert etwa zählten viele der Gelehrten an den den Schiiten heiligen Stätten im Irak zur Gruppe der *Aḫbārīs*, d. h. der Anhänger der Überlieferungen (arab. *aḫbār*, Pl. von *ḫabar*, „Nachricht", ein anderes Wort für *ḥadīṯ*). Sie meinten, es bedürfe der Religionsgelehrten zur religiösen Erkenntnis nicht. Jeder Gläubige habe, wenn er den Koran im Lichte der (schiitischen) Überlieferung lese, unmittelbaren Zugang zur Wahrheit. Während bei den *Uṣūlīs* also die Gelehrten im Laufe der Zeit immer mehr die Rolle der Imame als Ausdeuter der Religion übernommen haben, sind die Imame in ihren unfehlbaren Aussprüchen für die *Aḫbārīs* im Prinzip auch noch nach der *ġaiba* für die Gläubigen gleichsam direkt präsent.

Die *Aḫbārīs* als eigene Gruppe lassen sich bis in das 12. Jahrhundert zurückverfolgen. Die *Aḫbārīs* lehnten die von Gelehrten der *Uṣūlī*-Richtung übernommenen muʿtazilitischen theologischen Lehren ab, manchen von ihnen wurden sogar anthropomorphistische Tendenzen vorgeworfen (arab. *tašbīh*, die Behauptung, Gott ähnele seiner Schöpfung). Die *Aḫbārīs* verloren im späten 18. Jahrhundert sowohl in Iran als auch im Irak stark an Boden und sind seit den politischen Erfolgen der *Uṣūlī*-Schule in der Revolution von 1399/1979 endgültig von der Bildfläche verschwunden.

Eine andere Bewegung, die zunehmend in Opposition zum *Uṣūlī*-Establishment geriet, waren am Ende des 18. Jahrhunderts die *Šaiḫīs* (nach ihrem Schulhaupt Šaiḫ Aḥmad al-Aḥsāʾī, gest. 1826). Diese vermischten in ihren Lehren die Ansichten der Schule von Iṣfahān, Elemente des *Aḫbārī*tums und diffuse gnostische Einflüsse. Entscheidend aber ist, dass die Anhänger dieser Bewegung der Ansicht waren, ihre Führer hätten einen intuitiven Zugang zum verborgenen Imam, dessen baldige Wiederkunft sie erwarteten. Eine radikale, sozialrevolutionäre Fortentwicklung der Lehre der *Šaiḫīs* waren Mitte des 19. Jahrhunderts die *Bābīs*, die in ihrem Anführer den *Bāb*, die Pforte (zum verborgen Imam), verehrten. Schließlich behauptete ihr Führer, der *Bāb* Saiyid ʿAlī-Muḥammad Šīrāzī (gest. 1266/1850), sogar, er selbst sei der verborgene Imam. Das islamische Gesetz, die Scharia, sei nunmehr aufgehoben. Er beanspruchte damit unmittelbar auch die politische Herrschaft für sich.

Die Bewegung wurde daraufhin von der qağarischen Obrigkeit zerschlagen. Sie überlebte aber im Untergrund und im Ausland.

Die *Bābī*-Lehre ist Ausgangspunkt der später in diesem Milieu entstandenen *Bahāʾī*-Religion, die jedoch den politischen Kampf meiden. Die *Bahāʾī*-Religion mischt Elemente des gnostischen Schiitentums, der islamischen Philosophie sowie utopisches und sozialreformerisches Denken des westlichen 19. Jahrhunderts. Sie tritt weltweit missionierend auf und nimmt für sich in Anspruch, alle früheren Religionen, einschließlich des Islams, in sich zu vereinen. Die *Bahāʾī*, die sich auch selbst nicht als Muslime betrachten, wurden und werden von den Vertretern des schiitischen *Uṣūlī*-Establishments als Abtrünnige verfolgt.

Aleviten

Die Religion der türkischsprachigen Anhänger Schah Ismāʿīls war von einer Großzahl verschiedener religiöser Einflüsse geprägt. Dazu gehört das sufisch gefärbte radikale Schiitentum ebenso wie vorislamische zentralasiatische Gottesvorstellungen der Türken. In dieser sehr komplexen Religion spielt das islamische Recht genauso wenig eine Rolle wie die gängigen islamischen Jenseitsvorstellungen. Wegen ihrer Verehrung ʿAlīs, der mit der Gottheit gleichgesetzt wird, werden die Anhänger dieser Religion Aleviten genannt. Sie galten im Osmanischen Reich als potenzielle Verbündete der Ṣafaviden und wurden als solche immer wieder verfolgt. Dies führte zu einer sozialen Abschließung der anatolischen Aleviten, die in bestimmten, rein alevitischen Dörfern lebten. Der Lehre der Aleviten ähnliche Vorstellungen wurden auch vom Sufiorden der Bektaşīs vertreten, der, anders als das dörfliche Alevitentum, eng mit dem osmanischen Staat verbunden war.

Die Lehre der Aleviten, die je nach Schätzung bis zu 20 Prozent der Bevölkerung der gegenwärtigen Türkei ausmachen, wird durch den türkischen Staat nicht offiziell anerkannt. Die Frage, ob das Alevitentum eine Form des Islams oder eine eigenständige Religion darstellt, ist heute auch unter Aleviten umstritten.

2.8 *Der islamische Modernismus*

2.8.1 *Modernismus, Traditionalismus, Islamismus*

Der Hauptstrom des islamischen Denkens im 20. Jahrhundert lässt sich grob in modernistische und traditionalistische Ansätze einteilen. *Modernisten* gehen von einer prinzipiellen Übereinstimmung des Islams mit den Grundprinzipien der Moderne (Menschenrechte, Gleichberechtigung, Demokratie usw.) aus. Sie vertreten in der Regel die Ansicht, dass da, wo sich zwischen beiden Widersprüche auftun, dies die Folge eines falschen Islamverständnisses sei. Die islamische Geistesgeschichte der Zeit vor dem späten 19. Jahrhundert beurteilen sie in vielen Punkten kritisch und postulieren, dass die Muslime sich irgendwann in ihrer Geschichte von den Idealen des frühen Islams gelöst hätten, die sie jetzt in den Grundprinzipien der Moderne wiederentdeckten.

Traditionalisten bewerten die Moderne hingegen kritisch. Die islamische Tradition bis ins 19. Jahrhundert wird entweder als insgesamt weitgehend gut oder doch zumindest als bereits vor dem 19. Jahrhundert von Missbräuchen gereinigt angesehen. Verderbnis ist über die Muslime aus dieser Sicht durch die Übernahme nichtmuslimischer Sitten, vor allem seit dem späten 19. Jahrhundert, hereingebrochen. Von traditionellen Formen des Islams, die viele einfache Menschen in Dörfern und Städten der islamischen Welt praktizieren, unterscheidet sich der Traditionalismus dadurch, dass er nicht unhinterfragt ist, sondern Ergebnis einer bewussten Hinwendung zu einer bestimmten Praxis, die als islamische Tradition angesehen wird. Diese Praxis muss nicht in jedem Fall mit den Realitäten des vormodernen Islams, auf die sie sich beziehen, im Einklang stehen, die Anhänger des Traditionalismus gehen aber davon aus, dass sie das tun. Dass zur Legitimation einer bestimmten Praxis oder Überzeugung diese als uralte Tradition verstanden wird, ist ein häufiges Phänomen. In der Kulturgeschichtsschreibung spricht man hier mit Eric Hobsbawm von „erfundenen Traditionen“ (engl. *invented traditions*).

Aus der Sicht des *Islamismus* ist der Islam immer auch eine politisch-religiöse Ideologie. Eine unpolitische Religiosität ist für ihn nicht vorstellbar. Ziel des Islamismus ist eine islamische Revolution, dank derer dann eine islamische Gesellschaft durchgesetzt werden kann. Die Erlangung der politischen Herrschaft ist für Islamisten dabei zuweilen wichtiger als eine Umsetzung aller Einzelbestimmungen des islamischen Rechts, so wie es traditionell verstanden wurde. Islamisten können im Einzelfall Verfechter modernistischer Islamdeutungen sein. Das gilt insbesondere für linke Islamisten, die den Islam vor allem als Religion der sozialen Gerechtigkeit verstehen. In der Regel aber sind islamistische Bewegungen auf die Umsetzung strikter, konservativer Vorstellungen von islamischem Recht ausgerichtet. Manche machen zur Vorbedingung der Errichtung eines islamischen Staates die Islamisierung des Alltags der Menschen in den islamischen Ländern. Derartige meist konservative islamistische Gruppen gehören oft in das Spektrum der Salafisten (siehe Kap. 2.10) und werden in der Forschung zuweilen *Neofundamentalisten* genannt.

2.8.2 *Die Ursprünge des Modernismus*

Aus dem zuvor Gesagten ist deutlich geworden, dass es falsch wäre zu glauben, dass die Geschichte des islamischen Denkens im hohen Mittelalter zu einem Stillstand gekommen und erst durch die Begegnung mit der westlichen Moderne wieder aus ihrem Dornröschenschlaf erwacht ist. Vieles von dem, was die Reformer des 17. und 18. Jahrhunderts bewegt hat, wirkt vielmehr bis in unsere Gegenwart nach und ist zu einem wichtigen Element sowohl des Modernismus als auch antimodernistischer Bewegungen im zeitgenössischen Islam geworden. Das gilt etwa für das Ideal einer Rückkehr zur prophetischen Frühzeit unter Umgehung der eigenen Tradition, genauso aber für die Vorstellung, dass letztlich alle Probleme menschlicher Gesellschaften durch eine Bezugnahme auf den als perfektes und umfassendes System verstandenen Islam gelöst werden können.

Trotz dieser unbestreitbaren Bedeutung sowohl der klassischen theologischen Auffassungen der Muslime wie der fundamentalistischen Erneuerungslehren des 17. und 18. Jahrhunderts für den islamischen Modernismus des 19. und 20. Jahrhunderts ist es unstrittig, dass dieser im Wesentlichen ein Produkt der Auseinandersetzung muslimischer Denker mit der als westliches Importprodukt betrachteten Moderne darstellt. Das ergibt sich bereits aus der Definition des Begriffs „Modernismus“. Darunter wird nämlich in erster Linie muslimisches religiöses Denken verstanden, das eine weitgehende Übereinstimmung des Islams mit wesentlichen Werten dieser Moderne postuliert. Nur hier und da werden von Vertretern des Modernismus entweder Einzelerscheinungen der Moderne, etwa die westliche Sexualmoral oder die Evolutionslehre, als unislamisch aus der im Ganzen positiv bewerteten Moderne ausgeschieden (die westliche Sexualmoral wurde und wird im Übrigen seit dem 19. Jahrhundert von orientalischen Christen genauso verurteilt wie von ihren muslimischen Landsleuten). Im Regelfall werden die Produkte und Ideen der Moderne dagegen geschätzt und nicht selten sogar auf vermeintliche islamische Vorbilder zurückgeführt. Modernistische Islamdeutung ist seit dem 19. Jahrhundert vor allem unter Muslimen mit westlich geprägter Schulbildung verbreitet und stellt heute einen, wenn nicht *den* dominanten Diskurs unter Muslimen dar.

Auch vor dem 19. Jahrhundert ist die muslimische Welt und mit ihr die islamische Theologie und Rechtsgelehrsamkeit vielfach mit fremden Kulturen in Kontakt gekommen. In den seltensten Fällen jedoch haben die Muslime das, was sie kennen lernten, für der Übernahme wert befunden. Bereits im Koran ist davon die Rede, die Muslime bildeten die beste Gemeinschaft, die unter Menschen je entstanden sei (3,110). Spätestens seit der ʿAbbāsidenzeit war unter Muslimen die Überzeugung verbreitet, dass dies nicht allein in religiöser Hinsicht gelte, sondern dass auch darüber hinaus ihre Zivilisation den Gipfel der Menschheitsgeschichte darstelle. Was an anderen Zivilisationen wertvoll sei, und hier erkannte man durchaus eine Reihe von Kulturleistungen an, sei von diesen, insbesondere den Zivilisationen der alten Griechen und Perser, in lange zurückliegender Vergangenheit produziert worden und mittlerweile in die islamische Zivilisation integriert worden. Für die Gegenwart fremder Kulturen interessierte man sich nur hier und da, sicher nicht weniger als andere vormoderne Zivilisationen – für wirklich wichtig hielt man sie nicht.

Dies galt insbesondere für die Kultur der „Franken" genannten Westeuropäer, die den mittelalterlichen Muslimen (freilich lange Zeit auch den orthodoxen Byzantinern) wenig besser als Tiere erschienen waren. Seit der Osmanenzeit stieg das Interesse dann an ihnen langsam an. Einen wirklichen Schub erfuhr die Europabegeisterung unter den Osmanen schließlich im 18. Jahrhundert, als nicht nur europäische Militärtechnologie, sondern auch die Staatskunst und zeitweilig sogar die Architektur der „Franken" zunehmend als interessant und in vielen Fällen den eigenen Leistungen überlegen empfunden wurden.

Diese Europabegeisterung war bis weit ins 19. Jahrhundert hinein ein Phänomen, das überwiegend auf die politischen Führungsschichten des Osmanenreiches, Irans und des muslimischen Indien beschränkt blieb. Die Schichten, die die islamische Theologie trugen, nahmen die neuen Entwicklungen in der Regel nicht wahr und blieben ihren traditionellen Diskussionen und Themenfeldern verhaftet. Sehen wir von wenigen, zunächst folgenlosen Ausnahmen wie dem oben erwähnten al-Ǧabartī und seinem Umfeld ab, fand eine Auseinandersetzung mit der neuen Zivilisation Europas unter Religionsgelehrten praktisch nicht statt. Aber selbst in diesem Milieu konnte von einer tief greifenden Umformung religiöser Vorstellungen auf Grund der Begegnung mit der europäischen Moderne zunächst nicht die Rede sein. Al-Ǧabartī sympathisierte in Religionsfragen mit den Wahhābiten. Ein weiteres Beispiel für den zunächst begrenzten Einfluss der Begegnung mit Europa auf Theologie und Recht ist Rifāʿa aṭ-Ṭahṭāwī (1216–1290/1801–1878). Dieser hatte sich im Auftrag des reformorientierten ägyptischen Herrschers Muḥammad ʿAlī als Imam einer Studentendelegation in den Jahren 1241–1246/1826–1831 in Paris aufgehalten. Sein Bericht von seinem dortigen Aufenthalt zeugt von wacher Intelligenz und großer Offenheit für Neues. Doch trotz des großen Eindrucks, den die französische Zivilisation der Zeit auf ihn gemacht hat, blieben seine theologischen und rechtlichen Auffassungen ganz der traditionellen aš'aritischen Theologie verpflichtet, einschließlich ihrer Ablehnung jeder innerweltlichen Kausalität (siehe S. 82f.).

Das Gleiche gilt auch für seine Auffassungen vom islamischen Recht, das er, wie die meisten seiner Zeitgenossen und anders als die Anhänger der oben beschriebenen Reformbewegungen, weiter fest an die in den vier sunnitischen Rechtsschulen einmal gefundenen Lösungen binden wollte. Selbst unter Gelehrten mit engem Kontakt zu den modernen Bildungsschichten, die sich in den oberen Rängen der Bürokratie und im Militär herausbildeten (siehe Kap. 1.1.3), herrschten mithin in theologischen Fragen weiter traditionelle Auffassungen vor. Dies gilt umso mehr für solche Gelehrte, die, weitab von den sich modernisierenden Schichten in den Hauptstädten, in den Medressen der Provinzen der islamischen Welt tätig waren. Das zeigen etwa die Schriften führenden Damaszener Gelehrten Ibn 'Ābidīn (gest. 1251/1836), die ganz von den theologischen und vor allem rechtlichen Vorstellungen dominiert wurden, die seit dem Mittelalter in der islamischen Welt gängig waren.

2.8.3 Modernismus im kolonialen Indien: Saiyid Aḥmad Ḫān

Das früheste prominente Beispiel für eine modernistische Deutung des Islams ist der indische Gelehrte Saiyid Aḥmad Ḫān (1232–1315/1817 bis 1898), der im Jahr 1305/1888 von Königin Viktoria für seine Verdienste zum Ritter geschlagen wurde. Sir Saiyid Aḥmads Leben fällt in eine Zeit großen Umbruchs für die indischen Muslime. Die Briten waren in Indien, insbesondere in Bengalen, bereits seit dem 18. Jahrhundert präsent gewesen. Die Ostindische Kompanie, die bis zur Mitte des 19. Jahrhunderts Trägerin der britischen Herrschaft war, agierte jedoch formal im Auftrag der Mogulherrscher. Die indo-islamische Kultur, insbesondere die persische Sprache als Medium der Verwaltung, blieb auch in den Territorien unter britischer Kontrolle dominant. Die wichtige Rolle, die Muslime in der Verwaltung der indischen Staaten spielten, geriet nach dem indischen Aufstand gegen die Herrschaft der Ostindischen Kompanie von 1273/1857 ins Wanken. Die Verwaltung wurde aus der Hand der Ostindienkompanie in die Hand des britischen Staates überführt. Obwohl am Aufstand Hindus genauso wie Muslime beteiligt gewesen waren, gerieten insbesondere die Muslime in den Verdacht der Illoyalität gegenüber den britischen Kolonialherren.

Saiyid Aḥmad, der aus einer traditionellen muslimischen Beamtenfamilie stammte, hatte die für dieses Milieu typische literarische und religiöse Ausbildung durchlaufen.

Das Scheitern des Aufstandes und die Aussicht, auf unabsehbare Zeit unter britischer Herrschaft zu leben, veranlassten ihn zu einem neuen Nachdenken über die Gründe für den Erfolg der Briten und darüber, wie ihre Wissenschaften und Vorstellungen mit der islamischen Religion in Einklang gebracht werden könnten.

Er ging dabei von der Überlegung aus, dass es die Aufgabe der islamischen Theologie in seiner Zeit sei, entweder die Erkenntnisse der modernen Wissenschaft zu widerlegen, oder zu zeigen, dass sie im Einklang mit den Lehren des Islams standen. Da aus seiner Sicht die zivilisatorischen Leistungen des damaligen Europa auf einer von den indischen Muslimen (und Hindus) unerreichten Höhe standen, war es keine Frage, welche der beiden Möglichkeiten aus seiner Sicht den richtigen Weg darstellte: Er machte es sich zur Aufgabe, die Übereinstimmung von damaligem europäischen Denken und einer richtig verstandenen islamischen Lehre auf den Feldern des Rechts wie der Wissenschaft sowohl für seine Glaubensgenossen als auch für die Islamverächter unter den Europäern schlüssig darzulegen. Damit entwickelte er erstmals die Denkfiguren, die bis heute für den islamischen Modernismus typisch geblieben sind.

Im Bereich des Rechts war angesichts der oben skizzierten Probleme vor allem die Lehre vom Dschihad, die bis dahin in der Regel als militärischer Einsatz zur Unterwerfung der gesamten Welt unter die politische Herrschaft der Muslime und die Scharia verstanden worden war, reformbedürftig. Der Islam sollte in den Augen der Briten nicht mehr als eine kriegerische Religion, die Muslime nicht mehr als potenziell illoyale Untertanen erscheinen. Saiyid Aḥmads Lösung des Problems bestand darin, dass er die Pflicht zum Führen des Dschihad auf solche Fälle beschränkte, in denen die Muslime an der Ausübung der Riten ihrer Religion gehindert würden. Aus einem Kampf um die Eroberung der Welt wurde so ein Kampf, der allein zum Schutz der Religionsfreiheit zu führen war. Da diese in Indien unter britischer Herrschaft garantiert war, gab es für indische Muslime keinen religiösen Grund, sich gegen die Herrschaft der Briten zu erheben. Königin Victoria war für ihn mithin rechtmäßige Herrscherin von Indien. Für die indischen Muslime war es darüber hinaus aus seiner Sicht deutlich günstiger, sich weiter mit der christlichen britischen Oberhoheit abzufinden, als in einem potenziell unabhängigen Indien als Minderheit unter der Dominanz der Hindumehrheit zu stehen.

Auch in anderen Bereichen des Rechts kam Saiyid Aḥmad mit Hilfe seiner modernistischen Korandeutung und unter weitgehender Hintanstellung von Prophetenüberlieferungen, die seiner Auffassung hätten widersprechen können, zu ähnlichen Ergebnissen. Dies gilt etwa für die aus damaliger europäischer Sicht den Islam besonders diskreditierenden Frage der Erlaubtheit der Sklaverei. Der Kampf gegen muslimische Sklavenhändler in Afrika und im Indischen Ozean war im 19. Jahrhundert eine der Hauptstützen des moralischen Überlegenheitsgefühls der Europäer gegenüber den Muslimen. Muslimische Herrscher des späten 19. Jahrhunderts schlossen sich diesem Kampf an, um ihre Zugehörigkeit zur zivilisierten Welt zu erweisen. Das geschah gegen den oftmals erbitterten Widerstand der islamischen Rechtsgelehrten ihrer Länder, die die traditionelle Ansicht von der Erlaubtheit der Sklaverei verteidigten. Saiyid Aḥmad meinte nun zeigen zu können, dass die Sklaverei bereits durch den Koran verboten gewesen sei. Ähnlich wie seine neue Auffassung vom Dschihad ist auch seine Lehre in Fragen der Sklaverei bis heute unter Muslimen weit verbreitet.

Im Kontext der islamischen Theologie sind weniger diese Bemühungen um Reform des islamischen Rechts als die nach dem gleichen Prinzip erfolgende Ausdeutung der im Koran erwähnten Wunder von Belang. Aus der Sicht Saiyid Aḥmads konnte kein Zweifel daran bestehen, dass zwischen der göttlichen Schöpfung und seiner Offenbarung kein Widerspruch bestehen durfte. Werk und Wort Gottes waren zwei Seiten einer Medaille. Dies wurde im Prinzip auch von der traditionellen Theologie so gesehen. Ein gravierender Unterschied bestand aber darin, dass für Saiyid Aḥmad sehr bald nicht mehr das von den Gelehrten mit der Theologie abgestimmte Weltbild der Spätantike oder gar die kosmologischen Vorstellungen des *ḥadīṯ* relevant für Aussagen über die Natur waren, sondern vielmehr die Naturerkenntnis der modernen Europäer. Die von der modernen Naturwissenschaft entdeckten Naturgesetze seien von Gott verordnet und unabänderlich gültig. Dass Gott von Zeit zu Zeit die von ihm einmal erlassenen Gesetze aussetzen könnte, dass er seine Gewohnheiten durchbrechen könnte, wie die ašʿaritischen Theologen sagen würden, erschien im undenkbar. Alle Formen von Wunderglauben sind deshalb aus seiner Sicht abzulehnen.

Ein bekanntes Beispiel ist seine Ansicht, dass es sich bei den Dschinnen, den im Koran erwähnten Geistwesen, mitnichten um aus Feuer geschaffene Kreaturen eigener Art handele, die ja als solche der modernen Wissenschaft unbekannt sind, sondern schlichtweg um barbarische, unzivilisierte Menschen. Ähnlich wie moderne westliche Vorstellungen von Moral, etwa in der Frage des Verbots der Sklaverei, wird so auch die westliche Wissenschaft zum Maßstab der Auslegung des islamischen heiligen Textes. Alles, was zeitgenössischer Rationalität widerspricht, kann nicht islamisch sein, da der Islam gerade als Inbegriff dieser Rationalität angesehen wird.

Zu dieser Vorstellung, dass das Universum durch von Gott einmal als unabänderlich festgelegte Naturgesetze regiert werde, gehört auch seine Ablehnung von Bittgebeten. Ihre Wirkung liegt aus seiner Sicht keineswegs darin, dass Gott sich durch sie zu einer Änderung des Weltenlaufes bewegen lässt, sondern allein in der beruhigenden Wirkung, die sie im Gemüt des Gläubigen entfalten.

Trotz der offenkundig entscheidenden Bedeutung, die die westliche Moderne für Saiyid Aḥmads Deutung des Islams hat, wäre es falsch, nicht auch die vielfältigen Einflüsse aus der vormodernen Tradition auf sein Werk anzuerkennen, insbesondere der islamischen Philosophie und von rationalistischen theologischen Traditionen. Diese erklären sich nicht allein aus der von ihm und anderen frühen Modernisten genossenen traditionellen Erziehung. Sie bilden vielmehr zudem die Vehikel, mit der die in vielerlei Hinsicht völlig neuen Ideen der modernistischen Reformer in der islamischen Welt heimisch gemacht werden können. Auch in den auf Saiyid Aḥmad folgenden Jahrzehnten blieb daher in den Diskussionen zwischen Modernisten und Traditionalisten gerade im indischen Islam das reiche Erbe der mittelalterlichen islamischen Tradition noch lange präsent. Die von Saiyid Aḥmad propagierte Übereinstimmung von Islam und moderner Naturwissenschaft war im indischen Islam allerdings noch bis zur Mitte des 20. Jahrhunderts und in bestimmten Milieus auch darüber hinaus ausgesprochen strittig.

2.8.4 Muḥammad ʿAbduh

Die Probleme, denen sich Saiyid Aḥmad gegenübergesehen hatte, stellten sich in ganz ähnlicher Weise auch den Muslimen im Vorderen Orient. Wie die indischen Muslime sahen sie sich einerseits mit der Machtlosigkeit der eigenen Gesellschaften im Angesicht der europäischen kolonialen Expansion gegenüber, andererseits fanden sie sich mit Vorwürfen konfrontiert, an der schwierigen Lage ihrer Länder trügen der Islam und die ihm angeblich innewohnende Rückständigkeit Schuld. In dieser Situation hat sich im Vorderen Orient eine ganze Reihe muslimischer Autoren zur Verteidigung des Islams zu Wort gemeldet.

Am einflussreichsten unter ihnen war der ägyptische Gelehrte Muḥammad ʿAbduh (1265–1323/1849–1905). Im Unterschied zu vielen späteren Vertretern des modernistischen Islams, die weltliche Berufe erlernt haben, hatte er eine reguläre Ausbildung als islamischer Rechtsgelehrter durchlaufen und war sich vielleicht gerade deshalb der Notwendigkeit, die traditionellen Vorstellungen von Islam einer Prüfung zu unterziehen, besonders bewusst. An die Stelle des bis dahin üblichen Auswendiglernens oft unverstandener Formeln setzte er eine Deutung der Religion, die die gesellschaftlichen Probleme seiner Zeit in den Blick nahm. Eine wichtige Anregung war für ihn dabei die Begegnung mit Ǧamāl ad-Dīn al-Afġānī (1254–1314/1838–1897), dem bedeutendsten islamischen politischen Aktivisten der Zeit, auf den noch zurückzukommen sein wird. Al-Afġānī hatte sich in den 1870er Jahren für einige Zeit in Ägypten aufgehalten und dabei eine Gruppe junger Studenten, unter denen sich auch ʿAbduh befand, um sich geschart. Nachdem Muḥammad ʿAbduh Anfang der 1880er Jahre wegen seiner Opposition gegen den ägyptischen Khediven (den vom Osmanischen Reich de facto unabhängigen Herrscher Ägyptens) und dessen britenfreundliche Politik ins Exil hatte gehen müssen, hat er in Paris mit al-Afġānī zusammen eine Zeit lang die Zeitschrift *Al-ʿUrwa al-wuṯqā* (arab., „Das feste Band" in Anlehnung an 2,256) herausgegeben, die die Muslime angesichts der vom Imperialismus ausgehenden Bedrohung aufrütteln sollte. Muḥammad ʿAbduh wandte sich jedoch bald vom politischen Aktivismus ab. Sein Ziel war nun, auf dem Wege von gesellschaftlichen Reformen insbesondere im Bildungssektor die von ihm wahrgenommene Schwächephase der islamischen Kultur zu überwinden. Er kehrte 1305/1888 nach Ägypten zurück, wo er dann in verschiedenen Funktionen tätig war, u. a. als oberster Mufti des Landes, und auch mit Vertretern der britischen Kolonialherrschaft zusammenarbeitete.

Aus ʿAbduhs Sicht, die prototypisch für die Haltung der islamischen Modernisten ist, erklären sich die Probleme der Muslime aus ihrem Abweichen vom Vorbild des Propheten und seiner ersten Anhänger. Statt die Einheit der Muslime zu wahren, haben sie sich in zahlreiche Gruppen aufgespaltet, die verknöchert an der Nachahmung ihrer jeweiligen Schultradition festhalten. An die Stelle dieser blinden Nachahmung möchte ʿAbduh die Rückkehr zu den Quellen des Islams, wie er sie versteht, setzen: den Koran und die Handlungen des Propheten sowie der „frommen Altvorderen" (arab. *as-salaf aṣ-ṣāliḥ*, der Begriff *salaf* bezeichnet die unmittelbaren Prophetengefährten und ihre Nachfolger bis zwei Generationen nach dem Propheten; daher *salafīya*, „Salafismus", die Bewegung derer, die den *salaf* nacheifern, siehe Kap. 2.10). Die Maßstäblichkeit des Korans steht für ʿAbduh außer Frage. Allerdings sei er im Lichte der Vernunft zu lesen. Da, wo eine Aussage des Korans der Vernunft zu widersprechen scheint, muss sie im übertragenen Sinne verstanden werden. Auch die Verbindlichkeit der Prophetenüberlieferung und der Lehren der *salaf* stehen bei ihm unter einem Vorbehalt: Zwar sei die echte Überlieferung maßstäblich, doch ob eine Überlieferung echt ist, ist für ihn nicht bereits dadurch erwiesen, dass sie immer für echt gehalten wurde. Seine Richtschnur ist also letztlich weniger der

Islam der *salaf*, sondern vielmehr der in seinem, in ʿAbduhs Sinne gedeutete Koran, der für ihn allein Maßstab der Gültigkeit dessen ist, was von den *salaf* überliefert wird.

Die Zentralität, die ʿAbduh Koran und Verstand einräumt, seine Ansicht, dass auch in moralischen Fragen der Verstand zur Erkenntnis der Wahrheit in der Lage ist, stellt eine Abwendung von den Lehren der mittelalterlichen ašʿaritischen Theologie dar. Hierin einen direkten Rückbezug auf die Prinzipien der Muʿtazila zu sehen, die unter muslimischen Modernisten und von der älteren orientalistischen Forschung gerne als ʿAbduhs Vorbilder angesehen werden, ist allerdings allein schon deshalb problematisch, weil die Kenntnis der muʿtazilitischen Lehren zu seiner Zeit noch sehr rudimentär war. Man wird bei der Suche nach islamischen Quellen für ʿAbduhs Rationalismus die Rolle der in osmanischer Zeit im arabischen Raum verbreiteten maturīditischen Tradition Zentralasiens (siehe Kap. 2.4.3) in Erwägung ziehen müssen. Auch sie misst der menschlichen Ratio einen höheren Stellenwert bei als das Ašʿaritentum.

Die Islamdeutung ʿAbduhs ist – wie das ganze modernistische Denken – in starkem Maße von dem Bemühen geprägt, europäische Vorwürfe gegen den Islam zu entkräften. Er versucht darüber hinaus aufzeigen, dass den christlichen Europäern selbst die Dinge vorzuwerfen seien, mit denen sie den Islam konfrontieren. Die Gegner, denen er – wie auch sein zeitweiliger Mentor al-Afġānī – sich dabei gegenüber sieht, waren allerdings nicht allein Vertreter des westlichen Christentums. In einem nicht geringen Maße waren sie vielmehr von den antireligiösen wie den rassistischen geistigen Strömungen des europäischen 19. Jahrhunderts geprägt. Aus der Sicht vieler Europäer dieser Zeit war der diagnostizierte Rückstand der islamischen Welt nicht allein der Religion der Muslime geschuldet, sondern auch dem Umstand, dass sie, da sie überwiegend „Semiten", jedenfalls aber „Nichtarier" seien, ohnedies zu kreativen Kulturleistungen nicht in der Lage seien. ʿAbduh weist im Angesicht solcher Vorwürfe darauf hin, dass die „arischen" Europäer keineswegs schon immer Kulturträger gewesen seien, sondern vielmehr das Licht der Kultur bei ihnen im Mittelalter erst durch die Begegnung mit den „semitischen" Muslimen entzündet worden sei. Im Übrigen sei das Christentum, und nicht der Islam, eine Religion, die ganz auf das Jenseits gerichtet sei und das Arbeiten in der Welt ablehne. Es gründe sich auf Irrationalität und Wunderglauben, während der Islam eine Religion sei, die in jeder Hinsicht der Vernunft den Vorrang einräume. Wenn in der islamischen Geschichte Irrationalität und Intoleranz Platz gegriffen hätten, sei dies allein Folge eines Abweichens vom eigentlichen Kern der

Religion. Die europäische Moderne ist aus ʿAbduhs Sicht eine Revolte gegen die christliche Religion. Für Muslime dagegen bedeutet die Hinwendung zur Moderne eine Rückkehr zu den ursprünglichen Prinzipien des Islams, wobei freilich die Moderne von manchem Schmutz, der sie begleitet, noch gereinigt werden muss.

ʿAbduh spielt nicht allein als Neubegründer der Theologie unter den arabischen Muslimen eine große Rolle, sondern auch wegen seiner zahlreichen Rechtsgutachten, in denen er ein ums andere Mal die Kompatibilität von Islam und Moderne nachzuweisen sucht. Sein Einfluss auf den Islam der ersten Hälfte des 20. Jahrhunderts im Vorderen Orient kann kaum überschätzt werden. Von Marokko bis Syrien verehrten ihn zahlreiche Anhänger. Auch die indonesische Muḥammadīya-Reformbewegung, die sich die Erneuerung des Bildungswesens (aber genauso die Reinigung des indonesischen Islams von vorislamischen Einflüssen im Stil der oben skizzierten älteren Reformbewegungen) auf die Fahnen geschrieben hatte, ist von seinem Denken mitgeprägt.

Die Haltungen seiner Schüler waren dabei ausgesprochen weit ausdifferenziert. Von ʿAbduh führt ein Strang zu liberalen oder gar säkularistischen Weltbildern, wie sie in den Kreisen der intellektuellen Eliten der muslimischen Welt bis in die 1960er vorherrschend waren, ein anderer zum Islamismus der Muslimbrüder und zum heutigen konservativen Salafismus (siehe Kap. 2.10 und 2.11.2).

Die von ʿAbduh verfochtene Grundidee der prinzipiellen Identität von Islam und Moderne, z. B. von Islam und moderner Naturwissenschaft, hat auch außerhalb des arabischen Raumes weite Verbreitung gefunden. Dies ist nicht allein auf eine unmittelbare Rezeption der Schriften ʿAbduhs zurückzuführen, sondern hängt noch mehr damit zusammen, dass ähnliche Problemlagen zu ähnlichen Lösungen geführt haben. Das scheint etwa für Said Nursi (1293–1379/1876–1960) zu gelten, den Begründer einer der gegenwärtig erfolgreichsten religiösen Bewegungen in der zeitgenössischen Türkei. Eines der Hauptanliegen, das er in seinem ebenso umfangreichen wie oftmals schwer verständlichen Werk verfolgt, ist der Nachweis, dass das Buch Gottes und das, was er von der westlichen Naturwissenschaft seiner Zeit aufgenommen hat, miteinander nicht im Widerspruch stehen, dass vielmehr die Muslime zum Studium der Natur aufgerufen sind. Ihre Grenze findet die These von der Identität von Islam und Naturwissenschaft unter Nurcus (so heißen die Anhänger Nursis) allerdings bei der von ihnen abgelehnten Evolutionslehre (siehe S. 212f.).

2.8.5 *Modernistische Koraninterpretation*

Die Grundthesen des islamischen Modernismus sind heute weit verbreitet und zumindest in den modern gebildeten städtischen Segmenten der muslimischen Gesellschaften sicher Mehrheitsmeinungen. Der Islam und die Prinzipien der Moderne erscheinen als in jeder Hinsicht vereinbar. Islam steht nicht im Widerspruch zu den Menschenrechten, zu Demokratie und Freiheit, zu gesellschaftlichem Fortschritt oder naturwissenschaftlicher Erkenntnis. Der Umstand, dass die Muslime – trotz der aus der Sicht der Modernisten klaren Vorgaben des Korans – nicht selbst die heute gängigen Konzepte gesellschaftlicher Ordnung und naturwissenschaftlicher Erkenntnis entwickelt haben, wird, wie wir beispielhaft bei ʿAbduh sahen, damit erklärt, dass die Muslime irgendwann in ihrer Geschichte vom Weg der frommen Altvorderen abgewichen und in die Irre gegangen sind. Die Verantwortung für diese Abirrungen wird von vielen Modernisten der als abergläubisch und rationalitätsfeindlich abqualifizierten islamischen Mystik zugewiesen. In diesem Punkt, der Forderung nach einer Rückkehr zu den Quellen des Islams und der Ablehnung der Mystik als einer unislamischen Neuerung, treffen sich viele Modernisten und die Anhänger eines puritanisch-fundamentalistischen Reformislams im Stile der Wahhābiten. Die Nähe von ʿAbduhs Schüler und Mitarbeiter Rašīd Riḍā (1282–1354/1865–1935) zu diesen kommt also nicht von ungefähr.

Bereits seit dem frühen 20. Jahrhundert wird der Nachweis der Übereinstimmung von Islam und Moderne nicht mehr allein defensiv geführt. Viele Vertreter des Modernismus beanspruchen nun, dass der Islam nicht nur nicht im Widerspruch zur Moderne steht, sie betonen vielmehr offensiv, dass der Islam alle Errungenschaften der Moderne bereits zu Lebzeiten des Propheten verwirklicht habe. Die Übereinstimmung von Koran und Wissenschaft oder Koran und modernen Anschauungen von Gesellschaft wird so für Modernisten zu dem entscheidenden Beglaubigungswunder Muḥammads.

Ein Beispiel für derartige modernistische Argumentation im türkischen Islam der Gegenwart ist Zekeriya Beyaz (geb. 1356/1938). Dieser im Milieu des radikalen türkischen Nationalismus verwurzelte Gelehrte, der in den 1990er Jahren Dekan der Theologischen Fakultät der Universität Istanbul war, vertritt in seiner Schrift über *Islam und politische Ordnung* die Ansicht, dass der Koran (4,59) ein republikanisch-demokratisches Regierungssystem ausdrücklich fordert. In dem entsprechenden Vers heißt es: „Ihr Gläubigen! Gehorcht Gott und dem Gesandten und denen unter Euch, die Befehlsgewalt haben! Und wenn Ihr über eine Sache uneins seid, dann bringt sie vor Gott und seinen Gesandten, wenn

Beispiel modernistischer Korandeutung

Als Beispiel für die Argumentationsweise islamischer Modernisten hier die im Text angesprochene Erläuterung des türkischen Theologen Zekeriya Beyaz (zu 4,59): „Ihr Gläubigen! Gehorcht Gott und dem Gesandten und denen unter Euch, die Befehlsgewalt haben! Und wenn Ihr über eine Sache uneins seid, dann bringt sie vor Gott und seinen Gesandten, wenn ihr an den Jüngsten Tag glaubt."

„Wie im vorhergehenden Vers (in dem es um die Rückgabe anvertrauter Güter, für Beyaz aber um Staatsämter und um das Amt des *ḥakam*, arab. für das ‚Schiedsrichteramt', geht. Anmerkung des Verfassers) werden auch in diesem einige wichtige, grundsätzliche Besonderheiten des islamischen Systems der Republik, der Demokratie, in prägnanter Weise zum Ausdruck gebracht. Jeder Gerechte und Verständige, der diese Prinzipien untersucht, muss zugeben, dass der Islam ein republikanisches System im vollkommensten Sinne geschaffen, die noch heute von den Menschen gar nicht genug zu lobende Demokratie in ihren Grundprinzipien bereits vor 1400 Jahren hervorgebracht hat. Wir wollen die in diesen Versen vorliegenden Prinzipien kurz zusammenfassen:

1. *Ulülemir*: Im Koran wird den Regierenden der Titel ‚*ulülemir*' (arab. *ūlu l-amr*) gegeben. Das bedeutet ‚die mit Befehlsgewalt (ausgestattet sind). Die normale Bedeutung ist ‚Regierender, Beamter, Verwaltungsbeamter'. Es heißt nicht Kalif oder Sultan. Im ganzen Koran wird der Staatschef nie mit dem Titel eines Kalifen belegt. Vielmehr wird in diesem Vers den Regierenden einschließlich des Staatschefs eindeutig der Titel eines Befehlshabers (türk. *emir*, arab. *amīr*) gegeben (dass *amīr al-muʾminīn*, Befehlshaber der Gläubigen, der eigentliche Kalifentitel ist, übersieht Beyaz hier. Im türkischen Kontext geht es dem Autor darum, die Abschaffung des Kalifats durch die Reformen der Kemalisten in der Türkei der 1920er Jahre zu rechtfertigen. Anmerkung des Verfassers). Was wir damit sagen wollen, ist, dass gemäß dem Islam weder dem Staatschef noch anderen Regierenden die Eigenschaft eines Kalifen zugeschrieben wird, ein Begriff, den man mit ungewöhnlicher Bedeutung auflädt und als Vertreter Gottes oder des Propheten begreift. Genauso wenig wird ihm die Eigenschaft eines Sultans zugeschrieben, worunter ein Gewaltherrscher verstanden wird. Er wird einfach als Regierender beschrieben.
2. Es handelt sich nicht um eine einzige Person: In diesem Vers werden die Befehlshaber, denen man gehorsam sein soll, nicht im Singular genannt, sondern im Plural: *ulülemir*, d. h. Befehlshaber. Daraus folgt, dass der Islam nicht für die Herrschaft einer einzigen Person ist. Der Befehlshaber ist nicht einer, sondern sind mehrere. Es handelt sich

um die mit der Regierung Betrauten, die sich durchweg als eine sich durch ihre Eignung auszeichnende Elite darstellen.

3. Herrschaft des Rechts: In diesem Vers wird befohlen, Gott und seinem Propheten gehorsam zu sein. Gemeint sind zweifellos die Befehle und Verbote Gottes und des Propheten. Das heißt Gesetze und Vorschriften. Der Gehorsam gegen ‚die Regierenden unter euch' meint nun die von den Regierenden auf Grund der durch Zeit und Umstände gemäß den generellen Prinzipien erlassenen Befehle und Verbote, d. h. also ebenfalls die Gesetze und Vorschriften. Diese Feinheit kann man wiederum aus dem Wort *‚emir'* – Befehl (hier türk. für arab. *amr*. Anmerkung des Verfassers) –, das Bestandteil des *‚ulülemir'* ist, herauslesen. Also muss man den Koranvers so verstehen, dass die unter den Muslimen herrschenden Grundsätze die Grundsätze des Rechts sein müssen. Folglich kann vom Sultanat und der Diktatur einer einzelnen Person nicht die Rede sein. Die Herrschaft gehört den Gesetzen.
4. Unabhängigkeit: Dass es in dem Vers heißt ‚Gehorcht denjenigen von euch, die Befehlsgewalt haben', verweist auf einen sehr wichtigen Punkt. ‚Denjenigen von euch', d. h. gehorcht den Befehlshabern, die Muslime sind. Daher dürft ihr nicht unter die Herrschaft einer nicht muslimischen Nation geraten. D. h.: Gehorcht nicht den Feinden, geratet nicht in die Abhängigkeit der Feinde oder unter ihre Kolonialherrschaft; unterwerft euch ihnen nicht; seid frei und unabhängig; ihr sollt euch selbst regieren; gewinnt und bewahrt eure Unabhängigkeit! Genauso wenig wie unter der Herrschaft der Feinde viele (andere) islamische Vorschriften verwirklicht werden können, kann unter ihr ein republikanisches System verwirklicht werden.
5. Verfassungsgerichtshof: In dem Vers wird gesagt, dass, wenn in einer die Staatsgeschäfte, den Gehorsam betreffenden Frage ‚unter euch Streit aufkommt, dann übergebt diese Frage an Gott und den Propheten', d. h. an Koran und Sunna. D. h. wendet euch an das Grundgesetz, die Verfassung. Das bedeutet, geht nicht gleich zu Aufstand und Aufruhr über. Wer entscheidet, ob eine Streitfrage mit der Verfassung übereinstimmt? (...) Diese Institution nennt man nach heutigem Sprachgebrauch passenderweise Verfassungsgericht. Das Verfassungsgericht ist als Institution sehr schön und islamisch (...).

All dies sind sowohl die Grundlagen einer islamischen Republik als auch die Grundprinzipien dessen, was heute in der ganzen Welt als Demokratie bezeichnet wird und worauf man so stolz ist. Dass der Islam diese Prinzipien vor 1400 Jahren dargelegt hat, ist ein weiterer Beweis für die Wahrheit des Islams" (Beyaz 1991, S. 201ff.).

ihr an den Jüngsten Tag glaubt." Nach Beyaz enthält dieser Vers bereits „die Grundprinzipien dessen, was heute in aller Welt als Demokratie bezeichnet wird und worauf man so stolz ist" (siehe S. 132f.).

Aus dem doch sehr allgemeinen Vers „(...) die auf ihren Herren hören, das Gebet verrichten, sich untereinander beraten und von dem, was wir ihnen (an Gutem) beschert habe, Spenden geben, (...)" (42,38) lesen Modernisten etwa unter Missachtung der islamischen Exegesetradition heraus, dass der Koran bereits im 7. Jahrhundert ein parlamentarisches Regierungssystem vorgeschrieben habe. Dies sei zu einer Zeit geschehen, als man in Europa noch unter despotischen Herrschaften gelebt habe. Ganz wie in der Frühzeit des Islams die Schönheit der koranischen Sprache als Wunderzeichen Gottes gelten konnte, die die Echtheit der Botschaft beweisen sollte, werden nun westliche Gesellschaftsmodelle und Wissenschaft zu Kronzeugen des Islams.

Noch wichtiger als der Nachweis der wunderbaren Fortschrittlichkeit des Korans in gesellschaftlichen Fragen ist für die modernistische Apologetik der Gegenwart der *iʿǧāz ʿilmī*, die Behauptung, der Koran fordere nicht nur zum Betreiben naturwissenschaftlicher Forschungen auf, sondern enthalte selbst mehr oder weniger verschlüsselte Hinweise auf erst in allerjüngster Zeit entdeckte naturwissenschaftliche Erkenntnisse (arab. *tafsīr ʿilmī*, wörtl. „wissenschaftliche Koranexegese"). Die dabei meist mehr in den Koran hinein- als aus ihm herausgelesenen „wissenschaftlichen Fakten" wandeln sich dabei im Laufe der Zeiten. War im späten 19. Jahrhundert noch die Erfindung der Straßenbahn ungewöhnlich genug, um im Zuge der „wissenschaftlichen Koranexegese" im Koran wiedergefunden zu werden, geht es heute gerne um Fragen der Astrophysik und Biologie (siehe Kap. 3.5.3).

Alles Wissen scheint so in den religiösen Quellentexten enthalten. Wenn vormoderne islamische Denker davon ausgingen, alles relevante Wissen sei in Koran und Sunna zu finden, meinten sie dabei in der Regel, dass diese Quellen des Islams die islamisch-rechtliche Beurteilung aller Dinge in sich enthielten. Diese ist das für die Menschen relevante Heilswissen, d. h. das Wissen, das zu einem günstigen Jenseitsschicksal verhilft. Sie vertraten im Allgemeinen aber nicht die Ansicht, dass es außerhalb von Koran und Sunna überhaupt kein anderes weltliches Wissen gebe. Wie ist zu erklären, dass diese Denkfigur in Ansätzen bereits bei Muḥammad ʿAbduh, mehr aber noch bei späteren Modernisten wie etwa Beyaz und anderen eine so zentrale Rolle spielt?

Es geht den Vertretern des *tafsīr ʿilmī* oder muslimischen Denkern, die den Koran zum Ausgangspunkt des Parlamentarismus erklären, natürlich zunächst darum, die islamisch-rechtliche Erlaubtheit der

Errungenschaften der Moderne zu demonstrieren, indem sie sie in der eigenen Tradition wiederfinden. Dies ist im Prinzip tatsächlich dasselbe, was vormoderne muslimische Rechtsgelehrte getan haben, wenn sie auf dem Wege eines Analogieschlusses einen neuentdeckten Gegenstand nach den für das schon Bekannte geltenden Regeln beurteilten.

Analogieschluss (qiyās)
Der Analogieschluss ist ein Verfahren des islamischen Rechts, mit dem ein rechtlich noch nicht geregelter Bereich beurteilt werden kann, etwa ein Gegenstand, den es zur Zeit des Propheten noch nicht gab und für den es deshalb keine direkte Anweisung in Koran und Sunna geben kann. Man nimmt dann einen ähnlichen Gegenstand zur Hilfe und fragt, aus welchem Grund er in einer bestimmten Weise beurteilt wird. Kann dieser Grund (arab. *ʿilla*) auf den neuen Gegenstand übertragen werden, ist damit seine rechtliche Beurteilung geklärt. Der Koran verbietet z.B. den Weingenuss. Grund des Verbots ist die berauschende Wirkung des im Wein enthaltenen Alkohols. Folglich sind auch alle zur Zeit des Propheten noch unbekannten Getränke, die Alkohol enthalten, ebenfalls verboten.

Noch viel mehr als um die Legalisierung von Produkten und Institutionen der Moderne geht es aber um etwas anderes, das im Zusammenhang sowohl mit Saiyid Aḥmad Ḫān als auch mit Muḥammad ʿAbduh bereits angesprochen wurde. Die Modernisten müssen die Wahrheit des Islams in einer Epoche beweisen, in der sie erstmals seit der Frühzeit des Islams auch für Muslime nicht mehr vollkommen selbstverständlich sein konnte. Dabei spielen zum einen die Angriffe europäischer Islamgegner eine gewisse Rolle. Vor allem aber galt es, Zweiflern in den eigenen Reihen zu begegnen. Es war zu erklären, warum unter Anhängern des aus islamischer Sicht überholten Christentums, nicht aber unter Muslimen, der „beste(n) Gemeinschaft, die unter Menschen hervorgebracht wurde" (3,110), die Zivilisation der technischen und wissenschaftlichen Moderne entstanden war.

War der Islam durch den wissenschaftlichen Erfolg der Christen widerlegt? Seit dem 19. Jahrhundert erhob sich zudem noch weitergehend die Frage, ob religiöse Weltbilder überhaupt angemessene Welterklärungsmodelle bieten können. Gott wurde durch die Erfolge der Naturwissenschaft, mit den Worten des französischen Mathematikers Laplace, zu einer „überflüssigen Hypothese". Eine Gefahr stellte der Atheismus aus der Sicht islamischer Gelehrter vor allem seit der Mitte des 20. Jahrhunderts dar, als der Marxismus auch unter Intellektuellen in der islamischen Welt viele Anhänger fand. Die modernistische Form der Korandeutung bietet, selbst wenn sie aus der Sicht der historisch-kritischen Philologie problematisch ist, hier in zweifacher Hinsicht Abhilfe:

Zum einen, indem sie die Probleme der Muslime in der Gegenwart mit ihrem Abweichen vom wahren Islam des Ursprungs erklärt. Weltliche Niederlagen und Katastrophen als Strafe für das Abweichen von den Geboten Gottes zu erklären, gehört zu den gängigen Mustern des nahöstlichen Monotheismus seit den alttestamentarischen Propheten. Der Islam als eine Religion, in der alles, was in der Moderne positiv zu werten ist, enthalten ist, muss sich, anders als das westliche Christentum, nicht reformieren oder gar Teile der eigenen heiligen Schriften für irrelevant erklären, um in der Gegenwart zu bestehen. Er ist schon gar nicht widerlegt. Sein göttlicher Ursprung ist vielmehr gerade durch die erfolgreiche Moderne bewiesen, deren Prinzipien er angeblich schon immer verkündet habe. Von den Irrtümern der Tradition befreit, ist der Koran wieder die unfehlbare göttliche Richtschnur, an die sich die Gläubigen in einer sich ständig wandelnden Welt halten können. Eine historisch-kritische Deutung und Erforschung der Geschichte der eigenen Religion wird so überflüssig.

Zum anderen aber nehmen die hier skizzierten Denkmuster das durch den Import der Moderne von den nicht muslimischen Europäern erzeugte Gefühl der Erniedrigung hinweg, indem sie zeigten, dass all diese Errungenschaften ursprünglich bereits den Muslimen zu eigen gewesen waren. Die Europäer hätten ihren Zivilisationsstand nie erreichen können, wäre ihre Kultur nicht im Mittelalter von den Muslimen befruchtet worden. Im Grunde importieren die Muslime von den Europäern also nur, was ihnen eigentlich schon immer gehörte. Die letztgenannte Denkfigur – die Vorstellung also, dass das Positive an einer als bedrückend überlegen wahrgenommenen fremden Kultur in Wahrheit etwas Eigenes ist, das sich die Fremden nur vorübergehend angeeignet haben – ist in vielen menschlichen Gesellschaften in vergleichbarer Situation anzutreffen und in der Ethnologie gut untersucht.

Der anhaltende Erfolg modernistischer Islamdeutung liegt also letztlich in ihrer Fähigkeit begründet, für Gläubige in der Gegenwart befriedigende Antworten auf sie bedrängende Fragen zu liefern, ihnen das Leben nach den Maßstäben dieser Gegenwart zu ermöglichen, ohne dass sie dabei gezwungen sind, die eigene Identität bewusst zu opfern.

2.9 *Traditionalismus im modernen Islam am Beispiel der Türkei*

Nicht alle Muslime sympathisieren mit der Gleichsetzung von Islam und Moderne, wie sie von den Modernisten betrieben wird. Aus der Sicht mancher sind die Muslime daher auch nicht aufgerufen, sich an die Welt der Moderne anzupassen. Es gilt vielmehr, so viel wie möglich von dem zu bewahren, was die islamischen Gesellschaften vor der Begegnung mit dem Westen im 19. und 20. Jahrhundert ausgezeichnet habe. Eine solche Haltung wird hier Traditionalismus genannt. Das Bild der vormodernen islamischen Gesellschaften, das die Traditionalisten zeichnen, ist dabei vielfach ein ideologisch geschöntes und nicht immer mit dem identisch, was die historische Forschung über die tatsächlichen Lebensverhältnisse in der vormodernen islamischen Welt zeigt.

Der Traditionalismus ist sehr vielgestaltig. Er wird insbesondere an höheren islamischen Lehranstalten vertreten, die wie die Azhar-Universität in Kairo die vormoderne Tradition der islamischen Gelehrsamkeit als zentralen Bestandteil ihres Kurrikulums ansehen.

2.9.1 *Der türkische Staatsislam*

Im Folgenden wird als Beispiel eines traditionalistischen Islamverständnisses der Islam der staatlichen türkischen Religionsbehörde (türk. *Diyanet İşleri Başkanlığı*, wörtl. „Präsidium für Religionsangelegenheiten", kurz DİB) näher beleuchtet.

Für Anhänger dieses türkischen Traditionalismus ist der Islam der breiten Masse – auch der mystisch geprägte Islam, zumindest im Osmanischen Reich – bis ins 19. Jahrhundert hinein überhaupt nicht reformbedürftig gewesen. Erst das Hereinbrechen der westlichen Moderne hat ihrer Meinung nach die ideale islamische Gesellschaft, wie sie insbesondere im Osmanischen Reich und älteren islamisch-türkischen Reichsbildungen bestanden habe, deformiert. Aus heute in der Türkei weit verbreiteter Sicht war die osmanische Epoche davor dagegen eine den Türken zu verdankende Blütezeit der islamischen Kultur. Paradoxerweise hat auch die Politik der Kemalisten (Mustafa Kemal Atatürks und seiner Anhänger, vor allem in den 1920er und 1930er Jahren) dazu beigetragen, dass der von der Religionsbehörde vertretene Islam ausgesprochen traditionalistisch geblieben ist. Die Kemalisten wollten die Religion aus der Öffentlichkeit verbannen. Gleichzeitig förderten sie aber traditionalistische religiöse Gelehrte, so etwa den Korandeuter Elmalılı Hamdi (1295–1361/1878–1942). Traditionalisten wie er hielten sich nach Gründung der Republik aus der Politik heraus. Vertreter eines modernistischen Islams wären dagegen womöglich politisierter und deshalb aus der Sicht des Establishments gefährlicher gewesen.

Die Stärke des Traditionalismus im türkischen Islam hat aber nicht allein mit bewusster staatlicher Förderung zu tun. Es spielt auch eine Rolle, dass nach der Zerschlagung der religiösen Strukturen der Türkei durch die Kemalisten in den 1920er Jahren traditionalistische Sufigemeinschaften, insbesondere die Naqšbandīs, die Orte waren, an denen die islamische Lehre und Tradition bewahrt wurden. Sie waren zur Hand, als nach dem Zweiten Weltkrieg von staatlicher Seite der Wiederaufbau einer islamischen religiösen Infrastruktur betrieben wurde. Vertreter der von der Naqšbandīya und ihren Zweigorden geprägten Sufik bestimmten so seit dem Zweiten Weltkrieg auch das islamische Spektrum in der türkischen Politik. In den saudischen Wahhābiten, den gegenwärtig weltweit einflussreichsten Gegnern eines sufisch geprägten traditionalistischen Islamverständnisses, sieht man Feinde des Glaubens. Auch modernistische Positionen haben es angesichts eines verbreiteten Gefühls der Bedrohung des Glaubens durch eine von vielen als atheistisch wahrgenommene Staatsmacht nicht leicht. Prominente Vertreter solch „liberal“-modernistischer Positionen wie der oben erwähnte Zekeriya Beyaz gelten in der Türkei oft als zu staatsfromm und unseriös und finden deshalb wenig Gehör.

Die theologischen Positionen, die von der Religionsbehörde vertreten werden, entsprechen in Form und Inhalt den seit Jahrhunderten üblichen Lehren. Das gilt sowohl für die Frage der Willensfreiheit wie für die Lehre von Gott und seinen Attributen. Ganz im Stil der klassischen islamischen Glaubensbekenntnisse werden im von der Religionsbehörde herausgegebenen Katechismus (türk. *İlmihal*) in Form von Listen die göttlichen Attribute aufgezählt, an die zu glauben oder nicht zu glauben für den Muslim verbindlich sei. Dass für den heutigen Leser eines solchen Textes nicht leicht ersichtlich ist, was derartige Aussagen eigentlich bedeuten sollen, scheint dabei keine Rolle zu spielen: „‚Kelam‘ heißt Reden und Sprechen. Dank dieses Attributs hat Gott auf die Propheten Bücher herabgesandt, mit manchen von ihnen auch gesprochen. Über die genaue Natur dieser unerschaffenen Rede können wir keine Aussagen machen. Es handelt sich nicht um Laute und Buchstaben“ (*İlmihal*, Bd. 1, S. 91).

Doch nicht immer wird über die unsichtbare Welt mit gleicher Abstraktheit gesprochen. Die Veröffentlichungen der Religionsbehörde vermeiden z. B. hinsichtlich der Geisterlehre metaphorische Umdeutungen. So erfährt man über die Natur der Dschinnen wie des Teufels alles, was der Koran über diese Geschöpfe bereithält. Dazu gehört immerhin auch, dass diese den Menschen schaden können. Um sich vor ihnen zu schützen, soll man, so die Behörde, allerdings keinesfalls betrügerische Geistheiler aufsuchen, sondern vielmehr seine Zuflucht zu den einschlägigen Koranversen nehmen, die in der klassischen *ḥadīṯ*-Sammlung des al-Buḫārī (gest. 256/870) für solche Zwecke empfohlen werden.

Im Zusammenhang mit der Engellehre werden von der Religionsbehörde kosmologische *ḥadīṯe* herangezogen, um Naturphänomene zu erklären. So klärt eine Schrift die Leser auf, dass der im Koran gar nicht erwähnte Engel Mikāʾīl Wind und Wetter steuert. Während Modernisten den Einklang des Islams mit der modernen Naturwissenschaft betonen, werden hier also die mythologischen Bilder des kosmologischen *ḥadīṯs* zur nach wie vor relevanten Glaubenslehre erklärt.

Im Unterschied zur hier von der Religionsbehörde vertretenen traditionalistischen Deutung dieser Texte sind vielen Modernisten seit dem späten 19. Jahrhundert die Aussagen des Korans und mehr noch der Prophetenüberlieferung zu Dschinnen und anderen Geistwesen ein Dorn im Auge. Man bemüht sich um eine im Einklang mit der modernen Naturwissenschaft stehende Umdeutung solcher Koranstellen oder meint, sie seien für die Gläubigen nicht weiter relevant. Die von Geistwesen handelnden oder mit Kosmologie befassten Prophetenüberlieferungen (siehe S. 205f.) nimmt man unter Modernisten, soweit es geht, nicht mehr wahr.

Typische Elemente des Modernismus finden sich nur selten in Texten der Behörde, etwa wenn sie die Menschenrechte für den Islam reklamiert. Im Westen Frucht einer langen und schwierigen historischen Entwicklung, haben sie, folgen wir dem Katechismus des Diyanet, im Islam seit Anbeginn gegolten. Insbesondere in der Abschiedswallfahrt habe der Prophet die Menschenrechte eingefordert, indem er bei den Männern die Achtung der legitimen Rechte ihrer Frauen angemahnt, die Unantastbarkeit von Leben, Eigentum und über das Sexuelle definierter Ehre festgeschrieben und schließlich an die gemeinsame Herkunft aller Menschen von Adam erinnert habe. Aber auch hier besteht ein Unterschied zu den Ansichten der Modernisten. Diese sind, wie wir sahen, fixiert auf die Frühzeit des Islams, dessen wahre Botschaft dann im Laufe der Jahrhunderte verschüttet und erst in der Moderne wieder entdeckt worden sei. Die Religionsbehörde geht dagegen davon aus, dass die traditionelle islamische Gesellschaft immer so stark durch Koran und Sunna geprägt gewesen sei, dass in ihr die Menschenrechte im Wesentlichen zu allen Zeiten gegolten hätten.

Die positive Bewertung der islamischen Tradition schließt auch problematische Gebiete wie die Frage der Stellung der Frau mit ein. Das traditionelle Verständnis islamischer Normen wird dabei keinerlei Kritik unterzogen. Traditionelle Normen werden allerdings zuweilen anders bewertet und dann positiv mit älteren oder aktuellen westlichen Verhaltensweisen oder Normen kontrastiert. Angesichts der Erniedrigung der Frauen in der europäischen Gesellschaft bis ins 19. Jahrhundert, so heißt es in dem schon erwähnten Katechismus, sei es dort als Reaktion zu einem sozialschädlichen Feminismus gekommen: „Eine Frau, die sich dem Feminismus verschreibt, gibt in grenzenlosem Freiheitsstreben nichts auf eine ganze Anzahl für das Bestehen der Familie unverzichtbarer Regeln und Werte. Die Vorstellung, ganz nach freiem Belieben leben zu dürfen, die doch in keinem Bereich des menschlichen Soziallebens Geltung beanspruchen kann, wird zum höchsten Wert und zur über allen anderen stehenden Regel erhoben" (*İlmihal*, Bd. 2, S. 323f.). Die Frau vergesse so ihre Pflichten gegenüber Mann und Kindern. Auf die Männer im Allgemeinen wirke sich dieses Verhalten der Feministinnen dahingehend aus, dass sie sich leichter scheiden ließen. Opfer dieses „Feminismus" sind damit diejenigen Frauen, die in einer schwachen sozioökonomischen Lage nach der Zerstörung ihrer Familie auf sich allein gestellt sind.

Der Islam habe dagegen die Frauenfrage richtig gelöst. In religiöser Hinsicht stelle der Islam die Frauen vollkommen gleich. In rechtlicher Hinsicht gibt es Unterschiede, die durch die andere Natur der Frau jedoch gerechtfertigt seien. Aus Sicht der Religionsbehörde ist innerhalb der Ehe ein hierarchisches Verhältnis von Mann und Frau durch die Sunna vorgegeben und wird nicht in Frage gestellt. Wo die traditionellen Normen der Scharia eingehalten wurden, war ein gerechtes Verhältnis der Geschlechter stets garantiert. In der islamischen Gesellschaft seien diese Normen bis in die Moderne immer praktiziert worden, weshalb der Feminismus mit all seinen schädlichen Auswirkungen, von denen wir eben lesen konnten, in der islamischen Welt auch überflüssig war und folglich – ähnlich wie die systematische Diskussion über die Menschenrechte – gar nicht erst aufkommen konnte. In jüngerer Zeit allerdings habe sich das geändert: Unter dem Einfluss von westlichen oder vom Westen inspirierten Autoren droht das ein gerechtes Geschlechterverhältnis garantierende islamische Wertesystem in der Türkei aus den Fugen zu geraten.

In der Darstellung von Juden- und Christentum ist die Religionsbehörde der traditionellen polemischen Literatur verpflichtet. Das ist nicht ungewöhnlich. Was den Dschihad betrifft, folgt die Religionsbehörde einerseits der modernistischen Neuformulierung und versteht den Dschihad als rein defensiven Kampf gegen äußere Angreifer. Dass es in der Geschichte auch andere Positionen gab, wird im großen Katechismus der Behörde, der sonst abweichende Meinungen unter Muslimen ausführlich darstellt, nicht erwähnt. Man gewinnt den Eindruck, die modernistische Position zum Dschihad sei traditionell islamischer Konsens gewesen.

Die defensive Umdeutung des Dschihad-Begriffs heißt nicht, dass der heilige Kampf nicht eine zentrale religiöse Pflicht wäre. Der Dschihad und die individuelle Vorbereitung darauf durch sportliche Ertüchtigung, das Lob des Glaubenskämpfertums und vor allem des Opfergeistes der Märtyrer sind ein in vielen Veröffentlichungen und Predigten der Behörde häufiges Thema.

Bei der Propagierung der Wehrhaftigkeit durch die Behörde mischt sich islamisch definierter Kampfgeist mit türkischem Nationalismus. Dabei scheint der eigentlich propagierte streng defensive Dschihadbegriff in den Hintergrund gedrängt. Die Türken haben, so wird gerühmt, im Namen des Islams nicht nur Ketzer niedergekämpft und gegen Byzantiner und Kreuzfahrer den Glauben verteidigt; sie haben auch freudig ihr Blut gegeben, um für den Islam in Ost und West Länder zu erobern. Doch wird hinzugefügt, dass, wenn die muslimischen Türken fremde Länder dem Islam unterworfen hätten, dies immer nur in legitimer Verteidigung geschehen sei.

Nicht allein die Motive aller von Türken geführten Kriege waren aus dieser Sicht also anständig, die Türken haben sich auch nach dem Sieg immer vorbildlich verhalten. Die Türken hätten die von ihnen unterworfenen Länder nicht wie die Imperialisten zu Kolonien gemacht. Sie hätten vielmehr, wo immer sie herrschten, Wissenschaft und Zivilisation verbreitet, gerecht regiert, seien den Angehörigen anderer Religionen mit Achtung begegnet und hätten niemanden unterdrückt oder ein Unrecht zugefügt. Auch in Hinblick auf die Beziehungen zu den Nichtmuslimen ist die von den Türken verkörperte vormoderne islamische Tradition in dieser Sicht frei von Fehlern – eine Reinterpretation des traditionellen Verständnisses der Religion ist überflüssig.

In der Frage, welches politische System dem Islam am angemessensten ist, vermeiden die Schriften der Religionsbehörde klare Festlegungen. Es wird ausdrücklich darauf verwiesen, dass Muslime in der Geschichte meist monarchischen Staatsformen den Vorzug gegeben haben. Nach der Zeit der Rechtgeleiteten Kalifen sei es dabei zu einer Trennung von politischer und religiöser Gewalt gekommen. Diese sei dann durch die nicht allein auf dem Schwert, sondern auch auf der Einsetzung durch die Gelehrten beruhende Übertragung der Kalifenwürde auf den osmanischen Sultan Selim I. (reg. 918–926/1512–1520) wieder überwunden worden. Als dann im 19. Jahrhundert in der islamischen Welt die Idee einer Verfassung aufkam, habe man erkannt, dass das Kalifat keine zwingende Regierungsform für die Muslime sei.

Aus Sicht der Religionsbehörde stellen Koran und Sunna nur sehr allgemeine Regeln für die politische Organisation der Muslime auf. Der Prophet habe hier klare Vorgaben bewusst vermieden. Das politische System muss effektiv sein und die Menschenrechte garantieren können. In der Gegenwart geschehe dies am effizientesten durch ein demokratisches System, insofern sei das demokratische System für die Muslime zurzeit am angemessensten. Die im Koran postulierte *ḥakīmīya* (hier als „Souveränität" verstanden) Gottes stehe dem Prinzip der Volkssouveränität dabei nicht im Wege. Denn diese Souveränität Gottes sei eine metaphysische, d. h. auf die Welt als Ganzes und nicht auf politische Gemeinschaften bezogene. Mit Volkssouveränität sei dagegen gemeint, dass die Herrschaft allen Menschen in der islamischen Gemeinde in gleichem Maße gebühre. Dies sei keineswegs ein neuer Gedanke, sondern, von den Schiiten abgesehen, unter den Muslimen immer die herrschende Meinung gewesen.

2.9.2 Andere Strömungen des traditionalistischen Islams in der Türkei

In dieser Frage weicht die Position der Religionsbehörde deutlich vom Islamverständnis im politisch oppositionellen Teil des traditionalistischen Spektrums der Türkei ab. Für diesen stand in den 1970er und vor allem in den 1980er Jahren die stark von einem Istanbuler Zweig des Naqšbandī-Ordens inspirierte Millî-Görüş-Bewegung, die hauptsächlich mit dem Namen Necmettin Erbakans (geb. 1345/1926) verbunden wird. Necmettin Erbakan war Vorsitzender von auf Grund zwischenzeitlicher Verbote unter verschiedenen Namen firmierenden Parteien, deren Ideologie sich seit den frühen 1970er Jahren aber kaum gewandelt hat. Kurzzeitig war er türkischer Ministerpräsident, wurde dann aber 1997 von den Militärs, die sich als Wächter des türkischen Laizismus verstehen, aus dem Amt gedrängt.

Unter den Anhängern der Millî-Görüş-Bewegung hat man lange Zeit die Souveränität Gottes und die Volkssouveränität als Gegensätze angesehen. Dem Muslim obliege, sich für die Souveränität Gottes zu entscheiden. Demokratie sei höchstens ein Instrument, diese Souveränität Gottes durchzusetzen. Von politischen Fragen abgesehen, entspricht das Islambild von Millî Görüş demjenigen, das auch von der Religionsbehörde vertreten wird: Die Lehre und Praxis des vormodernen Islams war frei von Fehlern. Er bot, insbesondere in seiner osmanischen Variante, den Rahmen einer idealen Gesellschafts- und Weltordnung. Auch die islamische Mystik wird, zumindest in ihren schariatreuen Strömungen, positiv bewertet.

Einen entscheidenden Unterschied gibt es im Geschichtsbild zwischen dem staatstreuen Traditionalismus der Religionsbehörde und dem im oppositionellen Millî-Görüş-Milieu vertretenen Islam allerdings doch: Die Vertreter der Millî-Görüş-Ideologie meinen zeigen zu können, wie es dazu kommen konnte, dass die offenkundig ideale islamische Gesellschaft des Osmanischen Reiches ab dem 19. Jahrhundert auf den falschen Weg gekommen ist. Nach Ansicht Necmettin Erbakans und seiner Anhänger trägt eine Clique von Freimaurern und *dönmeler* (türk., „Konvertiten"), den Nachkommen der im 17. Jahrhundert zum Islam übergetretenen Anhänger des jüdischen Messias Sabbatai Sevi, daran Schuld. Sie hätten dafür gesorgt, dass die türkischen Muslime sich nicht mehr auf die eigene Tradition verlassen, sondern begonnen haben, die falschen Wege des Westens nachzuahmen. Auf diese Weise wurde der islamische Staat beseitigt und die Türkei den Interessen der Feinde ausgeliefert.

Als Organ des kemalistischen Staates kann die Religionsbehörde selbstverständlich keine Erklärung für die von Mustafa Kemal vollendete Abkehr von den Prinzipien der angeblich heilen, traditionell-islamischen Welt des Osmanischen Reiches im Sinne der Millî-Görüş-Ideologie anbieten. Warum diese Abkehr vollzogen wurde, bleibt in ihren Verlautbarungen offen.

Die Millî-Görüş-Bewegung spielt auch im europäisch-türkischen Islam eine große Rolle. Inwiefern sie sich von den ideologischen Positionen der Bewegung in der Türkei mittlerweile abgesetzt hat, ist strittig. Es erscheint naheliegend, dass die Teile der Lehre, die einen starken Bezug zu türkischen Verhältnissen aufweisen, die in der Lebenswirklichkeit der Anhänger in Deutschland aber keine Rolle spielen, an Bedeutung verlieren. In der Türkei selbst hat sich die Millî-Görüş-Bewegung mittlerweile gespalten. Die in der „Partei für Gerechtigkeit und Entwicklung" (türk. *Adalet ve Kalkınma Partisi*) unter Führung des gegenwärtigen (2010) Ministerpräsidenten Recep Tayyip Erdoğan (geb. 1373/1954) zusammengeschlossene große Mehrheit ihrer Anhänger und Führer scheint ihren Frieden mit der liberalen Demokratie gemacht zu haben. An die Stelle des für viele Menschen in der Türkei abschreckenden islamistischen Radikalismus Necmettin Erbakans setzt die *AK Parti* (oder AKP, die vorgenannte Abkürzung wird von den Anhängern bevorzugt) ein breites Bündnis gesellschaftlicher Gruppen bis hin zu säkularistischen Liberalen. In gesellschaftlich-politischer Hinsicht wird an die Stelle von Feindschaft gegen die Moderne und die nicht islamische Welt eine selbstsichere Offenheit gestellt. Diese Öffnung passt zum zunehmenden Erfolg vieler die Partei stützenden gesellschaftlichen Segmente in der globalisierten Weltwirtschaft.

Auf der anderen Seite ist eine traditionelle, insbesondere auch sufische Religiosität unter ihnen nach wie vor weit verbreitet. Die von der Regierung verfochtene Politik des Ausgleichs liegt ideologisch auf der Linie der auf Said Nursi zurückgehenden Nurcu-Gemeinschaft Fethullah Gülens (geb. 1360/1941). Ministerpräsident Recep Tayyip Erdoğan selbst dagegen ist ein bekennender Anhänger des Naqšbandī-Ordens.

Als Beispiel für ein sich bewusst auf die Traditionen des Sufismus und der sunnitischen Rechtsschulen beziehenden Islamverständnisses wurden hier der Islam der staatlichen türkischen Religionsbehörde und der ihr theologisch verwandten Millî-Görüş-Bewegung näher vorgestellt. Es ist aber, das sei zum Schluss noch einmal betont, keineswegs so, dass ein Islam, in dem – anders als im salafistischen oder modernistischen Islamverständnis – Mystik und die klassischen Rechtsschulen nach wie vor positiv bewertet werden, heute nur in der Türkei zu finden ist. Viele der in der Gegenwart erfolgreichsten islamischen Bewegungen überall in der Islamischen Welt sind diesem Spektrum zuzuordnen, das gilt etwa auch für den Mūrīdīya-Orden im Senegal oder die Barelwis in Indien und Pakistan.

2.9.3 Die Schule von Deoband: Traditionalismus in Indien und Pakistan

Gleichsam als Gegenstück von Saiyid Aḥmad H̱ān (siehe Kap. 2.8.3) gründete Rašīd Aḥmad Gangōhī im Jahr 1283/1866 die *Dār ul-ʿulūm* (arab., „Haus der Wissenschaften") genannte Schule von Deoband, die im Laufe der folgenden Jahrzehnte Zweigstellen an vielen Orten vor allem Indiens und Pakistans eröffnete. In Deoband verfocht man eine ebenso strikte wie konservative Auslegung des Islams nach den traditionellen Lehren der ḥanafitischen Rechtsschule. Feindschaft gegen die islamische Mystik gehörte (und gehört) nicht zur Lehre von Deoband. Gegner waren vielmehr Modernisten vom Schlage eines Saiyid Aḥmad H̱ān und die in Indien seit dem späten 19. Jahrhundert zumeist publizistisch sehr präsente Bewegung der *Ahl-i Hadīṯ* (pers./Urdu, „Anhänger der Prophetenüberlieferung"). Diese lehnten (ähnlich wie die konservativen Salafisten andernorts) die traditionellen Lehren der Rechtsschulen ab und meinten, die Religion allein auf Koran und Sunna gründen zu können. Aus der Sicht der Deobandīs war das inakzeptabel. Man beschimpfte die *Ahl-i Hadīṯ* folglich als Wahhābiten, deren Name im frühen 20. Jahrhundert noch einen ausgesprochen schlechten Klang unter den meisten Muslimen hatte.

Die Schule von Deoband übt dank ihrer zahlreichen Lehreinrichtungen einen großen Einfluss auf den südasiatischen Islam aus. Aus ihr sind insbesondere zwei Bewegungen hervorgegangen, die auch über die Region hinaus von Bedeutung sind: die *Tablīġī Ǧamāʿat* (Urdu, „Missionsgesellschaft“) und die *Ṭālibān* (pers., „Religionsstudenten“).

Die *Tablīġī Ǧamāʿat* genannte Vereinigung versucht, ihr ebenso striktes wie apolitisches Islamverständnis weltweit auf dem Wege der friedlichen Mission zu verbreiten. Während der Islam der *Tablīġī Ǧamāʿat* so allenfalls indirekt politisch wirksam wird, stellen die Ṭālibān in Afghanistan und Pakistan eine vorrangig politische Bewegung dar. Sie gehen auf die von pakistanischen Deobandis zur Ausbildung von afghanischen Flüchtlingen gegründeten Schulen mit ihrem ausgesprochen rigiden Islamverständnis zurück. Zur Entstehung der Ṭālibān gehören freilich neben den Einflüssen aus Deoband auch die politischen Umstände des afghanischen Bürgerkriegs und darüber hinaus die Stammesstrukturen der paschtunischen Gesellschaft, die beide hier nicht behandelt werden können.

Esoterischer Traditionalismus im Islam

Mit dem Begriff Traditionalismus wird im zeitgenössischen Islam auch eine esoterische Schule belegt, die im Anschluss an die zum Islam übergetretenen europäischen Denker René Guénon (1886–1951) und Frithjof Schoun (1907–1998) im Islam, insbesondere in der Sufik, eine aus ihrer Sicht in der europäischen wissenschaftlichen Tradition verschüttete ewige Weisheit aller Religionen und Philosophien am Leben sieht. Bedeutende Vertreter dieser Schule sind der iranische Philosoph und Wissenschaftshistoriker Seyyed Hossein Nasr (arab. Saiyid Ḥusain Naṣr, geb. 1933), Martin Lings (1909–2005), der durch eine unter Muslimen sehr geschätzte Biographie des Propheten Muḥammad hervorgetreten ist, und der Sufik-Forscher Titus Burckhardt (1908–1984).

Diese Gruppe unterscheidet sich von dem hier anhand des Islamverständnisses der türkischen Religionsbehörde exemplifizierten Traditionalismus und den Ansichten der Wahhābiten und verwandter Gruppen dadurch, dass es sich beim *sophia perennis* (lat., „ewige Weisheit“) genannten esoterischen Traditionalismus um eine von aus verschiedensten Quellen, insbesondere auch indischen und platonischen Traditionen, gespeiste Lehre handelt und der Islam von ihren Anhängern nur als eine von mehreren Ausdrucksformen dieser ewigen Wahrheit angesehen wird.

2.10 *Der antimodernistische Salafismus*

Eine Ablehnung der Moderne bedeutet nicht unbedingt, dass die entsprechenden Denker der islamischen Tradition gegenüber eine so positive Haltung an den Tag legen wie die türkische Religionsbehörde, die Deobandīs oder viele konservative Gelehrte der Azhar-Universität in Ägypten.

Das wichtigste Beispiel für eine sowohl die Moderne als auch die islamische Tradition ablehnende Vorstellung von Islam ist die Lehre

salafīya

Der Begriff Salafismus ist im zeitgenössischen Islam ausgesprochen schillernd. Unter Salafismus (arab. *salafīya*), also der Bewegung derer, die beanspruchen, den frommen Altvorderen (arab. *as-salaf aṣ-ṣāliḥ*), d. h. den Prophetengenossen und den beiden nächstfolgenden Generationen nachzueifern, versteht man im zeitgenössischen Islam zwei Richtungen. Zum einen das Islamverständnis Muḥammad ʿAbduhs und seiner Schüler. Dieses ist überwiegend modernistisch, d. h. von der Vorstellung einer grundsätzlichen Übereinstimmung der (westlichen) Moderne mit dem „wahren" Islam geprägt.

Neben diesem modernistischen Salafismus gibt es eine konservative Strömung gleichen Namens. Dieser konservative Salafismus vertritt eine die islamische Ordensmystik und die Rechtsschulen genauso wie die Moderne ablehnende, in ihrer Praxis außerordentlich strenge Vorstellung von Islam, die seine Vertreter als unmittelbare Umsetzung des Islams der *salaf* ansehen. Zu dieser sich in der Tradition Ibn Taimīyas sehenden Bewegung zählen sich auch die Wahhābiten. In der wissenschaftlichen Literatur wird allerdings in der Regel zwischen den saudischen Wahhābiten, die sich durch eine enge Bindung an das dortige Königshaus auszeichnen, und Gruppen mit lockerer oder gar nicht vorhandener Bindung an das Regime in Saudi-Arabien differenziert, die dann zuweilen in Unterscheidung von den Wahhābiten als Salafisten im engeren Sinn bezeichnet werden.

Einen Verbindungsstrang zwischen der modernistischen *salafīya* Muḥammad ʿAbduhs und den Wahhābiten sowie den übrigen Strömungen der konservativen *salafīya* bildet der konservative, seine Kompromisse mit der westlichen Moderne skeptisch betrachtende Flügel von Muḥammad ʿAbduhs Anhängerschaft. Bereits ʿAbduhs Schüler Rašīd Riḍā hat die Nähe der Wahhābiten gesucht, mit denen er sich in seiner Kritik an der islamischen Mystik einig wusste.

des konservativen salafistischen Islams, der mit dem saudischen Wahhābitentum verbunden ist und der mit der modernistischen *salafīya* Muḥammad ʿAbduhs nicht verwechselt werden darf.

Die Wahhābiten und die anderen Anhänger der konservativen *salafīya* sind nicht traditionalistisch im hier definierten Sinne: Sie gehen nicht davon aus, dass die muslimischen Gesellschaften vor der Begegnung mit der westlichen Moderne im 19. Jahrhundert heil waren. Sie sind vielmehr fundamentalistisch, da für sie die Idee kennzeichnend ist, man könne zur heilvollen Frühzeit des Islams zurückkehren, deren segensreiche Lehren im Laufe der Geschichte beinahe verloren gegangen seien. Bereits Ibn Taimīya, in dessen Tradition sie sich in der Regel sehen, und später seine Nachfolger vor allem seit dem 18. Jahrhundert haben aus dieser Sicht der wahren islamischen Tradition wieder zum Durchbruch verholfen: zunächst in Auseinandersetzung mit den Abirrungen anderer Muslime, dann in Abwehr der westlichen Moderne.

Der Islam der Wahhābiten und der anderen konservativen Salafisten hat immer auch elitäre Züge. Ein großer Teil der sich als Muslime bezeichnenden Menschen machen sich aus ihrer Sicht, wie wir sahen, der Sünde des *širk* („Vielgötterei", Verehrung von Heiligengräbern u. Ä.) schuldig und haben sich insofern eigentlich sogar vom Islam abgewandt. Dieser Vorwurf wird von wahhābitischer Seite traditionell gegen alle andersgläubigen Muslime erhoben. Im 20. Jahrhundert wurde er vor allem gegen die im saudischen Staat zahlreichen Schiiten gewendet. Die Wahhābiten lehnten lange nicht nur alle Formen von Heiligenkult und aus ihrer Sicht unislamischer moderner Gesellschaftsmodelle, sondern oft auch jede Form von technischer Neuerung und die Erkenntnisse moderner Naturwissenschaft ab (siehe S. 210). Das galt insbesondere, wenn sie mit dem islamisch-rechtlich relevanten Bilderverbot in Konflikt gerieten, etwa durch das Fernsehen. Die Einführung dieses Mediums wurde von den wahhābitischen Gelehrten zunächst als Teufelswerk entschieden bekämpft. Es bedurfte der ganzen Autorität des saudischen Staates, die wahhābitischen Gelehrten in dieser Frage zu beruhigen. Inzwischen werden derartige technische Neuerungen, auch das Internet, selbst in wahhābitischen Kreisen zur Verbreitung ihrer Lehre aktiv genutzt.

Trotz aller Kritik an einzelnen Maßnahmen der saudischen Regierung vermeiden die meisten Wahhābiten jede Form politischer Opposition. Sie bleiben damit der traditionellen sunnitischen Linie treu, selbst wenn das Handeln der Regierung, etwa wenn sie mit ungläubigen Mächten Bündnisverträge abschließt, mit ihrem Islamverständnis in Konflikt gerät: *Fitna*, Aufruhr und Zwietracht, gilt es auf jeden Fall zu vermeiden.

Im Einzelfall muss man unrechtes Handeln der Herrschenden erdulden. Diese zuweilen nur zähneknirschend durchgehaltene staatstreue Linie der meisten wahhābitischen Gelehrten stieß unter den Anhängern zuweilen auch auf Widerstand. Die beduinischen Stoßtrupps des saudischen Staates, die *iḫwān* (arab., „Brüder", Sg. *aḫ*), erhoben sich nach der weitgehenden Einigung der Arabischen Halbinsel Ende der 1920er Jahre, weil sie sich nicht dem Herrscherhaus unterwerfen und eine weitere Expansion über das eroberte Territorium hinaus verbieten lassen wollten. Seit den 1970er Jahren gibt es erneut eine innerwahhābitische Opposition, die die enge Anbindung der Herrscher an den Westen und Aufweichungen der islamischen Sittlichkeit nicht akzeptieren will. Sie entstand unter nicht unerheblichem Einfluss der zeitgenössischen islamistischen Bewegung.

Im Angesicht der Verfolgung durch die säkularen politischen Regime der arabischen Welt in den 1960er Jahren hatten insbesondere ägyptische Muslimbrüder Saudi-Arabien als Exil gewählt. Dies hat zu einer gewissen Ausweitung des intellektuellen Horizonts der wahhābitischen saudischen Gelehrten geführt, etwa in Hinblick auf die Möglichkeiten eines politischen Aktivismus. Auf der anderen Seite hat es dazu beigetragen, dass die konservative *salafīya*-Bewegung mehr denn je finanziell von ihrer Verbindung mit den saudischen Wahhābiten profitieren und ein weltweites religiöses Netzwerk aufbauen konnte, das heute den Islam in vielen Ländern, auch in der europäischen Diaspora, stark beeinflusst.

Ein typisches Beispiel für die komplexe und nicht widerspruchsfreie Verflechtung der internationalen *salafīya* mit dem Wahhābiten stellt der ursprünglich aus Syrien stammende Gelehrte Muḥammad al-Albānī (1332–1420/1914–1999) dar. Er lehrte auf Einladung des saudischen Gelehrten Ibn Bāz (gest. 1420/1999) einige Jahre in Saudi-Arabien, musste aber wegen einer Kontroverse über den von ihm abgelehnten, in Saudi-Arabien aber üblichen Gesichtsschleier der Frauen das Land im Jahre 1408/1963 verlassen, ohne dass er seine guten Kontakte in Saudi-Arabien verlor. Der Grund seiner Ausweisung zeigt, wo der Unterschied zwischen ihm und den wahhābitischen Gelehrten lag: In allen Glaubensdingen wusste er sich mit den Wahhābiten einig. Er warf ihnen aber vor, sich in Rechtsfragen nicht allein auf das Vorbild der *salaf* und damit auf Koran und die prophetische Überlieferung zu verlassen, sondern stattdessen den Rechtslösungen der ḥanbalitischen Rechtsschule zu folgen. Damit geben sie aus seiner Sicht ihre eigenen Prinzipien auf. Obwohl al-Albānī selbst unpolitisch war, wurden Teile seiner Schüler schließlich Anhänger der islamistischen Opposition innerhalb Saudi-Arabiens.

Viele Vertreter des salafistischen Islams verfolgen nicht das Ziel eines politischen Umsturzes. Sie möchten vielmehr, dass die Individuen ihrer Gesellschaften ihre Lebensweise einem salafistschen Islamverständnis anpassen, d. h. einer strikten und konservativen Auslegung des islamischen Rechts, um so eine ideale islamische Gesellschaft zu schaffen. Aber selbst dort, wo Salafisten nicht gewalttätig agieren oder Gewalt propagieren, führt ihre in Predigten und Schriften oftmals sehr deutlich vorgetragene Ablehnung von Nichtmuslimen und von Muslimen mit abweichender Auffassung häufig zu Konflikten. Diese Abgrenzung wird oft auch symbolisch durch bestimmte Kleidung oder Barttracht unterstrichen, die es etwa im Algerien der 1980er und 1990er Jahre sofort erlaubte, Anhänger der Bewegung von anderen Menschen zu unterscheiden.

Algerien ist neben Saudi-Arabien ein weiteres Beispiel dafür, dass sich eine salafistische Bewegung politisieren kann. Diese Politisierung mündete dort 1412/1992 nach dem durch den Putsch des Militärs verhinderten Wahlsieg der salafistischen Bewegung in einen von beiden Seiten mit großer Brutalität geführten Bürgerkrieg. In diesem haben dann die Radikalen unter den Salafisten im Hauptstrom des Islams längst verdrängte Vorstellungen des traditionellen islamischen Rechts wieder zum Leben erweckt, etwa dass die Frauen der Feinde (hier die am Kampf nicht oder auf Regierungsseite beteiligten Algerier) eine rechtmäßige Kriegsbeute darstellen.

Heute im allgemeinen Bewusstsein präsenter als die Gruppen des algerischen Bürgerkrieges ist das al-Qāʿida-Netzwerk. Auch seine führenden Köpfe hängen einem salafistischen Islamverständnis an. Der Einfluss der unter diesem Etikett firmierenden Ideen ist aber mittlerweile weit über das salafistische Lager hinaus gewachsen, weil ihre Vertreter es verstanden haben, ihre Botschaften nicht auf das konservativ-salafistische Anliegen der Umsetzung eines bestimmten Verständnisses von islamischem Recht im Alltag muslimischer Gesellschaften zu konzentrieren. Stattdessen haben sie sich den propagandawirksamen Kampf gegen tatsächliche oder vermeintliche Unterdrückung der berechtigten Interessen von Muslimen in allen Teilen der Welt auf die Fahnen geschrieben. Sie verweisen auf das aus ihrer Sicht vom Westen, im Besonderen den Amerikanern verursachte Leid der Menschen in Palästina, Afghanistan oder Irak. So gelingt es al-Qāʿida, weit über das salafistische Lager hinaus unter Menschen in der muslimischen Welt (und zum Teil auch anderswo, wo antiamerikanische Losungen Gehör finden, wie etwa in Lateinamerika) Menschen für ihre Sache einzunehmen.

Auch wenn sie in der weltweiten Propaganda nicht betont werden, spielen die salafistischen Ideen aber in der Praxis al-Qāʿidas immer wieder eine Rolle. Dazu gehört etwa die heftige Feindschaft al-Qāʿidas gegen die Schia, deren Anhänger man für Ungläubige hält und zur Tötung freigibt. Auf diese Weise trägt zu dem von al-Qāʿida beklagten Leid, etwa im Irak, nicht zuletzt der auf salafistischer Ideologie gegründete Kampf von sich zu al-Qāʿida bekennenden Gruppen selbst bei. Das wird von ihren Anhängern außerhalb der von dieser Gewalt betroffenen Länder vielfach übersehen.

2.11 *Islamistische Theologie*

Es ist in den vorangegangenen Kapiteln von drei muslimischen intellektuellen Strömungen die Rede gewesen. Die Modernisten gehen davon aus, dass ein richtiges Verständnis von Koran und (von ihnen als echt angesehener) Prophetenüberlieferung erweist, dass Islam und (ursprünglich westliche) Moderne im Einklang stehen. Die islamische Tradition des Mittelalters und der folgenden Jahrhunderte sei dagegen weitgehend ein Irrweg gewesen.

Die Traditionalisten und Salafisten vertreten dagegen die Ansicht, dass die (westliche) Moderne weitgehend oder durchgängig negativ zu bewerten sei, dass in jedem Fall aber traditionelle islamische Denkweisen – oder das, was sie dafür halten – eine adäquate Antwort auf alle geistigen und gesellschaftlichen Herausforderungen anbieten.

Alle drei in sich noch einmal differenzierten Strömungen können, wie wir sahen, mit politischem Aktivismus verbunden sein, sie treten aber nicht immer als politische Ideologien in Erscheinung. Seit dem letzten Drittel des 19. Jahrhunderts wird von vielen Menschen in der muslimischen Welt der Islam aber als genau das, als eine vor allem politische Religion angesehen. Man spricht in diesem Zusammenhang von Islamismus. Es kann entsprechend dem eben Gesagten dabei sowohl modernistischen als auch traditionalistischen oder salafistischen Islamismus geben.

Die Betonung des politischen Aspekts der Religion ist nicht unbedingt islamische Tradition (siehe S. 196f.). Es ist auf der anderen Seite aber auch nicht richtig, darin eine Verfälschung oder einen Missbrauch der Religion zu sehen. Die Quellentexte des Islams lassen eine starke Betonung des politischen Aspekts durchaus zu, auch wenn sie nicht zwingend ist. In der Regel sind die Verfechter einer vorwiegend politischen Auslegung der Religion darüber hinaus persönlich stark religiös (der im Folgenden erwähnte al-Afġānī ist eine seltene, aber prominente Ausnahme). Aus ihrer Sicht sind nicht sie Verfälscher der Religion, sondern ihre Gegner, die die politische Dimension des islamischen Glaubens vernachlässigen.

Islam als politische Ideologie und die Vorstellung, die Muslime sollten einen durch die Religion geeinten politischen Machtfaktor bilden, spielen in der Neuzeit erstmals im Denken osmanischer Politiker und Intellektueller ab der Mitte des 19. Jahrhunderts eine Rolle. Der zunehmende reale Machtverfall des osmanischen Sultanats ließ die Sultane ihre Rolle als Kalifen, die über Jahrhunderte für sie eher zweitrangig gewesen war, als potenzielles Instrument politischen Handelns entdecken. Intellektuelle wie Namık Kemal (1256–1306/1840–1888) setzten sich nicht nur für politische Freiheit im westlichen Sinne ein, sondern meinten auch, der Islam könne als einendes Band im Abwehrkampf gegen die Übergriffe der Kolonialmächte dienen. Osmanische Religionsgelehrte griffen seit der Wende zum 20. Jahrhundert aktiv und auf der Basis meist konservativ-traditionalistischer islamischer Ideen in das politische Tagesgeschehen ein. Viele Ideen des späteren Islamismus sind hier vorgeprägt. Dieser nicht unwesentliche Beitrag osmanisch-türkischer Intellektueller zum Entstehen eines politischen Islams ist in der Folge in der islamischen Welt und darüber hinaus weitgehend in Vergessenheit geraten. Dies lag zum einen daran, dass die Kenntnis des osmanischen Türkisch, in dem diese Autoren ihre Schriften verfassten, nach dem Zusammenbruch des Osmanischen Reiches rasch verschwand. Zum anderen hängt es damit zusammen, dass die Türkei im 20. Jahrhundert zunächst eine ganz andere Entwicklung nahm. An die Stelle religiöser politischer Ideologien trat hier, noch mehr als anderswo, der Nationalismus. Islamistische Denker hatten es angesichts dessen und auch angesichts von Verbotsmaßnahmen bis weit über die Mitte des 20. Jahrhunderts hinaus in der Türkei deutlich schwerer als anderswo, eine wirkliche Verbreitung zu finden.

2.11.1 Islam als Instrument des Widerstands: Ǧamāl ad-Dīn al-Afġānī

Der bedeutendste frühe Vertreter eines vorwiegend als politische Ideologie verstandenen Islams ist folglich kein osmanisch-türkischer Autor, sondern Ǧamāl ad-Dīn al-Afġānī. Seine Biographie ist, nicht zuletzt auf Grund eigener Versuche, seine schiitischen Ursprünge zu verschleiern, in Teilen nicht ganz sicher zu rekonstruieren. Dazu diente auch sein selbstgewählter Name, der eine afghanische, d. h. sunnitische Herkunft implizieren soll. Al-Afġānī stammt aber nicht aus Afghanistan, sondern aus dem schiitischen Iran. Es mag sein, dass er dem Milieu der Šaiḫ̮īs (siehe S. 119) nahestand. In Iran und vermutlich an den heiligen Stätten der Schiiten im Irak erhielt er eine klassische religiöse Ausbildung, was unter schiitischen Gelehrten auch hieß, dass er mit den Ideen der islamischen Philosophie vertraut wurde. Dazu gehört die Vorstellung, Religion sei ein bildhafter Weg, Ungebildeten die eine, für die Elite vermittels der Ratio erkennbare philosophische Wahrheit zu vermitteln (siehe S. 96). Die so bereits in jungen Jahren gelegten Grundlagen einer offenbarten Religionen gegenüber potenziell distanzierten Haltung sind vermutlich durch Kontakt mit der zeitgenössischen Naturwissenschaft während eines Aufenthaltes in Indien in den 1850er Jahren noch verstärkt worden. Gegenüber europäischen Gesprächspartnern und in an Europäer gerichteten Streitschriften hat er aus seiner grundsätzlich religionskritischen Haltung keinen Hehl gemacht. Nach negativen Erfahrungen hat er sich in der islamischen Welt ab den 1870er Jahren nicht mehr einschlägig geäußert. Seine muslimischen Schüler und Anhänger neigen bis heute dazu, diese Seite seines Denkens auszublenden.

Dass al-Afġānī politischer Aktivist wurde, hängt wahrscheinlich mit seinen Erfahrungen der englischen Kolonialherrschaft in Indien in der Zeit des indischen Aufstandes Mitte der 1850er Jahre zusammen. Während Saiyid Aḥmad Ḫān nach der Niederschlagung desselben die aktive Zusammenarbeit mit den Briten propagierte, war für al-Afġānī seit dieser Zeit der Kampf gegen die Kolonialherrschaft das oberste Ziel. Die einzige ideologische Basis, auf der der Kampf gegen den Imperialismus erfolgreich geführt werden konnte, war aus seiner Sicht der Islam. Nur die Religion besaß genug soziale Bindekraft, um eine politische Bewegung in diesem Sinne zum Erfolg zu führen. Al-Afġānī setzte sich gleichzeitig dafür ein, technische und politische Neuerungen aus dem Westen zu übernehmen, um seiner Idee einer von kolonialer Herrschaft freien islamischen Welt näher zu kommen. Diesem Ziel widmete er ab den 1870er Jahren sein ganzes weiteres Leben als Publizist und politischer Aktivist. Er lebte in den Hauptstädten sowohl des Vorderen Orients als auch Europas und sammelte eine große Zahl von Schülern um sich, deren bedeutendster Muḥammad ʿAbduh war. ʿAbduh hat den von ihm im Gefolge al-Afġānīs ursprünglich beschrittenen Weg des politischen Aktivismus verlassen und sich der graduellen Reform hauptsächlich des Bildungssektors zugewandt.

Für al-Afġānī dagegen hatte die politische Machtfrage immer oberste Priorität. Zur Erreichung seiner Ziele war er bereit, vielfältige Kompromisse und Bündnisse einzugehen, wenn es sein musste sogar mit religiös-konservativen Gelehrten oder autoritären Herrschern. Vor allem dank seines großen Einflusses auf Schüler in den verschiedensten Ländern der islamischen Welt kann er als der eigentliche Gründervater des politischen Islams angesehen werden.

2.11.2 Die Muslimbrüder

Die große Zeit des Islamismus als politischer Ideologie begann nach dem Ersten Weltkrieg. In Europa traten damals mit Kommunismus und Faschismus zwei totalitäre Ideologien auf. Diese stellten das dominierende liberale Modell politischer Herrschaft in Frage, das auch von den gebildeten muslimischen Eliten bis dahin als selbstverständlich angesehen wurde. In der Praxis erwies sich in vielen Ländern des Vorderen Orients die nach dem Ersten Weltkrieg (meist unter Aufsicht von Kolonialmächten) etablierte Herrschaft der an westlichen Modellen des Liberalismus orientierten gesellschaftlichen Eliten als weniger erfolgreich als von manchen gehofft. Das gilt auch für Ägypten, das für die weitere Entwicklung eine Vorreiterrolle innehatte. Weder konnte die vollständige Unabhängigkeit des Landes von den Briten erreicht werden, noch gelang es, die sozialen Probleme der ärmeren Bevölkerungsschichten wirklich zu lösen. In dieser Situation lag die Suche nach Alternativen nahe. Während im zeitgenössischen Europa sowohl Faschismus als auch Kommunismus zu Massenbewegungen wurden, blieben beide Ideologien im Vorderen Orient die Sache relativ kleiner Gruppen und waren dabei zum Teil weniger unter Muslimen als unter den religiösen Minderheiten erfolgreich. So konnte sich in den 1930er Jahren mit den „Muslimbrüdern" (arab. *al-Iḫwān al-Muslimūn*) eine in ihren Organisationsstrukturen und manchen ideologischen Konzepten europäischen totalitären Gruppen durchaus verwandte Bewegung etablieren. Anders als nationalistisch-faschistische oder kommunistische Gruppen erschien der Islamismus der Bewegung der Muslimbrüder jedoch nicht als europäische Importware, sondern als authentisch islamisch; er konnte an in breiten Kreisen der Bevölkerung akzeptierte religiöse Wertvorstellungen anknüpfen.

Gründer der Muslimbrüder war Ḥasan al Bannāʾ (1324–1368/1906 bis 1949), der Sohn eines religiös nicht unbeschlagenen Uhrmachers aus der ägyptischen Provinz und Lehrer an den neuen säkularen Schulen. Ḥasan al-Bannāʾ war in seiner Jugend sowohl durch eng an strenge Auslegungen des islamischen Rechts gebundene Formen der islamischen Mystik als auch vom großen politischen Thema der Zeit nach dem Ersten Weltkrieg geprägt, dem ägyptischen Streben nach Unabhängigkeit von England. Trotz der formalen Entlassung Ägyptens in die Unabhängigkeit im Jahr 1340/1922 hatten weiterhin die Briten das letzte Wort im Lande. Gerade in Ismailiya am Suezkanal, wo er als Lehrer tätig war, wurde er zudem Zeuge der von ihm als fremd und verwerflich angesehenen Lebensformen der Kolonialherren und der ägyptischen Oberschichten.

Seine Lehre entspricht in seiner kritischen Haltung gegenüber solchen sufischen Praktiken, die er als Abweichungen vom ursprünglichen Islam ansah, wie in seinem Geschichtsbild zunächst den Vorstellungen des islamischen Modernismus im Stile Muḥammad ʿAbduhs. Die Muslime sind auch für ihn nach Ende der Zeit der Rechtgeleiteten Kalifen vom rechten Wege abgekommen und müssen nun wieder zum ursprünglichen Islam zurückkehren, damit der Islam wieder zu alter Größe zurückfinden kann. Für ihn geschieht das vor allem durch die Schaffung einer durchstrukturierten, autoritär geleiteten Organisation, innerhalb derer ein von strikten islamischen Maßstäben geprägtes, bescheidenes, arbeitsames und solidarisches Leben möglich sein soll. Mit Hilfe dieser Organisation, der Vereinigung der sog. Muslimbrüder, soll nicht allein deren individuelles Leben auf Ḥasan al-Bannā's Islamverständnis hin ausgerichtet werden, sondern auf mittlere Sicht auch direkt oder indirekt die politische Herrschaft übernommen werden. Der Islam, nicht europäische Konzepte wie Sozialismus, Nationalismus und Liberalismus, werde alle Probleme der nahöstlichen Welt lösen.

Die stark auf Formung des Alltagslebens der Anhänger, auf gesellschaftliche und politische Fragen zugeschnittene Lehre al-Bannā's unterscheidet sich so deutlich von den Inhalten der theologischen und islamisch-rechtlichen Ausbildungen an traditionellen islamischen Lehrinstitutionen wie al-Azhar. Aus der Sicht Ḥasan al-Bannā's fehlt es den islamischen Gelehrten an Verständnis für die wahren Probleme der Muslime. Sie diskutierten stattdessen die immer gleichen, für das Leben völlig irrelevanten Fragen. Die Gelehrten ihrerseits hatten Schwierigkeiten, eine Persönlichkeit wie Ḥasan al-Bannāʾ, der in religiöser Hinsicht Autodidakt war und keine klassisch islamische Ausbildung durchlaufen hatte, wirklich ernst zu nehmen.

Trotz dieser Distanz zum islamischen Establishment stellten die Muslimbrüder in den 1930er und 1940er Jahren eine der wichtigsten Oppositionsgruppen in Ägypten. Sie verfügte auch über einen bewaffneten Arm, der schließlich in Konflikt mit der Staatsmacht geriet, was 1358/1949 zu Ḥasan al-Bannā's Ermordung durch den Geheimdienst führte.

Die Muslimbrüder waren anfangs Verbündete des militärischen Umsturzes (1371/1952) der nationalistischen Generäle. Bald stellte sich jedoch heraus, dass der neue starke Mann des Regimes, Ǧamāl ʿAbd an-Nāṣir (eingedeutscht Nasser), konkurrierende und potenziell bewaffnete Machtzentren nicht dulden würde. Es kam zu einer Verfolgung der Muslimbrüder durch die nasseristische Staatsmacht. Zahlreiche ihrer Mitglieder wurden verhaftet und gefoltert. Diese Verfolgung führte zu einer Radikalisierung ihrer Lehre, die vor allem mit dem Namen von Saiyid Quṭb (1324–1386/1906–1966) verbunden ist. Auch er war kein ausgebildeter islamischer Religionsgelehrter, sondern Lehrer, später sogar Inspektor an den säkularen Schulen Ägyptens. In der intellektuell relativ pluralistischen Zeit vor dem Militärputsch von 1371/1952 war er Mitglied literarischer Zirkel in Kairo und hat sich als Autor von belletristischen Texten hervorgetan. Ab den späten 1940er Jahren trat er zunehmend mit islamisch geprägten Schriften an die Öffentlichkeit. Die Hinwendung zum Islam war bei ihm, ähnlich wie bei Ḥasan al-Bannāʾ, begleitet von einer Abwehrreaktion gegen die als verderbt angesehene Kultur des Westens. Diese hatte er nicht allein in Ägypten kennen gelernt, sondern auch auf einer Reise in den Mittelwesten der USA im Auftrag des ägyptischen Erziehungsministeriums in den Jahren 1367–1369/1948–1950. Dort hatte ihn zum einen der aus seiner Sicht sehr freie Umgang der Geschlechter schockiert, zum anderen der offenkundige Rassismus.

Im Gegensatz zu importierten westlichen Ideologien erschien ihm der Islam als die richtige Antwort auf alle gesellschaftlichen Fragen, die die Zeit bewegten: vom Problem der sozialen Gerechtigkeit bis hin zu dem des Weltfriedens. Er wurde 1371/1952 Mitglied der Muslimbrüder und 1373/1954, als sich das nasseristische Regime gegen diese Organisation wendet, verhaftet, gefoltert und bis zu seiner Hinrichtung 1386/1966 fast die ganze Zeit in Gefängnissen gehalten.

Saiyid Quṭb verfügte, wie wir sahen, nicht über eine reguläre islamische religiöse Ausbildung. Seine bekanntesten Werke, insbesondere seinen Korankommentar und die programmatische Schrift *Maʿālim fi ṭ-ṭarīq* (arab., „Wegmarken"), verfasste er im Gefängnis. Dies ist sicher ein Grund, warum seine Texte sich im Vergleich zu denen professioneller Theologen deutlich weniger in technischen Einzelheiten verlieren und auch nur einen recht beschränkten Ausschnitt der islamischen theologischen Tradition in den Blick nehmen. Viel mehr als klassisch gebildete Gelehrte nimmt er dafür auf zeitgenössische Autoren Bezug: sowohl auf Muslime als auch auf europäische Kritiker der modernen Zivilisation wie den dem Faschismus zuneigenden französischen Medizinnobelpreisträger Alexis Carrel (gest. 1944). Vor allem ist es aber ein unmittelbares, gleichsam spontan wirkendes Textverständnis, das aus seinen Schriften spricht. Genau dieses aber sorgt dafür, dass seine Darlegungen – anders als gelehrtere, aber auch schwerer verständliche Werke – eine

Abū l-Aʿlā Maudūdī

Abū l-Aʿlā Maudūdī (engl. häufig Maudoodi, 1321–1399/1903–1979) war einer der weltweit einflussreichsten islamistischen Denker des 20. Jahrhunderts. Er stammte aus einer traditionellen Gelehrtenfamilie und hat, im Unterschied zu Ḥasan al-Bannāʾ und Saiyid Quṭb, eine reguläre islamische Ausbildung durchlaufen, sowohl an modernistischen als auch an traditionalistischen Lehranstalten. Seine größte Wirksamkeit hat er allerdings nicht in der Rolle des klassischen Gelehrten, sondern als Publizist und Politiker. In seinen jungen Jahren engagierte er sich vor allem für die indische Unabhängigkeit, fand aber mehr und mehr zu einer dezidiert islamischen Position, die schließlich in der Gründung einer islamistischen Partei mündete: der *Ǧamāʿat-i Islāmī* („Islamische Gemeinschaft" oder „Islamische Partei"). Die Anhängerschaft der Partei rekrutierte sich zumeist aus Angehörigen der gebildeten Schichten. Das führte dazu, dass sie besonders nach Ende der ersten pakistanischen Militärdiktatur unter dem Säkularisten Aiyūb Ḫān in den 1960er Jahren in der Staatsverwaltung und im Militär einen Einfluss ausübte, der in keinem Verhältnis zu ihrer relativ geringen Zahl stand. Insbesondere das neuerliche Militärregime unter General Muḥammad Żiyāulḥaqq nach 1397/1977 war stark von Maudūdīs Ideen geprägt.

Aus der Sicht Maudūdīs ist der Islam ein umfassendes ideologisches System, das allen anderen Weltbildern in jeder Hinsicht überlegen ist. Kern dieses Systems ist der Gedanke der Souveränität Gottes. Alle gesellschaftlichen Ordnungen, alle Lebensweisen, die nicht Ausdruck dieser göttlichen Souveränität sind (d. h. alle nicht islamischen Ordnungen),

große Wirkung auf seine Zeitgenossen und die folgenden Generationen bis heute ausüben.

Quṭb übernahm von Maudūdī (s. Kasten) die Vorstellung, dass Gott die unbedingte Herrschaft und Souveränität in allen Angelegenheiten (arab. *ḥākimīya*) gebühre. Es stehe Menschen daher nicht zu, selbst über die Regeln und Gesetze zu verfügen, die ihr Leben bestimmen sollen. Wo an die Stelle der Scharia weltliche Gesetze treten, leben die Menschen nicht mehr nach dem Islam; dort ist damit kein islamisches Territorium mehr (zu den ganz ähnlichen Überlegungen Ibn Taimīyas siehe S. 108). In Ägypten wie in fast allen von Muslimen bewohnten Staaten waren seit dem späten 19. Jahrhundert die Regeln des islamischen Rechts durch vor allem vom französischen Recht inspirierte Gesetzeswerke ersetzt und ergänzt worden. Doch nicht allein das ist als Motiv von Saiyid Quṭbs Kritik anzusehen, sondern auch die oft willkürliche

haben keine Daseinsberechtigung. Legitim ist damit allein das von Gott gewollte islamische Recht. Wenn Muslime die Regeln dieses islamischen Rechts in ihrer gesellschaftlichen Praxis nicht anwenden, steht ihnen nicht zu, sich als Muslime zu bezeichnen, da sie damit dem Leitgedanken der Souveränität Gottes zuwiderhandeln (vgl. dazu die ähnlichen Ideen Saiyid Quṭbs, der hier von Maudūdī inspiriert ist).
Der islamische Staat Maudūdīs wird durch gewählte Vertreter regiert. Bei der Entscheidungsfindung sind sie jedoch nicht frei, sondern sollen die Methoden der islamischen Rechtsgelehrsamkeit anwenden und so als Sachwalter Gottes fungieren. Sie dürfen also lediglich die in Koran und Sunna genannten Grundsätze befolgen und auslegen, nicht jedoch eigenständig Gesetze und Bestimmungen zur Regelung des Lebens erlassen. Da jedes Problem durch Gottes Ordnungen, denen sich alle unterwerfen, geregelt ist, gibt es in einem solchen Idealstaat keine Interessengegensätze. In der Zeit des Propheten und der Rechtgeleiteten Kalifen sei diese Staatsordnung bereits einmal unter Menschen Realität gewesen.
Die Verwirklichung der idealen Gesellschaft soll sowohl auf dem Weg von Predigt und Erziehung als auch durch die Übernahme der politischen Macht durch die Anhänger der islamistischen Ideologie erfolgen. Ist ein solcher Staat einmal errichtet, obliegt ihm die Führung des Dschihad, um der Souveränität Gottes auf der ganzen Welt zum Durchbruch zu verhelfen. Anders als im modernistischen Islam wird von ihm also mit dem Begriff des Dschihad ausdrücklich auch offensives militärisches Vorgehen verbunden.

Rechtspraxis vorderorientalischer Staaten, in seinem Fall des nasseristischen Ägypten, die er ja in dortigen Gefängnissen selbst kennen lernen musste. Für Saiyid Quṭb war eine Gesellschaft, in der menschliche Willkür an die Stelle des göttlichen Rechts getreten war, nicht mehr islamisch. Sie befand sich vielmehr wie die Gesellschaft auf der Arabischen Halbinsel vor dem Islam im Zustand der *ǧāhiliya* (arab., „Unwissenheit", siehe S. 40). Ganz ähnlich wie einst dem Propheten sei es den Muslimen in einer solchen Gesellschaft aufgetragen, auf dem Wege des Dschihad gegen die *ǧāhilīya* vorzugehen.

Derartige Positionen waren in der Hochzeit des Nasserismus in den 1960er Jahren in der arabischen Welt und auch unter Muslimen anderswo die Sache einer kleinen Minderheit. Als aber im Anschluss an die Niederlage Ägyptens im Sechs-Tage-Krieg und angesichts des neuen Reichtums der konservativen Golfländer nach der Ölkrise 1393/1973 nationalistische und sozialistische Ideologien zunehmend an Boden verloren, änderte sich die Lage. Islamische Ideologien wurden nun vielerorts von den vorderorientalischen und westlichen Regierungen gefördert, weil man in ihnen ein Gegenmittel gegen den als noch gefährlicher angesehenen Kommunismus sah. Dadurch gewann der radikale Islamismus an Einfluss, insbesondere unter Studenten und Angehörigen der Mittelschichten, die vom Scheitern der wirtschaftspolitischen Versprechen der sich nationalistisch und sozialistisch gebenden Regierungen überall in der muslimischen Welt besonders betroffen waren.

So erlebte Saiyid Quṭbs Denken eine neue Konjunktur. Es stellte sich dabei aber die Frage, wie seine Schriften zu verstehen seien. Die Führungszirkel der (offiziell bis zur Revolution von 2011 verbotenen) Muslimbrüder in Ägypten und der ihnen verbundenen Organisationen in anderen islamischen Ländern meinten, es sei unter dem Dschihad gegen die neue *ǧāhilīya* keinesfalls ein bewaffnetes Vorgehen zu verstehen. Nicht als Richter über ihre Mitmenschen sollten sich die Muslimbrüder verstehen, sondern als Prediger, die ihre irregegangenen Brüder mit Überzeugungskraft wieder auf den Weg des Islams zurückführen sollten.

Eine Minderheit dagegen wählte den Weg des bewaffneten Kampfes, dessen Ziele allerdings nicht die imperialistischen Mächte und der Zionismus waren, sondern die Führer und die einfachen Angehörigen der muslimischen Gesellschaften selbst, die aus Sicht der radikalen Aktivisten ja genau diesen Status, den des Muslims, verloren hatten. Die teilweise hemmungslose Gewalttätigkeit dieser Gruppen hat sie im Laufe der Jahre zunehmend gesellschaftlich isoliert.

Manche Vertreter des politischen Islams haben sich in der Folge deutlich für ein demokratisches politisches System ausgesprochen (das gilt etwa für manche Vertreter der Muslimbrüder in verschiedenen arabischen Ländern und den Reformflügel der einen traditionalistischen Islamismus vertretenden Millî-Görüş-Bewegung in der Türkei, der heute Teil der Regierungspartei AKP ist, zu diesen siehe Kap. 2.9.2).

2.11.3 Scheitern des politischen Islams?

Der französische Politikwissenschaftler Olivier Roy hat daher bereits am Anfang der 1990er Jahre von einem Scheitern des politischen Islams gesprochen. Das ist problematisch. Sicher haben im islamischen Spektrum die revolutionären islamistischen Gruppen, die sich auf die Politik konzentrierten, gegenüber solchen Gruppen verloren, die noch deutlich mehr als sie die Betonung auf eine Islamisierung des Alltagslebens legen. Ob das Scheitern einer gewaltsamen islamistischen Machtübernahme in Ägypten (oder in Algerien in Reaktion auf den Militärputsch von 1412/1992) und das seit den 1990er Jahren zu verzeichnende Interesse bestimmter islamistischer Gruppen an Themen wie Demokratie und Menschenrechten wirklich in gesamtislamischer Perspektive eine dauerhafte Zäsur bedeutet, bleibt abzuwarten. Die propagandistische Arbeit der Vertreter des politischen Islams und die Reaktion der Regierungen auf diese haben nämlich zu einer grundlegenden Veränderung des gesellschaftlichen Klimas in vielen Ländern der muslimischen Welt geführt. Regierungen sind den Islamisten in Bereichen, die für ihre Machterhaltung nicht relevant waren, z. B. in der Bildung und bei der Frage der Frauenrechte, vielfach entgegengekommen. Als unpolitisch geltende islamische Einrichtungen wurden massiv gefördert.

In der Folge werden heute in vielen Ländern islamistische Slogans und Denkweisen, etwa die Vorstellung, „der Islam sei die Lösung aller gesellschaftlichen Probleme“ (arab. *al-Islām huwa al-ḥall*), viel weniger hinterfragt als noch in den 1960er Jahren. Damals gab es, anders als heute, für die Angehörigen der Bildungsschichten mit Nationalismus und Sozialismus attraktive ideologische Alternativen zu einem sich islamisch verstehenden Weltbild (dass diese islamischen Weltbilder unterschwellig auch Elemente des Nationalismus und der konservativen europäischen Kulturkritik enthalten können, sei nur am Rande noch einmal vermerkt).

Insofern sind die Islamisten also gescheitert in ihrem revolutionären Versuch, islamische Staaten zu schaffen. Dennoch ist das Ergebnis ihres Wirkens eine starke Reislamisierung sowohl der öffentlichen wie der privaten Sphäre. Die Religion als authentisches Produkt der eigenen Kultur, als Kern dessen, was man als das (kulturelle) Erbe (arab. *turāṯ*) bezeichnet, ist heute auch unter den meisten Intellektuellen zum wichtigsten Bezugspunkt geworden. Dies gilt vielleicht noch weniger in der politisch wie intellektuell im Vergleich mit der arabischen Welt oder Pakistan deutlich pluralistischeren Türkei. In der Türkei geht darüber hinaus vom Nationalismus immer noch eine sehr starke ideologische Bindekraft aus, die in Konkurrenz zu religiösen politischen Ideologien steht. Doch auch in der Türkei ist aus der Sicht der dortigen Laizisten eine immer stärkere religiöse Prägung des Alltags zu beobachten, die von den reformierten Islamisten gefördert wird, die seit 1422/2002 die Regierung stellen.

2.11.4 Zwölferschiitischer Islamismus

Der zwölferschiitische Islam hat sich im Laufe der Jahrhunderte immer weiter von seiner ursprünglichen Position entfernt, nämlich sich aus der Politik zurückzuziehen, bis der verborgene Imam erscheint und die Welt mit Gerechtigkeit erfüllt. Im 19. Jahrhundert haben schiitische Gelehrte in Iran häufig aktiv auch in das politische Tagesgeschehen eingegriffen, insbesondere um Einmischungsversuche nicht islamischer Mächte in die iranische Politik abzuwehren. Auch an der iranischen Verfassungsrevolution von 1322–1223/1905–1906 waren Gelehrte sowohl als Vorkämpfer wie als Gegner der Bewegung beteiligt. Dennoch blieben die meisten im Prinzip unpolitisch und haben sich mit der autoritären Herrschaft der Pahlavi-Dynastie (pers. Pahlavī) in Iran nach 1343/1925 abgefunden. Opposition war bis in die 1960er Jahre weniger ihre Sache als die von Kommunisten, denen von ihren Gegnern nicht zu Unrecht Nähe zur UdSSR unterstellt wurde, und von nationalistischen Gruppen. Die nationalistische Bewegung unter dem der Religion gegenüber eher kritisch eingestellten Ministerpräsidenten Moṣaddeq schien zeitweilig kurz davor, die Macht in Iran zu übernehmen. Sie scheiterte jedoch mit dem von der CIA unterstützten Putsch von 1372/1953, der die Herrschaft der Pahlavi-Dynastie für gut zwei Jahrzehnte stabilisierte.

In den Folgejahren spielten dann religiöse Intellektuelle wie der liberal-konservative Ingenieur Mahdī Bāzargān (1325–1415/1907–1995) eine zunehmend wichtige Rolle in der Opposition. Ein großer Teil dieser Opposition war in politischer Hinsicht allerdings deutlich weiter links angesiedelt als Bāzargān. Ihre Ideen entsprangen nicht dem traditionellen Verständnis von schiitischem Islam, für das die Gelehrten standen, sondern waren vielfältig von den außerhalb der islamischen Welt in den 1950er und 1960er Jahren gängigen intellektuellen Strömungen inspiriert. Dazu gehörten neben dem Marxismus in seinen verschiedensten Ausprägungen insbesondere der *tiers-mondisme*: eine ideologische Strömung, die die Probleme der Dritten Welt vor allem auf die durch die Erfahrung des Kolonialismus ausgelösten Verwerfungen zurückführte.

Ein besonders wichtiger Vertreter dieser Strömung war Frantz Fanon (1925–1961), ein aus Martinique stammender Vorkämpfer der algerischen Unabhängigkeit. Aus seiner Sicht hatten sich gerade die Eliten der ehemals kolonisierten Völker von ihrer eigenen Kultur entfremdet und waren zu Nachahmern der Kultur ihrer Unterdrücker geworden. Es sei die Aufgabe der Intellektuellen der Dritten Welt, wieder zu einer authentischen Kultur zurückzufinden. Diese Ideen spielten und spielen (oft ohne direkte Bezugnahme auf Fanon) in vielen Ländern der islamischen Welt eine Rolle. Besonders einflussreich aber waren sie in Iran, wo der Schriftsteller Ǧalāl Āl-i Aḥmad (1342–1389/1923–1969) zunächst unabhängig von Fanon, wenn auch etwas später, ganz ähnliche Ideen entwickelt hatte. Āl-i Aḥmad erfuhr von den Schriften Fanons dank seiner Kontakte zu ʿAlī Šarīʿatī (1352–1397/1933–1977). Dieser war in den 1960er und 1970er Jahren der wichtigste Vertreter eines linken iranischen Islamismus und neben Ayatollah Chomeini der bedeutendste Vordenker der in die Revolution von 1399/1979 mündenden intellektuellen Strömungen.

ʿAlī Šarīʿatī stammte aus einer islamischen Gelehrtenfamilie in Mašhad im Nordosten Irans. Bereits sein Vater allerdings hatte die Ansicht vertreten, dass, um die intellektuelle Jugend von der Richtigkeit der Religion zu überzeugen, die Vertreter derselben auch die modernen westlichen Geistesströmungen kennen lernen sollten. Šarīʿatī wuchs so unter den verschiedensten intellektuellen Einflüssen auf. Er ging schließlich zum Studium nach Paris, wo er sich aber weniger für sein Fach (Islamwissenschaft) als für die Vertreter der linken geistigen Bewegungen der späten 1950er Jahre interessierte. Dazu gehörten neben Fanon insbesondere Denker wie Jean-Paul Sartre oder der von ihm sehr verehrte Linkskatholik und Islamwissenschaftler Louis Massingnon.

Aus der Sicht Šarīʿatīs, die er nach seiner Rückkehr aus Frankreich 1383/1963 als Lehrer, Autor und Prediger verbreitete, hatten die religiösen Gelehrten den eigentlichen Inhalt des schiitischen Islams verfälscht. Aus einer Religion, deren Botschaft der aktive Kampf gegen Unterdrückung sein soll, wie ihn der Prophetenenkel Ḥusain mit seinem Auszug nach Karbalāʾ vorgelebt habe (siehe S. 69), hätten sie eine Religion der Passivität und des sinnlosen Ritualismus gemacht. Es komme jetzt darauf an, den eigentlichen sozialrevolutionären Geist des schiitischen Islams, wie er nicht nur von Ḥusain, sondern auch von anderen Vertretern des frühen Islams wie Abū Ḏarr al-Ġifārī vorgelebt worden sei, wieder zum Leben zu erwecken. Auf der Basis dieses revolutionären Islams könnten die linken Intellektuellen gemeinsam mit den Volksmassen politisch handeln. Durch einen weltlichen marxistischen Diskurs hätten die Intellektuellen die Volksmassen nie erreichen können. Ziel musste aus der Sicht Šarīʿatīs eine klassenlose Gesellschaft sein, die sich von westlichen Gesellschaften aber nicht nur durch ihre radikal antikapitalistische Haltung, sondern gleichzeitig durch eine strikte Sexualmoral unterscheiden würde. Die Ideen Šarīʿatīs waren nicht nur aus der Sicht des Schah-Regimes gefährlich, auch ein großer Teil des religiösen Establishments lehnte sie ab – nicht zuletzt, da sie sich von Seiten Šarīʿatīs als Verwässerer und Verfälscher des schiitischen Islams angegriffen sahen, während sie ihrerseits sein sozialrevolutionäres Gesellschaftsmodell strikt ablehnten.

Zu einer Verbindung von revolutionärem, aktivistischem religiösen Denken und konservativen Modellen kam es im Werk Ayatollah Chomeinis. Im Unterschied zu den hier bislang vorgestellten Vertretern des

Islamismus war Chomeini in erster Linie ein religiöser Gelehrter, der alle Stufen der schiitischen Hierarchie durchlaufen hatte. Anders als Šarīʿatī blieb die westliche intellektuelle Welt ihm zeitlebens fremd. Er war aber, wie im zwölferschiitischen Islam üblich, mit den Werken der islamischen Philosophen der Vormoderne, insbesondere denen Avicennas, eng vertraut und sah sich selbst in der Tradition der Verbindung von schiitischer Religion, islamischer Mystik und Philosophie, wie sie in der Schule von Iṣfahān praktiziert wurde. Auch die Ideen Ibn al-ʿArabīs, insbesondere die Vorstellung vom vollkommenen Menschen und der besonderen Stellung der „Gottesfreunde“, die gleichsam als „Transmissionsriemen“ des Göttlichen auf Erden agieren, waren für sein Denken von Wichtigkeit.

Chomeini hat zeitlebens immer auch in politischen Kategorien gedacht, sich mit öffentlichen politischen Auftritten aber meist zurückgehalten. Erst nach dem Tod des von ihm sehr geschätzten, weitgehend unpolitischen Großayatollahs Borūǧerdī im Jahr 1380/1961 trat er im Zusammenhang mit der sog. Weißen Revolution Schah Reza (pers. Reżā) Pahlavis an die Öffentlichkeit. Mit dieser hatte der ausgesprochen autoritär agierende Herrscher versucht, durch vorsichtige Landreformen den damals als gefährlich geltenden Kommunisten den Wind aus den Segeln zu nehmen. Damit griff er unmittelbar in Interessen des schiitischen Klerus ein, dessen Institutionen über großen Grundbesitz verfügten und dessen Angehörige zudem sozial in vielfältiger Weise mit der Grundbesitzerschicht verbunden waren. Ein weiteres symbolisch wichtiges Element der Reformpolitik des Schahs, das den Konservativ-Religiösen ein Dorn im Auge war, war die Einführung des Frauenwahlrechts und das Zugeständnis an die USA, dass ihre in Iran stationierten Soldaten exterritoriale Rechte genießen sollten. Chomeini wurde auf Grund seines offenen Protests zur Symbolfigur des religiösen Widerstandes gegen diese Maßnahmen. Vom Regime wurde er daraufhin, um ihn von seiner Basis zu trennen, außer Landes geschafft. Im Exil an den heiligen Stätten der Zwölferschiiten im Irak und seit seiner Rückkehr nach Iran im Gefolge der Revolution von 1399/1979 entwickelte er seine Lehren weiter.

Auch wenn er, vor allem vor der Revolution und anders als Šarīʿatī, nicht als linker Sozialrevolutionär agierte, trafen sich beide doch in ihrer Kritik an der traditionellen politischen Passivität der zwölferschiitischen Gelehrten. Statt sich um die Errichtung eines islamischen Staates zu kümmern, beschäftigten sie sich mit Fragen der rituellen Reinheit von menstruierenden Frauen. Aus Chomeinis Sicht dagegen müssten nicht solche Einzelheiten, sondern die Schaffung eines vom

Islam beherrschten politischen Systems ganz oben auf der Agenda der Gelehrten stehen. In einer relativ späten Schrift von 1408/1988 vertritt er ausdrücklich die Ansicht, Einzelbestimmungen des islamischen Rechts, ja sogar Kernpflichten wie die Pilgerfahrt, seien dem obersten Ziel der Errichtung der islamischen politischen Herrschaft unterzuordnen.

Die Herrschaft in diesem islamischen Idealstaat gebührt eigentlich dem verborgenen Imam. Chomeini meint jedoch, mit der Errichtung dieses Idealstaates müsse nicht mehr bis zur Rückkehr des Imams gewartet werden, auch wenn bis zu diesem Zeitpunkt ein islamischer Staat von Unvollkommenheit geprägt ist. Mit der Leitung dieses Staates ist bis zur Rückkehr des Imams ein besonders qualifizierter schiitischer Gelehrter betraut (pers. *vilāyat-i faqīh*, „Stellvertreterschaft – oder Herrschaft – des (obersten) Rechtsgelehrten"). Dieser ist – hier zeigt sich die Dominanz der Religion durch die Politik im Islamismus Chomeinis – nicht notwendigerweise der religiös Qualifizierteste, sondern zeichnet sich vor allem durch seine Treue gegenüber dem System des islamischen Staates aus.

Dieses gegen Widerstände nach der Revolution von 1399/1979 errichtete System hat nie die uneingeschränkte Zustimmung der schiitischen Theologen innerhalb und schon gar nicht außerhalb Irans gefunden. Ein großer Teil von ihnen steht ihm vielmehr ausgesprochen kritisch gegenüber. Das heißt nicht, dass diese Gelehrten in Rechtsdingen eine liberalere Islamauffassung verträten. Im Gegenteil! Während Chomeini sich in den 1980er Jahren zunehmend tolerant zu unter Schiiten umstrittenen Fragen wie der Erlaubtheit des Schachspiels und der Musik geäußert hat und auch sein Verbündeter Ayatollah Faḍlallāh im Libanon in vielfältiger Weise für eine Modernisierung religiöser Haltungen steht, ist Ayatollah Sīstānī, Gegner des Konzepts der *vilāyat-i faqīh* und strategischer Verbündeter der USA im Irak nach der Invasion von 1423/2003, hier ausgesprochen strikt. Chomeini kann zudem nicht als religiöser Fundamentalist in dem oben genannten Sinne bezeichnet werden. Seine Lehre stellt nicht einen Rückgriff auf eine idealisierte Frühzeit, sondern vielmehr eine bewusste Weiterentwicklung der traditionellen Zwölferschia unter Einbeziehung ganz verschiedener Elemente der islamischen Tradition dar.

Wichtig zu erwähnen ist, dass Chomeinis Konzept mittlerweile nicht nur im religiösen Gelehrtenstand kritisiert wird. Auch viele der schiitischen islamistischen Intellektuellen der Revolutionsgeneration haben sich inzwischen von ihm abgewandt und suchen nach neuen Wegen in der Theologie (für ein Beispiel siehe S. 167).

2.12 *Ansätze zu historisch-kritischer Theologie in der Moderne?*

Die am Ende des vorangegangen Kapitels skizzierte Diskurshoheit (über Diskurshoheit verfügen solche Gruppen, die darüber bestimmen, welche Fragen in der Öffentlichkeit auf welche Weise diskutiert werden können) eines traditionalistisch-konservativen, salafistischen, islamistischen oder zuweilen auch apologetisch-modernistischen Islams macht es muslimischen Denkern nicht leicht, nonkonformistische Ansichten darüber zu entwickeln, was Islam in der Moderne heißen kann oder soll. Diejenigen Intellektuellen in der muslimischen Welt, die abseits der in den vorangegangenen Kapiteln beschriebenen Pfade in der Gegenwart über den Islam nachdenken, finden selten ein größeres Publikum.

2.12.1 *Islam und politische Herrschaft: ʿAlī ʿAbd ar-Rāziq und Maḥmūd Muḥammad Ṭāhā*

Ob eine bestimmte religiöse Auffassung als radikale, vielleicht sogar gefährliche Kritik bewertet wird, hat viel mit den historischen Umständen zu tun. Einer der ersten aufsehenerregenden Fälle von Kritik an traditionellen Auffassungen von Islam war in den 1920er Jahren der des Azhar-Gelehrten ʿAlī ʿAbd ar-Rāziq. Dieser vertrat in einer 1343/1925 veröffentlichten Schrift *Al-Islām wa-uṣūl al-ḥukm* (arab., „Der Islam und die Grundprinzipien der Herrschaft“) die Ansicht, der Islam schreibe keine bestimmte Regierungsform vor. Durch den Islam sei jede Regierungsform gedeckt, die dem Gemeinwohl und den Interessen der Muslime zu einer Zeit dienlich sei. Heute mag eine solche Auffassung auch unter Muslimen nicht besonders spektakulär, vielleicht sogar mehrheitsfähig sein. Im Jahr 1925, kurz nach der Abschaffung des Kalifats in der Türkei und angesichts der politischen Machtlosigkeit der Muslime weltweit, erschienen solche Ideen revolutionär. ʿAlī ʿAbd ar-Rāziq wurde aus Kreisen der konservativen Gelehrten der Azhar-Universität stark angefeindet, verlor seinen Posten als Richter und zog sich aus der Öffentlichkeit zurück.

Bis in die 1970er Jahre hinein war in vielen islamischen Ländern der prinzipiell religionsfeindliche Marxismus unter Intellektuellen sehr verbreitet. Da diese Marxisten allerdings in der Regel den offenen Angriff auf die Religion vermieden und ihre Hauptstoßrichtung der Kampf gegen den Imperialismus und soziale Ungleichheit war, erschien er aus der Sicht der Wächter über die Orthodoxie weniger gefährlich als von gängigen Normen abweichende, wenn auch sich selbst islamisch verstehende Ansätze religiösen Denkens. Das Vertreten solcher Positionen ist bis heute in vielen islamischen Ländern äußerst riskant und wird nicht selten von staatlicher Seite behindert oder unterbunden.

Ein bekanntes Beispiel dafür sind die „Republikanischen Brüder" im Sudan mit ihrem Vordenker Maḥmūd Muḥammad Ṭāhā (1327 bis 1405/1909–1985). Im Gefängnis, in das ihn die britische Kolonialmacht wegen seiner politischen Aktivitäten für einen unabhängigen Sudan geworfen hatte, und in einer daran anschließenden selbstauferlegten Zeit der Klausur (arab. *ḫalwa*) fand er zu einem neuen Islamverständnis. Er meinte, dass ihm dieses auf dem Wege der Meditation über die koranische Botschaft von Gott zugekommen sei. Während die mekkanischen Suren mit ihrer Rede vom einen Gott von ewiger Gültigkeit seien, seien die medinensischen Suren und ihre Regelungen des gesellschaftlichen Zusammenlebens zeitbedingt und daher heute nicht mehr gültig. Die Menschheit sei nunmehr, 1400 Jahre nach Muḥammad, in der Lage, an die Stelle der traditionellen Auffassungen von islamischem Recht die eigentliche göttliche Botschaft von Menschenrechten und sozialer Gerechtigkeit zu setzen.

Diese nach Anspruch Maḥmūd Muḥammad Ṭāhās auf göttlicher Inspiration fußende Lehre, die ihm den inneren Sinn des Korans erschlossen habe, stieß bei Vertretern des islamischen Establishments von Anfang an auf Widerstand, konnte von ihm aber lange Zeit weitgehend ungehindert verbreitet werden. Erst als er offen gegen Maßnahmen des islamistischen Regimes von General Numairī protestierte, etwa gegen die Einführung der Scharia auch im animistischen und christlichen Südsudan, ging die Regierung scharf gegen ihn vor. Das 1985 verhängte Todesurteil wegen Apostasie (siehe Kap. 3.6.4) konnte sich auf einschlägige Stellungnahmen der Azhar-Universität in Kairo stützen und wurde von der von Saudi-Arabien gesteuerten Islamischen Weltliga ebenfalls ausdrücklich begrüßt.

Die Hinrichtung Maḥmūd Muḥammad Ṭāhās ist besonderen politischen Umständen geschuldet, aber kein Einzelfall. Vertreter eines von den allgemein akzeptierten Normen abweichenden Islamverständnisses haben in vielen Ländern der muslimischen Welt mit Repressionsmaßnahmen zu rechnen, die Teils von staatlichen Stellen ausgehen, teils aus bestimmten Segmenten der Gesellschaft herrühren.

2.12.2 Historisierung des Korans?

Das gilt auch für Auffassungen, die nicht auf Breitenwirkung ausgelegt sind, sondern sich auf eine rein akademische Auseinandersetzung mit dem koranischen Text beschränken. Ein Beispiel hierfür war in den letzten Jahren der ägyptische Sprachwissenschaftler Naṣr Ḥāmid Abū

Zaid (1943–2010). Nach einer von seinen Kollegen an der Universität und verschiedenen Exponenten des islamischen Spektrums in der ägyptischen Öffentlichkeit orchestrierten Kampagne musste Abū Zaid, der vom obersten ägyptischen Gericht des Abfalls vom Islam für schuldig befunden und deshalb zwangsweise von seiner Frau geschieden worden war, im Jahr 1416/1995 ins niederländische Exil gehen. Abū Zaid wendet sprachwissenschaftliche Theorien über Kommunikation auf den Koran an. In jeder Kommunikationssituation gebe es einen Sender und einen Empfänger. Damit eine Botschaft beim Empfänger ankommen könne, müsse der Sender sie codieren und der Empfänger sie dann entsprechend decodieren. Gottes ewige Botschaft musste, so folgert Abu Zaid, damit die Araber des 7. Jahrhunderts sie verstehen konnten, zum einen in die arabische Sprache, zum anderen auch in die Kultur der Araber der damaligen Zeit übersetzt werden. Bestimmte Vorstellungen der alten Araber, etwa ihr Geisterglaube, hätten auf diese Weise ihren Weg in den Koran gefunden, seien aber nicht als Teil der ewigen göttlichen Botschaft anzusehen. Bei unserer modernen Decodierung der koranischen Botschaft komme es darauf an, diesen sprachlichen und kulturellen Code von der eigentlichen ewigen Botschaft zu trennen.

In eine ganz ähnliche Richtung, allerdings ohne Abū Zaids sprachwissenschaftliche Methodik, ging bereits der pakistanischstämmige Gelehrte Fażlur Raḥmān Malik (1337–1408/1919–1988), der die meisten Jahre seiner beruflichen Tätigkeit allerdings in der angelsächsischen Welt zubrachte, da seine Ideen in Pakistan heftige Anfeindungen hervorgerufen hatten. Fażlur Raḥmān machte sich die kritische Haltung Goldzihers und Schachts zur Prophetenüberlieferung zu eigen. Aus seiner Sicht kommt es darauf an, die islamische Lehre ausgehend von ihrer Hauptquelle, dem Koran, neu zu denken. Der göttliche Ursprung des Korans steht für ihn außer Frage. Diesen möchte er aber nicht als eine Sammlung von Einzelbestimmungen verstanden wissen, sondern als Quelle ethischer Grundprinzipien. Diese werden im Koran an Einzelfällen exemplifiziert, die in ihrem Kontext in der Zeit des Propheten zu verstehen sind. Wenn man aus den Einzelfällen unter Berücksichtigung der Zeitumstände die Grundprinzipien abgeleitet hat, kann man sie auf die gegenwärtige Zeit anwenden.

Fażlur Raḥmān hat in der westlichen Welt, in der er selbst auch akademisch tätig war, für Jahrzehnte als Hauptvertreter eines modernen Islams gegolten. In den muslimischen Ländern hat man ihn dagegen kaum wahrgenommen und seine Ideen schon gar nicht rezipiert. Eine wichtige Ausnahme stellt in dieser Hinsicht die Türkei dar, wo an der Theologischen Fakultät der Universität Ankara seine Ideen und durch ihn vermittelt die Theorien des Philosophen Hans-Georg Gadamer (1900–2002) in den 1990er Jahren sehr einflussreich waren. Gadamer vertritt die Auffassung, dass alles Verstehen immer an das Sprachliche gebunden sei und zudem in Abhängigkeit stehe vom Vorverständnis des Verstehenden, d. h. seiner kulturellen Prägung. Angesichts dessen ist natürlich fraglich, ob die optimistische Annahme, man könne den eigentlichen Kern der ewigen koranischen Botschaft aus dem Text herausdestillieren, wirklich zutrifft. Die Gelehrten der „Schule von Ankara“ vertreten letztlich sehr unterschiedliche Positionen, sodass von einer einheitlichen Richtung islamischer Theologie nicht gesprochen werden kann. Einer der wichtigsten und radikalsten Vertreter dieser Schule ist der mittlerweile als Professor für islamische Theologie in Frankfurt lehrende Ömer Özsoy (geb. 1382/1962). Viele andere der mit der Schule von Ankara in Verbindung gebrachten Gelehrten sind dagegen nicht weit entfernt von den klassischen Positionen des Modernismus.

In eine ähnliche Richtung wie die radikaleren Vertreter der Schule von Ankara geht der iranische Philosoph ʿAbdolkarīm Sorūš (geb. 1364/1945). Sorūš war nach der Revolution von 1979 ein entschiedener Anhänger des von Ayatollah Chomeini errichteten Systems und Mitglied des Komitees, das die Universitäten von „unislamischen“ Elementen reinigen sollte. Nach 1404/1984 zog er sich jedoch aus dieser Arbeit zurück und vertrat vor allem seit den 1990er Jahren zunehmend kritische Ansichten zum iranischen System der „Stellvertreterschaft des Rechtsgelehrten“ (siehe S. 163), an dessen Stelle er eine nur in ihrem ethischen Bezugsrahmen an religiösen Normen orientierte freiheitliche „religiöse Demokratie“ stellen möchte.

Auch für ihn ist ein nicht zeitbedingter Zugang zum heiligen Text grundsätzlich unmöglich. Das Göttliche bleibt, auch wenn es sich im Text offenbart, in letzter Konsequenz unzugänglich, wir haben nur unsere menschlichen und historisch gewordenen Interpretationen der heiligen Texte. Diese Interpretationen können niemals als richtig erwiesen werden, sondern sich allenfalls als irrig herausstellen. Sorūš überträgt hier die wissenschaftsphilosophische Lehre Karl Poppers (1902–1994) auf die Theologie.

In einem Land, dessen Regierung beansprucht, nach dem göttlichen Willen zu agieren, sind solche Ansichten mutig. Doch ist die Offenheit gegenüber philosophischen Debatten und fremden philosophischen Einflüssen auch im religiösen Establishment Irans deutlich größer als etwa in dem des scheinbar liberaleren Ägypten, sodass diese Aussagen (anders als die Ideen Abū Zaids) bislang keine ernsthaften persönlichen Konsequenzen für Sorūš nach sich gezogen haben.

Poppers Falsifikationslehre
Popper vertritt die Ansicht, dass wissenschaftliche Aussagen nicht solche sind, die bewiesen sind (ein positiver Beweis sei unmöglich), sondern solche, deren Falschheit potenziell erwiesen werden kann (die „falsifiziert" werden können). Ein Beispiel wäre etwa: „Es gibt in Berlin keine schwarzen Schwäne." Taucht ein solcher innerhalb der Stadtgrenzen auf, ist die Aussage als falsch erwiesen. Solange keine zu sehen sind, kann mit der Aussage vorläufig gearbeitet werden. Unwissenschaftlich wären für Popper dagegen Aussagen wie „Es gibt in Berlin schwarze Schwäne, die mit Messinstrumenten gleich welcher Art nicht nachweisbar sind."
Theologische Aussagen über Gott können nach Poppers Definition eigentlich nie wissenschaftliche Aussagen sein, da die Behauptung, dass er existiere oder bestimmte Eigenschaften habe, von Menschen unter keinen Umständen widerlegt werden können.

Diese Ansätze haben gemeinsam, dass sie versuchen, wenn auch auf verschiedenen Wegen, einen ewig gültigen Kern der Religion von historisch Gewordenem zu trennen. Manche meinen einschränkend, der ewige Kern, die eigentliche Bedeutung der göttlichen Botschaft, sei für Menschen nicht absolut, sondern immer nur aus ihrer Zeitperspektive heraus zu erkennen. Für die meisten der einschlägigen Autoren ist dabei das entscheidende Kriterium dafür, was als zeitbedingt und was als ewige Wahrheit (oder bei den vorsichtigeren Autoren als aktuell gültig) angesehen wird, letztlich die Frage, ob eine koranische Aussage mit modernen liberalen Vorstellungen von Wissenschaft, Menschenrechten oder gesellschaftlichem Fortschritt vereinbar ist.

Das Ergebnis ist somit in der Regel, obwohl das Vorgehen für viele konservative Muslime viel provokativer wirkt, nicht weit entfernt von den Ideen der Modernisten. Diese deuten schwierige Stellen um (oder ignorieren sie, ohne sie zu diskutieren) und versuchen so, die Modernität der islamischen Botschaft unter Beweis zu stellen (siehe Kap. 2.8.5). Die hier besprochenen nonkonformistischen Autoren dagegen sprechen offen aus, dass bestimmte Teile der heiligen Texte heute nicht mehr relevant oder nicht richtig zu verstehen sind. Auch sie können auf diese Weise der Frage ausweichen, ob ein Text, dessen Wertvorstellungen und Aussagen an verschiedenen Stellen mit denen von ihnen doch akzeptierten Positionen zeitgenössischer Wissenschaft und Ethik kollidieren, wirklich unmittelbar von Gott stammen kann. Während für die Modernisten Gott bereits vor 1400 Jahren die Grundlagen der Moderne gelegt hat, ist für diese Autoren im Koran zwar manches enthalten, was heute problematisch erscheint, es ist aber nicht der eigentliche Kern. Gott hat die problematischen Stellen einfügen müssen, da er sonst die ewige Botschaft vormodernen Menschen nicht hätte vermitteln können.

Die Idee, dass die heiligen Texte nicht Werk unfehlbarer göttlicher Pädagogik, sondern historisches Produkt bestimmter Umstände sein könnten, das Werk von Menschen, die unter diesen Umständen Gott gesucht haben, spielt keine Rolle. Der Koran bleibt im Prinzip ein von Gott wörtlich dem Propheten eingegebener Text. Sein unmittelbar göttlicher Ursprung bleibt stets unhinterfragt, selbst bei den hier als kritische Gelehrte abseits vom Mainstream vorgestellten Autoren. Insofern ist einer wirklich historisch-kritischen Untersuchung – etwa von Einflüssen anderer Religionen auf diesen Text – auch aus Sicht dieser Autoren unsinnig. Es geht ihnen, wenn sie von Historisierung sprechen, nie um eine Einordnung eines religionsgeschichtlich bedeutsamen Textes in die Geschichte der menschlichen Kultur, sondern immer um das Erkennen der Botschaft eines Textes, dessen göttliche Herkunft – und damit dessen prinzipielle Ahistorizität und Fehlerfreiheit – vorausgesetzt wird. Man betreibt also auch unter diesen Theologen letztlich keine historischen Untersuchungen, die die geschichtlichen Umstände der Entstehung des Korans nach den gleichen Methoden und unter den gleichen Voraussetzungen erhellen, mit denen man auch die Ursprünge aller anderen Phänomene der menschlichen Geschichte untersuchen würde.

Darin liegt, zum Guten oder zum Schlechten, ein wichtiger Unterschied zur christlichen Theologie der letzten 150 Jahre, die sich mit der Erkenntnis der Historizität und letztlich der Menschlichkeit ihrer heiligen Texte auseinandersetzen muss. Die Lösungen, die christliche Theologen und Prediger dann freilich finden, um den heiligen Texten ihrer Tradition in der Gegenwart dennoch relevanten Sinn zu verleihen, sind *mutatis mutandis* gar nicht so weit von dem entfernt, was muslimische Modernisten, Traditionalisten, Islamisten oder Vertreter der zuletzt vorgestellten „kritischen" Richtung vorbringen: In liberalen und linken christlichen Kreisen etwa ist es üblich, genau wie es die muslimischen Modernisten tun, zeitgenössische Auffassungen in die heiligen Texte hineinzulesen; insbesondere in den USA gibt es eine starke Strömung eines konservativen politischen Protestantismus, die mit dem Islamismus zu vergleichen ist.

Beide Religionen, die auf einen gemeinsamen Ursprung als monotheistische Erlösungsreligionen in den letzten Jahrhunderten der Antike zurückblicken können, erweisen sich so auch in der Moderne als viel enger verwandt, als manchen ihrer Vertreter bewusst ist.

„Euroislam"

Nicht wenige der in diesem Kapitel vorgestellten muslimischen Theologen sind im Westen bekannter als in der muslimischen Welt selbst. Ihre Prominenz etwa in Deutschland bleibt allerdings in der Regel auf Islamwissenschaftler und mit dem interreligiösen Dialog befasste Menschen beschränkt. Davon, dass ihre Haltungen unter Muslimen in der europäischen Diaspora einen größeren Einfluss hätten – und dass hier ein neuer, europäischer Islam (ein von dem Politologen Bassam Tibi propagierter sog. „Euroislam") seine theologische Heimat findet –, kann bislang nicht die Rede sein. Es ist vielmehr so, dass unter Angehörigen der muslimischen Diaspora in Europa (wie bei Angehörigen jeder Diasporagesellschaft) ein besonderes Bedürfnis nach Rückversicherung besteht, was die eigene Identität angeht. Angesichts dieses Bedürfnisses ist es normal, dass unter denjenigen der aus muslimischen Ländern stammenden Migranten, für die Religion in ihrem Leben eine große Rolle spielt, abgrenzende und damit stärker identitätsstiftende Vorstellungen von Religion oft größeren Erfolg haben als liberale Modelle.

Es darf darüber hinaus nicht übersehen werden, dass zahlreiche muslimische Zuwanderer in Europa nicht aus den Bildungsschichten stammen und insofern abstrakte theologische Debatten, wie sie die meisten der hier vorgestellten Reformdenker führen, für sie kaum nachvollziehbar sind. Eine Ausnahme bilden hier die vor dem islamistischen Regime in ihrer Heimat geflohenen Iraner, die überwiegend zur Mittel- und Oberschicht ihres Herkunftslandes gehörten.

Generell ist bislang das Islamverständnis von Muslimen in Europa noch stark abhängig von den jeweils spezifischen Auffassungen in deren Herkunftsländern.

3 Systematischer Teil

3.1 *Gottesbild*

3.1.1 *Monotheismus*

Für monotheistische Religionen ist Gott kein einfacher Begriff. Das gilt zum einen in moralischer Hinsicht: Wenn ein als allmächtig gedachter Gott die Welt geschaffen hat, wie lässt sich dann die Herkunft des Bösen erklären? Letztlich bleibt hier nur, die Verantwortung für das Böse in irgendeiner Weise dem Menschen zuzuschieben, oder (seltener) zu leugnen, dass das Böse wirklich Böse sei, und ihm etwa Positives abzugewinnen. Aber für vormoderne Menschen mindestens ebenso wichtig war die Frage, wie man sich Gott überhaupt vorzustellen habe. Der Abschied von einem körperlichen Gottesbild, der in den in der jüdischen Tradition stehenden Religionen, aber auch dem spätantiken Heidentum vollzogen wurde, ebnete den Weg zu abstrakteren Vorstellungen, die aber in der Vormoderne immer noch in einen Bezug zur damaligen Naturwissenschaft und Metaphysik gesetzt wurden. Ein Problem für Muslime war hierbei insbesondere, wie Gott einerseits als Einer gedacht werden konnte, wenn doch andererseits sein Wesen und Wirken offenkundig so viele verschiedene Facetten hatte. Letztlich war damit die Frage des Gottesbildes für Muslime auch nicht einfacher als für die spätantiken Christen, die versuchen mussten, die Natur Jesu näher zu fassen.

Der Gott der Muslime (wie der der arabischsprachigen Christen und Juden) heißt Allāh, wobei diese Bezeichnung eine Zusammenziehung des arabischen *ilāh* („Gott“, auch für andere Götter als Gott, wenn in neutraler, nicht abwertender Weise über diese gesprochen wird) mit dem Artikel *al-* ist. Der Islam zeichnet sich durch einen strengen Monotheismus aus. Der *tauḥīd*, das Bekenntnis, dass es nur einen Gott gebe, ist der wichtigste islamische Glaubenssatz. Dieser wird im ersten Teil des islamischen Glaubensbekenntnisses (arab. *šahāda*) von den Gläubigen bekräftigt: „*Lā ilāha illā Llāh*" (arab., „Es gibt keinen Gott außer Gott"). Dieses islamische Bekenntnis zu nur einem Gott ist so im Koran nicht direkt zu finden, es ist aber etwa in Sure 6,19 angedeutet. Dass es neben Gott kein anderes der Anbetung würdiges Wesen gebe, rückt im Laufe von Muḥammads Auseinandersetzung mit seinen mekkanischen Gegnern zunehmend ins Zentrum seiner Predigt, die sich in den allerfrühesten Suren noch stärker auf die Warnung vor dem Weltende und die Mahnung zur reuigen Umkehr konzentriert hatte.

Der Koran zeichnet von Gott das Bild eines allmächtigen Wesens, das in unablässiger Tätigkeit die von ihm erschaffene Welt erhält. Alles, was Gott möchte, geschieht. Alles ist von ihm abhängig, er selbst dagegen von keinem anderen Wesen.

Gott wird im Koran durch eine Reihe von Eigenschaften charakterisiert, aus denen die spätere muslimische Frömmigkeit die 99 schönsten Namen Gottes ableitet. Diese zeigen Gott zum einen in seiner Macht, etwa als den Allmächtigen, der über alles Gewalt hat (arab. *al-ǧabbār*), in seiner Weisheit als den Allwissenden (arab. *al-ʿalīm*) oder den Hörenden (arab. *as-samīʿ*), zum anderen in seiner Fürsorge für die Menschen, etwa als ihren Ernährer (arab. *ar-razzāq*).

Diese Fürsorge hat durchaus einen ambivalenten Charakter. Gott spendet Leben (arab. *al-muḥyī*), er bringt aber auch den Tod (arab. *al-mumīt*). Er ist der, der sich den Menschen immer wieder verzeihend zuwendet (arab. *al-ġafūr*, *at-tauwāb*), der aber auch an seinen Feinden Rache zu nehmen im Stande ist (arab. *al-muntaqim*). Dabei ist Gott allerdings in jedem Fall gerecht (arab. *al-muqsiṭ*; für weitere Beispiele siehe S. 46f.).

Diese Gott zugeschriebenen Eigenschaften sind abstrakt und nicht an eine körperliche Beschaffenheit Gottes gebunden. Das gilt für koranische Beschreibungen Gottes aber nicht durchgängig. Über Gott werden im Koran auch Aussagen gemacht, die ein anthropomorphes (menschenförmiges) Gottesbild nahelegen, wie es unter den Völkern der Antike üblich war. Gott hat eine Hand (etwa 48,10), er hat Augen (11,37; 52,48; 54,14), er setzt sich schließlich wie ein König auf seinem Thron zurecht. Die spätere Tradition hat die Koranverse, in denen Gott menschliche Eigenschaften zugeschrieben werden, als uneindeutig (arab. *mutašābih*) bewertet. Es erscheint fraglich, dass sie den Zeitgenossen des Propheten ähnliche Schwierigkeiten bereiteten. Zwar sprechen gegen dieses anthropomorphe Gottesbild koranische Aussagen, die Gottes vollständiges „Anders-Sein" als die geschaffenen Dinge betonen und die somit im Widerspruch zu den oben genannten Versen zu stehen scheinen. Ein Beispiel ist etwa Sure 42,11: „(Er ist) der Schöpfer von Himmel und Erde. Er hat euch (Menschen) und (auch) die Herdentiere zu Paaren gemacht und dadurch bewirkt, dass ihr euch (auf der Erde) verbreitet. Es gibt nichts, was ihm gleichkommen würde. Er ist der, der (alles) hört und sieht.“ Es ist jedoch auffällig, dass die Andersartigkeit Gottes hier nicht im abstrakten Sinne gemeint ist; es geht vielmehr darum, seine im Vergleich zu den geschaffenen Dingen ungeheure Macht hervorzuheben.

Erst nach dem Tod Muḥammads hat die im Koran letztlich nicht gestellte Frage, wie man sich Gott konkret vorzustellen habe, unter muslimischen Theologen für Streit gesorgt. Zwei Konzepte standen zunächst unversöhnlich gegeneinander: *tašbīh* (arab., die „Verähnlichung“ Gottes mit der Schöpfung, d. h. der Anthropomorphismus) und *tanzīh* (arab., „das Gott von allen Eigenschaften des Geschaffenen Freisprechen“).

Im Milieu der *ḥadīṯ*-Sammler hatte man bald die relativ geringe Zahl koranischer Verse, die ein anthropomorphes Gottesbild nahezulegen scheinen, durch einschlägige Überlieferungen ergänzt, von denen ein geringer Teil auch Eingang in die kanonischen Sammlungen gefunden hat. Auf der anderen Seite haben frühe theologische Denker wie Ǧahm b. Ṣafwān die in Sure 42,11 angesprochene Andersartigkeit Gottes dahingehend gedeutet, dass man Gott in keiner Weise mit Begriffen aus der Welt des Geschaffenen beschreiben kann, und damit das Gottesbild vollkommen entleert (arab. hier: *taʿṭīl*). Diese Diskussionen wurden seit dem 3. Jahrhundert des Islams auf ein theoretischeres Niveau gehoben. Mit Hilfe von Begriffen der entstehenden arabischen Sprachwissenschaft konnte man nun die Dinge, die im Koran über Gott ausgesagt wurden, als Attribute definieren (arab. *ṣifa*).

Die großen theologischen Schulen des frühen Islams hatten damit das Rüstzeug, mit dessen Hilfe in anspruchsvoller Weise über die Frage des Gottesbildes diskutiert werden konnte. Die Muʿtaziliten sahen sich selbst als entschiedene Verfechter der Einheit Gottes. Das hieß für sie, dass in Gott keine Vielheit gedacht werden kann. Ein Verstoß gegen seine Einheit wäre es, wenn er aus verschiedenen, von seinem Wesen unterscheidbaren Attributen bestünde. Alle Attribute Gottes, von denen der Koran spricht, sind daher für sie Teil des göttlichen Wesens selbst. Wenn man das nicht akzeptiert, man z. B. meint, der Umstand, dass Gott wissend ist, heißt, dass er über ein Wissen verfügt, dann wäre dieses Wissen ein von ihm zu trennender Gegenstand. Wenn Gott schon immer über dieses Wissen verfügt haben sollte, muss das Wissen gleich ihm als urewig gedacht werden. Da nur Gott urewig ist, wäre das Wissen damit ein Gott neben Gott. Das Wissend-Sein Gottes kann folglich nicht von dieser Art sein.

Die Muʿtaziliten unterschieden darüber hinaus zwischen solchen Attributen, die wesenhaft zu Gott dazugehören (arab. Pl. *ṣifāt aḏ-ḏāt*, z. B. der Umstand, dass Gott weise ist), und anderen, die nicht Ausdruck seines Wesens sind, sondern im Moment einer bestimmten göttlichen Handlung wirksam werden (arab. *ṣifāt al-fiʿl*, etwa der Umstand, dass Gott zu einem bestimmten Zeitpunkt spricht). Damit konnten sie den Koran als etwas in der Zeit Geschaffenes definieren, da die Rede Gottes zu den Handlungseigenschaften zu zählen sei. Die Frage der Ewigkeit des Gotteswortes war damit im Sinne der Muʿtaziliten gelöst, die Einheit Gottes gewahrt und er selbst von jeder Ähnlichkeit mit den geschaffenen Dingen freigesprochen.

Um die Einheit und Unkörperlichkeit Gottes geht es den Muʿtaziliten und in ihrer Nachfolge den zwölferschiitischen und ḫāriǧitischen (heute: ibāḍitische) Theologen auch, wenn sie koranische Äußerungen über Gott, die im Sinne des Anthropomorphismus verstanden werden können, als Metaphern deuten (Gottes Sich-Zurechtsetzen auf dem Thron etwa als Ausdruck seiner Macht über die Schöpfung). In diesen Fragen polemisieren sie insbesondere gegen solche Personen im Milieu der Sammler des *ḥadīṯ*, die auf einem sehr wörtlichen Verständnis einschlägiger Koranstellen und Überlieferungen bestanden.

Dieses wörtliche Verständnis suchten auch die Ašʿariten zu bekämpfen. Sie bemühten sich, anders als die Muʿtaziliten, einschlägige Aussagen aus Koran und Überlieferung möglichst wörtlich zu verstehen, ohne aber gleichzeitig in den kruden Anthropomorphismus zu verfallen, den man den Anhängern der *ḥadīṯ*-Partei vorwarf. Das ließ sich häufig nur mit Formelkompromissen lösen. Wenn von Gottes Hand die Rede ist, dann ist dies keinesfalls metaphorisch zu verstehen. Gott hat tatsächlich eine Hand. Anders als manche Vertreter eines anthropomorphistischen Gottesbildes meinten, sei diese Hand aber nicht wie eine menschliche Hand. An die Hand Gottes müsse man *bi-lā kaifa*, also glauben, „ohne nach dem Wie zu fragen".

Einen ähnlichen Formelkompromiss vertraten die Ašʿariten in der grundsätzlicheren Frage, ob Gottes Attribute als eigene Wesenheiten existieren. Auch hier warfen sie den Muʿtaziliten vor, sie würden, ähnlich wie die Anhänger Ǧahms, die Eigenschaften Gottes leugnen. Um selbst dem Gegenvorwurf zu entgehen, sie würden damit postulieren, dass es neben Gott andere ewige Wesen gebe, zogen sich die Anhänger Ašʿarīs auf die Formel zurück, die *ṣifāt* seien weder von Gott verschieden noch mit ihm identisch.

In Hinblick auf Gottes Beschaffenheit neigen die Muʿtaziliten zu großer Abstraktion und betonen das Anders-Sein Gottes. Das Handeln Gottes sehen sie dagegen ganz menschlichen Maßstäben unterworfen. Was von uns Menschen mit dem Verstand als Gut und Böse erkannt werden kann, ist auch bei Gott Gut und Böse. Gott ist nach einer unter ihnen verbreiteten Meinung verpflichtet, stets zum Besten der Menschen zu handeln.

Die Ašʿariten sehen in dieser Vorstellung eine Einschränkung von Gottes Allmacht. Das Gute ist allein deshalb gut, weil Gott es für gut erklärt. Gott ist an menschliche moralische Maßstäbe in keiner Weise gebunden. Gott ist nicht verpflichtet, die guten Menschen zu belohnen und die bösen zu bestrafen, denn dann wäre seine Allmacht eingeschränkt. Er wird es nichtsdestoweniger tun, aber nicht, weil sein Handeln unserer Beurteilung unterliegt, sondern allein, weil er in seinem heiligen Buch sagt, dass er so verfahren werde.

3.1.2 Gottesbeweise in der islamischen Theologie

Ein wichtiger Gegenstand der Theologie sind Gottesbeweise, also zu zeigen, dass die Existenz Gottes rational zwingend notwendig sei. Im Koran selbst werden Gottesbeweise gegen die mekkanischen Heiden ins Feld geführt. Diese leugnen weniger die Existenz Gottes als vielmehr die des Propheten und wollen Gott in ihrem Alltag nicht berücksichtigen. Auch wird gegen die Vorstellung einer Vielzahl von Göttern polemisiert (vgl. etwa 29,65; 7,59ff.; 53,19-25; auch: 10,12; 39,8).

Eine Gott und den Göttern gegenüber skeptische oder gleichgültige Haltung, wie sie unter den mekkanischen Heiden existierte, war in den von den Muslimen eroberten, damals zum Teil schon seit Jahrhunderten vom christlich-jüdischen Monotheismus geprägten Ländern nicht verbreitet. Bis ins 19. Jahrhundert war die prinzipielle Existenz eines höheren Wesens im Vorderen Orient eine selbstverständliche Annahme. Zweifel gab es unter den nicht sehr zahlreichen kritischen Geistern weniger an der Existenz Gottes als solcher, sondern allenfalls an der Richtigkeit der offenbarten Religionen und daran, ob Gott personal oder nicht vielmehr als abstraktes Prinzip zu denken sei.

Zweck muslimischer Gottesbeweise war insofern vor allem, die islamische Lehre von der Einheit Gottes zu belegen und so die Vorstellung einer Vielzahl von Göttern, wie sie in anderen Religionen zu finden ist, als absurd zu erweisen. Gottesbeweise dienten zudem dazu zu erweisen, dass das Wissen um seine Existenz nicht allein auf Offenbarung beruht, die Religion folglich mit rationalen Formen der Gotteserkenntnis nicht im Widerspruch steht.

Ein Beweis, der sich bereits im Koran findet, ist der Beweis aus der sinnhaften, dem Menschen dienenden Ordnung der Welt (arab. *niẓām*). Eine derartige sinnhafte Ordnung muss einen Schöpfer haben. Es ist ausgeschlossen, dass es in der Welt mehrere Götter gibt, da sie sich sonst gegenseitig behinderten (arab. *tamānuʿ*), was zu Unordnung in der Schöpfung führe und deshalb nicht der Fall sein könne (21,22). Indirekt als Gottesbeweis fungiert die These vom Wundercharakter (arab. *iʿǧāz*) des Korans, d. h. der Beweis der prophetischen Sendung Muḥammads (siehe Kap. 2.2.2).

In der älteren islamischen Theologie von Bedeutung ist der Beweis, der darauf beruht, dass das, was wir um uns sehen, offenkundig in der Zeit entstanden ist (es ist in diesem Sinne neu, *ḥadīṯ*, das Substantiv dazu lautet *ḥudūṯ*). Alles in der Zeit Entstandene beruht auf etwas vor ihm Entstandenen und muss in letzter Konsequenz auf etwas zurückgehen, das vor der Zeit bereits da war (arab. *qadīm*, eigentlich „alt", hier: „bereits vor der Schöpfung vorhanden"). Nur so kann man einen infiniten Regress vermeiden (d. h. ein als absurd angesehenes immer weiter Zurückschreiten von einer Ursache zur nächsten, arab. *tasalsul*). Das, was vor der Zeit bereits vorhanden war, ist Gott. Ein ähnlicher Beweis, der mit dem seit dem 11. Jahrhundert aus der islamischen Philosophie neu in die islamische Theologie eingeführten Begriff der Existenz arbeitet, beruht darauf, dass alles, was in der Welt existiert, nur möglicherweise, nicht aber notwendig existiert (arab. *mumkin al-wuǧūd*). Dinge, die möglich sind, sind durch etwas anderes in die Existenz gebracht worden. Wenn man einen infiniten Regress vermeiden will, muss es etwas geben, das nicht möglicherweise, sondern notwendig, also aus sich selbst heraus existiert. Das notwendig Existierende (arab. *wāǧib al-wuǧūd*) ist Gott. Ein weiterer Beweis ist der aus der Natur der Menschen (arab. *fiṭra*). Alle Menschen glaubten an die Existenz einer Gottheit, da dies in ihnen angelegt sei.

Diese theologischen Beweise haben bereits al-Ġazālī nicht mehr restlos überzeugt. Aus seiner Sicht kann wahre Sicherheit bezüglich der Existenz Gottes auf dem Wege der Spekulation nicht erlangt werden. Es ist nicht die rationalistische Spekulation oder die Autorität irgendwelcher Lehrer, sondern das unmittelbare Erleben Gottes, wie es den Mystikern zuteil wird, das allein dem Gläubigen eine Gewissheit verleiht.

Seit dem 19. Jahrhundert sind Muslime immer wieder mit atheistischen oder agnostischen Vorstellungen konfrontiert worden. In der Auseinandersetzung mit diesen Vorstellungen greifen muslimische Autoren in der Regel zu den aus dem Mittelalter überkommenen Formen des Gottesbeweises zurück, die sie aber teilweise in ein modernes

Gewand kleiden. Dies geschieht etwa, indem die bereits im Koran zum Beweis der göttlichen Fürsorge für den Menschen herangezogene Sinnhaftigkeit der Welt mit Erkenntnissen der zeitgenössischen Naturwissenschaft untermauert wird.

3.1.3 Wandlungen des Gottesbildes

Die theologischen Debatten über Gott und seine Attribute waren immer nur einer kleinen Elite verständlich. Das koranische Gottesbild wurde seit dem 3. Jahrhundert des Islams nicht nur von diesen abstrakten Spekulationen, sondern ebenso von einer anderen Vorstellung umgeformt, die sowohl das gelehrte Nachdenken über Gott als auch die Vorstellungen der breiten Masse beeinflusste. Es wurde nämlich zusehends als möglich angesehen, mit Gott in eine Liebesbeziehung einzutreten, in der Gott als der Geliebte der menschlichen Seele erschien. Derartige Vorstellungen hatten im Koran nur geringen Rückhalt (vgl. aber 5,54), wurden aber dennoch zu einem zentralen Element der islamischen Mystik.

Ein berühmtes frühes Beispiel hierfür ist Rābiʿa al-ʿAdawīya (gest. 185/801), von der überliefert wird, sie habe gewünscht, dass Paradies und Hölle nicht mehr seien, damit Gott nur noch aus Liebe zu ihm selbst verehrt werden solle.

Bei der Vorstellung von der Liebesbeziehung zwischen Gott und dem Mystiker spielten dann auch anthropomorphistische Überlieferungen eine Rolle, die dem Propheten zugeschrieben wurden und in denen Gott als schöner Jüngling beschrieben wurde. Gott als der schöne Jüngling, den der Liebende zu erreichen sucht und doch nicht erreichen kann, ist ein Hauptmotiv etwa in der persisch- und türkischsprachigen Dichtung der Muslime bis zum Ende des 19. Jahrhunderts. Verbunden ist diese Vorstellung vielfach mit dem Bild des Weins und des Rausches, der für die Begeisterung des Mystikers steht. Der göttliche Jüngling wird dann gerne als Mundschenk beschrieben, der dem Mystiker den Wein reicht.

In der islamischen Mystik ab ca. dem 13. Jahrhundert hat, neben der Vorstellung von Gott als dem Geliebten des Mystikers, die Idee eine Rolle gespielt, dass die geschaffene Welt ein Abbild von Eigenschaften Gottes sei. Auch Vertreter dieser Ideen konnten sich auf eine Prophetenüberlieferung berufen, in der es heißt, Gott selbst habe sich als verborgenen Schatz bezeichnet, der sich manifestieren wollte. Als diese Manifestation des Göttlichen wird die geschaffene Welt gedacht. In dieser ist allerdings Gott nicht ganz präsent, sondern jedes geschaffene Ding ist nur Abglanz jeweils eines Aspekts der Gottheit. Diese mystischen Vorstellungen sind seit dem Mittelalter und verstärkt seit dem späten 19. Jahrhundert Gegenstand heftiger Kritik gewesen. Man sah in diesen Ideen Abweichungen vom Gottesbild von Koran und Sunna. Die traditionellen mystischen Vorstellungen von Gott werden in der Gegenwart dennoch in sufischen Kreisen weiterhin vertreten, allerdings spielen sie in der Öffentlichkeit der islamischen Länder keine große Rolle mehr.

Seit der Mitte des 20. Jahrhunderts ist hier dafür eine andere Vorstellung sehr präsent. In einer Welt, die zunehmend nicht durch religiöse Werte geprägt erscheint, tritt die Rolle Gottes als Herrscher und Ordner des Soziallebens der Menschen immer mehr in den Vordergrund. Insbesondere islamistische Denker wie Saiyid Quṭb betonen diese Rolle Gottes als Souverän, dem die Menschen Gehorsam schulden. Dieser Gehorsam werde in den modernen Gesellschaft aber zunehmend nicht mehr Gott, sondern Menschen und von ihnen gemachten Gesetzen gezollt.

Während so Gottes Rolle in der Welt Gegenstand intensiver Diskussionen unter muslimischen Denkern ist, tritt die Frage, wie man sich sein Wesen eigentlich zu denken hat, die für mittelalterliche Theologen so entscheidend war, heute in den Hintergrund. Das heißt allerdings nicht, dass die Lösungen mittelalterlicher Theologen im Zweifel nicht bis heute als verbindlich angesehen werden können. Sie bleiben Gegenstand von Katechismen für gebildete Muslime; im Einzelfall können traditionell ausgebildete Theologen bis heute über diese Fragen heftige Fehden austragen, die so weit gehen, dass sie sich wegen ihrer diesbezüglichen Ansichten gegenseitig für ungläubig erklären.

3.2 Menschenbild

3.2.1 Mensch und Gott in der vormodernen Theologie

Das Menschenbild des Korans ist vielschichtig. Der Mensch ist an sich gut und in der Lage, die Zeichen Gottes zu erkennen. Anderseits ist er schwach und verführbar. Diese Verführbarkeit beruht zum einen auf moralischen Defiziten wie Neigung zum Unrecht-Tun und Aufruhr. Wohltaten fordert er von Gott in der Not ein, nur um sie sogleich wieder zu vergessen (10,12; 39, 8). Sein Verstand, der ihn an sich auszeichnet und an den der Koran immer wieder appelliert, führt ihn auf der anderen Seite dazu, sich gegen Gott argumentativ aufzulehnen (18,54; 36,77). Durch Reue und Gottes Rechtleitung kann er aber wieder auf den Weg des Heils gelangen.

Das wird bereits in der koranischen Darstellung Adams deutlich. Seine Schöpfung wird, anders als im Alten Testament, im Koran nicht ausführlich beschrieben. Anklänge an den biblischen Bericht sind in der koranischen Darstellung dennoch deutlich. Gott erschafft aus Ton und Schlamm mit Adam den ersten Menschen (15,26; 23,12). Als dieser sich mit dem Essen von den Früchten des verbotenen Baumes gegen Gott auflehnt und zur Strafe aus dem Paradis vertrieben wird, erkennt er, dass er Unrecht getan hat. Gott wendet sich ihm darauf wieder zu und leitet ihn recht. Adam wird so zum ersten Propheten. Trotz der offenkundigen Defizite des Menschen wird er von Gott zu seinem Stellvertreter auf Erden eingesetzt (2,30) und vor allen anderen Wesen bevorzugt (17,70). Die Eifersucht auf den im Vergleich mit den Engeln höheren Rang, den Gott dem Menschen verleiht, lässt dem Menschen in Gestalt des Teufels einen Feind entstehen, der seine Schwächen ausnutzt, um ihn zu verführen.

An anderer Stelle war bereits davon die Rede, dass die Frage, ob das menschliche Verhalten von Gott gelenkt wird oder der Mensch über einen freien Willen verfügt, im Koran trotz einer Tendenz zugunsten der erstgenannten Position nicht letztgültig beantwortet wird.

Handlungsfreiheit und Willensfreiheit, Todesschicksal und Lebensunterhalt
Die theologische Diskussion im klassischen Islam in diesen Fragen kreiste in der Regel nicht um die Willensfreiheit des Menschen, also die psychologische Frage, wie er zu seinen Entscheidungen kommt. Schwerpunkt war vielmehr meist die Handlungsfreiheit, d. h. die Frage, unter welchen Umständen eine Handlung zu Stande kommt und wer als Schöpfer der Handlung anzusehen ist.
Dies stellt im Vergleich zu christlichen Diskussionen über die Willensfreiheit des Menschen und die göttliche Gnade aber nur eine etwas andere Schwerpunktsetzung dar.
Unabhängig von ihren unterschiedlichen Positionen in der Frage der Handlungsfreiheit gingen Muslime generell davon aus, dass die Lebenszeit und die Menge des Lebensunterhalts eines Menschen von Gott vorherbestimmt seien.

In der islamischen Theologie stand zunächst die Frage der Handlungsfreiheit des Menschen im Mittelpunkt. Die Anhänger der *ḥadīṯ*-Überlieferung und die späteren Sunniten, insbesondere die Schule al-Ašʿarīs, traten dabei mehr oder weniger verklausuliert für die göttliche Vorherbestimmung des menschlichen Handelns ein, während unter den Muʿtaziliten und später in der Zwölferschia die Wahlfreiheit des Menschen vertreten wurde. Es ging in dieser Diskussion um den in den monotheistischen Systemen der vorderorientalischen Tradition letztlich unauflösbaren Widerspruch zwischen göttlicher Allmacht und

Gerechtigkeit: Wenn Gott allmächtig und einziger Schöpfer ist, heißt das auch, dass er Schöpfer der Taten der Menschen und in letzter Konsequenz für sie verantwortlich ist. Gleichzeitig straft oder belohnt er aber die Menschen für ihr Verhalten auf der Erde. Dieser Widerspruch ist in der Geschichte der islamischen Theologie, genauso wie in der der christlichen Theologie, nie in für alle Gläubigen befriedigender Weise gelöst worden. In beiden Religionen ist dabei im Laufe der Theologiegeschichte jeweils die gesamte Bandbreite möglicher Positionen vertreten worden (siehe Kap. 2.4.1 und 2.4.2).

Seit dem späten 19. Jahrhundert erscheint die Vorstellung eines willkürlich strafenden (und belohnenden) Gottes Theologen aber zunehmend unangenehm. Im sunnitischen islamischen Kontext kommt ein Weiteres hinzu: Die in der ašʿaritischen Schule sehr stark betonte göttliche Allmacht ist eng verbunden mit dem im gelebten Alltagsislam sehr weit verbreiteten Glauben, das Schicksal eines jeden sei von Gott ohnedies vorherbestimmt und man müsse es ergeben hinnehmen. Der theologische Glaube an die Vorherbestimmung wird von europäischen Beobachtern und muslimischen Theologen im späten 19. und frühen 20. Jahrhundert als eine Ursache für die Rückständigkeit der islamischen Welt ausgemacht. Reformer wie Muḥammad ʿAbduh und der Algerier Ibn Badīs (1307–1359/1889–1940) betonen daher, in Abkehr von traditionellen ašʿaritischen Vorstellungen, die Wahlfreiheit des Menschen.

Vorstellungen, die die Fähigkeit des Menschen zu eigenständigem Handeln leugnen, werden meist mit einem prinzipiell negativen Menschenbild in Verbindung gebracht. In der spätantiken vorderorientalischen Welt, in der der Islam entstanden ist, war ein solches tendenziell negatives Menschenbild weit verbreitet und äußerte sich im islamischen theologischen Denken auch in anderen Bereichen als der Frage der menschlichen Handlungsfreiheit.

So unterscheiden die islamische Theologie und insbesondere die islamische Mystik zwischen verschiedenen Seelenschichten. Gott zugewandt ist das Herz (arab. *qalb*) des Menschen, in der vorderorientalischen (und aristotelischen) Tradition der Sitz des Verstandes und im islamischen Denken dann das Einfallstor des Göttlichen. Die eigentliche Seele heißt *nafs* und muss in einem dauernden Kampf von den Gläubigen unterworfen werden, da sie ansonsten als Motor der Begierden stets zum Bösen treibt (vgl. 12,53). Der Weg dieser Unterwerfung ist die genaue Erfüllung des göttlichen Gesetzes, insbesondere aber die Askese. Ziel der Mystiker insbesondere der ersten Jahrhunderte des Islams ist es, auf dem Weg der Askese die in der ungezähmten Triebseele wohnenden Begierden zu überwinden. Die diesseitigen Wünsche und Vorstellungen, letztlich das, was die Individualität des von Gott getrennten Menschen ausmacht, sollen auf diese Weise beseitigt werden. In der Hülle des menschlichen Körpers wird damit Platz geschaffen für das Einströmen des Göttlichen. Der Mensch wird so, indem er sich seines Mensch-Seins ganz entkleidet, zu einem Spiegel des Göttlichen.

Seit dem 13. Jahrhundert spielt der Mensch in der mystisch-theologischen Spekulation eine deutlich positivere Rolle. War es bis dahin das Ziel, die menschlichen Züge im Menschen auszulöschen, um Platz für das Göttliche zu schaffen, so erscheint in der späteren Mystik der geschaffene Mensch selbst als Sinnbild des Göttlichen. Das gilt insbesondere für den sog. „Vollkommenen Menschen" (arab. *al-insān al-kāmil*), den himmlischen Prototyp der irdischen Menschen. Die Idee eines solchen Idealmenschen hatte Anknüpfungspunkte an verschiedene hellenistische und zoroastrische Vorstellungen, beruht aber wohl auch auf Spekulationen islamischer Mystiker auf Grundlage des Korantextes.

In der spekulativen Mystik Ibn al-ʿArabīs werden diese Gedanken dahingehend verdichtet, dass sich im „Vollkommenen Menschen" alle Facetten der Gottheit manifestieren, die, wie es in einem *ḥadīṯ* heißt, den Menschen nach seinem Bilde geschaffen habe. (Dieses *ḥadīṯ*, dessen biblische Anklänge deutlich sind, wird von anderen so verstanden, als habe Gott den Menschen nach dem für ihn, den Menschen, vorgesehenen Bild geschaffen.) Der „Vollkommene Mensch" wird schließlich mit dem himmlischen Urbild Muḥammads identifiziert. In den besonders von Gott begnadeten Menschen auf Erden spiegelt sich der himmlische Prototyp des Menschen wieder, der seinerseits gleichzeitig Spiegel des unsagbaren Göttlichen ist.

Derartige mystische Spekulationen stellen in gewisser Weise eine Variante der in der islamischen (und überhaupt der neuplatonisch geprägten) Philosophie verbreiteten Überzeugung dar, der Mensch sei ein Mittelwesen zwischen der höheren Welt des Geistes und der geschaffenen Welt der Materie. Mit seinem Verstand habe der Mensch Anteil an der Welt der himmlischen Intelligenzen, während er mit seinem Körper gleichzeitig zur materiellen Welt gehöre.

Dass solche Ideen für die Anhänger Ibn Taimīyas immer ein rotes Tuch waren, versteht sich. Sie sind im mystischen Islam zwar bis in die Gegenwart lebendig, spielen allerdings in der öffentlichen Debatte islamischer Länder kaum noch eine Rolle. Anfang des 20. Jahrhunderts waren sie immerhin formal noch präsent in dem in seiner Bildersprache stark an die Tradition der persischen mystischen Dichtung angelehnten Werk Muḥammad Iqbāls (1294–1357/1877–1938), eines bis heute in Pakistan und unter indischen Gelehrten hochgeachteten Denkers und Philosophen. Doch seine Botschaft war eine ganz andere. Statt des Aufgehens im Göttlichen stellt für ihn ein dynamisches Engagement im Diesseits die Aufgabe des Menschen dar. Auch der modernistische Islam eines Muḥammad ʿAbduh schöpft weniger aus den metaphysischen Spekulation der späteren islamischen Tradition als aus dem fortschrittsgläubigen Menschenbild des europäischen 19. Jahrhunderts: Der Mensch ist von Gott mit Verstand und Erfindungsreichtum begabt und kann so als Gottes Stellvertreter (vgl. 2,30; 27,62) am göttlichen Schöpfungswerk mitwirken.

3.2.2 Das islamische Menschenbild der Gegenwart

Im Laufe des 20. Jahrhunderts wird dieses optimistische Menschenbild zunehmend von Kritik an der in der Moderne angeblich zu beobachtenden Selbstvergottung des Menschen überlagert. Der moderne Mensch nehme für sich in Anspruch, selbst über sein Leben zu verfügen und es ordnend zu gestalten. Festgemacht wird dies insbesondere an der Frage des menschengemachten Rechts, das an die Stelle der Scharia tritt. Bei allem nicht zu leugnenden materiellen Fortschritt verliere der moderne Mensch den spirituellen Bezug zur höheren, geistigen Welt, die allein dem Leben Sinn zu geben vermag. Er selbst und seine materiellen Interessen werden auf den Thron gehoben und die Gebote Gottes missachtet. Derartige Gedanken weisen in vielerlei Hinsicht große Ähnlichkeiten mit konservativ-religiösem, kulturkritischem und antimodernistischem Denken im Westen auf. Sie haben aber zweifellos ihre Wurzeln in einem alten Strang des islamischen Denkens und sind in dieser Tradition immer präsent gewesen.

Ganz wie zur Zeit Muḥammads gelte es heute, die Menschen wieder dazu aufzurufen, den Knechtscharakter ihres Verhältnisses zu Gott anzuerkennen, dem allein Herrschaft gebühre. Im Islamismus bedeutet dies, dass es die Aufgabe des Gläubigen sei, durch politisches Engagement der Anerkennung der von Gott in der Scharia gegebenen Gebote zum Durchbruch zu verhelfen. Das Engagement zur Veränderung der Gesellschaft zeichnet hier den guten Gläubigen aus.

Im konservativ-fundamentalistischen Islam der Salafisten wird dagegen vor allem eine bis ins Detail gehende Befolgung der von Muḥammad vorgelebten „guten Sitten" in den Mittelpunkt gestellt. Indem er sich diese zu eigen mache, könne der Mensch ein seiner Natur angemessenes, würdiges Leben führen. Das Vorbild des Propheten in seinem Leben nachzuahmen, erlaubt dem Gläubigen, eine „islamische Persönlichkeit" (arab. *aš-šaḫṣīya al-islāmīya*) zu entwickeln, die die höchste Form des Menschseins darstelle.

Beide zuletzt genannten Strömungen des zeitgenössischen Islams gehen freilich ineinander über: Vertreter des konservativen Fundamentalismus sind oft Befürworter politischer Aktionen, und Vertreter des Islamismus sind in der Regel durchaus Befürworter einer Umsetzung islamischer Normen auch im Alltag. Der Unterschied liegt hier mehr in der Schwerpunktsetzung und im kulturellen Habitus. Das Auftreten von Islamisten ist in der Regel stärker von der westlichen Moderne geprägt (Kleidung, Ausbildung) als das der Vordenker des Salafismus. Für beide Strömungen aber ist typisch, dass sie das individualistische Menschenbild der westlichen Moderne ablehnen.

3.3 Eschatologie

Unter Eschatologie (von altgriech. τὰ ἔσχατα *ta és-chata*, „die äußersten/letzten Dinge“) versteht man die Lehre von den Geschehnissen während des und nach dem von den drei großen vorderorientalischen Offenbarungsreligionen verheißenen Weltende. Anders als in vielen religiösen Systemen, die von einem zyklischen Weltbild ausgehen, in dem – oft in Anlehnung an den Jahreskreis – die gleichen Ereignisse immer wiederkehren, ist das Weltbild von Judentum, Christentum und Islam linear. Das heißt, dass die Welt zu einem bestimmten Zeitpunkt von Gott geschaffen wurde, sich in ihr dann die Geschichte von Gottes Handeln an den Menschen abspielt, ehe sie schließlich in einer großen Katastrophe vernichtet wird und im Anschluss daran die Ewigkeit eintritt.

3.3.1 Das Weltende

Die Lehre vom Weltende, das jederzeit hereinbrechen kann und auf das es vorbereitet zu sein gilt, ist zentraler Kern der Botschaft des Korans. Gerade in den ältesten Suren wird die kosmische Katastrophe mit bewegten und poetischen Bildern immer wieder den Hörern vor Augen gestellt. So heißt es etwa in Sure 82,1–5: „Wenn (dereinst) der Himmel sich spaltet, die Sterne (ihren Standort aufgeben und) sich (nach allen Richtungen) zerstreuen, die Meere über die Ufer treten (?) (w. zum Hervorsprudeln gebracht werden) und die Gräber ausgeräumt werden, bekommt ein jeder zu wissen, was er früher (an guten Werken?) getan und was er versäumt (w. aufgeschoben) hat (oder: was er früher oder später in seinem Leben getan hat).“ Das Weltende geht, wie wir sehen, einher mit dem Weltgericht, bei dem, wie der Koran verschiedentlich betont, mit jedem Einzelnen genau abgerechnet wird.

Wann das Weltende hereinbrechen wird, weiß Gott allein (vgl. 7,187). Aus dem Koran spricht eine gewisse Naherwartung, die auch für die frühen Muslime noch typisch war. Doch selbst in der späteren islamischen Theologie hat man meist die Ansicht vertreten, dass die Welt die längste Zeit bereits hinter sich hat. Der Weltenlauf nach der Epoche Muḥammads wird dabei als ein steter Prozess des Abstiegs gedeutet, der allerdings von Zeit zu Zeit durch bestimmte Gelehrte, die als „Erneuerer der Religion" (arab. *muǧaddid*) auftreten, gebremst wird. Der Abwärtsprozess lässt sich jedoch nicht wirklich aufhalten. Am Ende der Zeiten werden, so wird Muḥammad in den Mund gelegt, die aufrichtigen Muslime erneut nur noch eine kleine Schar sein, ganz wie in den Anfängen des Islams.

In der islamischen Lehre vom Weltende und dem Jenseits spielen neben dem Koran auch zahlreiche dem Propheten zugeschriebene Aussprüche eine Rolle. Ein bis in alle Einzelheiten stimmiges Bild ist angesichts der Fülle des Materials nicht zu zeichnen. Allerdings herrscht über den grundsätzlichen Ablauf Einigkeit. Das heraufziehende Weltende wird durch Zeichen angekündigt, von denen, mehr als der Koran, die Prophetenüberlieferung ausführlich handelt. Diese Zeichen bestehen in der Regel in Vorgängen, die eine Umkehrung des Normalen in Natur und Gesellschaft darstellen: Die Sonne geht statt im Osten im Westen auf, Frauen erheben sich über die Männer und das, was man als allgemeinen Sittenverfall ansieht, nimmt enorme Ausmaße an. Viele der sozialen Veränderungen, die in der Tradition als Vorzeichen des nahenden Weltendes angesehen werden, sind kennzeichnend für moderne Gesellschaften. Die Auffassung, die eigene Zeit sei die, in der die Zeichen sich verdichten, ist von muslimischen Gelehrten im Laufe der Geschichte allerdings immer wieder vertreten worden. Die Gegenwart gehört aber angesichts der Krise, in der sich viele islamische Gesellschaften befinden und in der tatsächlich viele traditionelle gesellschaftliche Werte außer Kraft gesetzt werden, sicher zu den Epochen der islamischen Geschichte, in denen derartige Vorstellungen besondere Konjunktur haben.

Der Höhepunkt der Krise, die nach islamischer Vorstellung dem Weltende vorausgeht, ist das Auftreten des Antichrist (arab. *al-masīḥ ad-daǧǧāl*, „der Lügenmessias"). Gegen diesen kämpft je nach Überlieferung der auf die Erde zurückgekehrte Christus (arab. *al-masīḥ*) und/oder der Mahdi. Im sunnitischen Islam ist das nicht der zwölfte Imam der Schiiten, sondern eine eigene Figur, die in der Regel von Christus unterschieden wird. Der Mahdi bleibt siegreich und errichtet ein Reich der Gerechtigkeit, in dem der Scharia zum Durchbruch verholfen wird.

Erst im Anschluss daran kommt, angekündigt von einem Trompetenstoß (6,73), das eigentliche Weltende (79,6f.) mit den in den ältesten Koransuren so plastisch beschriebenen kosmischen Katastrophen. Alle Seelen müssen sterben (29,57). Danach ist die gesamte Schöpfung vernichtet, sogar der Todesengel muss das Feld räumen, nur Gott bleibt (vgl. 28,88). Gottes Schöpfermacht drückt sich darin aus, dass er nun die Welt und die Menschen neu schafft. Die Auferstehung geschieht, darauf besteht der Koran, körperlich (vgl. 36,78f.). Nur in der philosophischen Tradition des Islams wird die Auferstehung als geistiger Vorgang gedeutet, ja zum Teil als ein jede Seele individuell betreffendes Geschehen geleugnet.

Die Auferstandenen müssen gemeinsam auf das Gericht warten. Die guten und schlechten Taten werden einzeln abgewogen. Alles ist in den Büchern Gottes präzise verzeichnet. Die Gerichteten überqueren dann eine Brücke über den Höllenschlund (arab. *ṣirāṭ*), für die man wohl zoroastrische Vorbilder suchen muss. Je nach Vorleben geschieht das schnell oder quälend langsam. Die Verdammten stürzen von dieser Brücke in die Tiefe. Je nach Überlieferung an unterschiedlichen Orten trifft Muḥammad an einem Wasserbecken (arab. *ḥauḍ*) auf seine Gemeinde und hält dann für die Sünder unter ihnen Fürsprache bei Gott, sodass sie doch – gegebenenfalls nach einem reinigenden Aufenthalt in den weniger unangenehmen Regionen der Hölle – gerettet werden. Die Muʿtaziliten leugnen diese Fürsprache zumindest für die schweren Sünder, da sie ihrer Vorstellung von einem gerechten Gott widerspricht.

3.3.2 *Paradies und Hölle*

Himmel und Höllenfeuer werden im Koran nicht systematisch beschrieben, sodass die Gelehrten, ähnlich wie im Zusammenhang mit den Ereignissen um das Jüngste Gericht, viele Leerstellen mit Prophetenḥadīṯen ausfüllen konnten.

Das Paradies besteht aus meist sieben verschiedenen Stufen, in die die Gläubigen je nach ihrem religiösen Rang einrücken. Den Seeligen wird ein angenehmes Leben in schattigen Gärten mit munteren Unterhaltungen und passender Verpflegung versprochen. Bekannter als diese Vergnügungen sind die *ḥūr* (arab., Sg. *ḥūrī*, von arab. *ḥūr al-ʿain*, „mit vom Weißen des Auges sich deutlich abhebender Iris"). Diese Wesen sind ewig rein und jungfräulich und dienen den Seeligen als Gefährtinnen (55,56–76). Die Überlieferung hat an der Ausschmückung dieser Vorstellung großen Gefallen gefunden. Alle irdischen Genüsse werden den Seeligen auf diese Weise im Paradies zuteil. Neben diesen eher physischen Freuden erwartet die Gläubigen im Jenseits nach sunnitischer Überzeugung noch die Schau Gottes.

Für die Theologie sind diese Beschreibungen des Paradieses immer problematisch gewesen. Es kann kein Zweifel daran bestehen, dass viele Gläubige diese Dinge wörtlich genommen haben. Aber selbst al-Ašʿarī mahnt hier zur Vorsicht: Zwar seien die Beschreibungen des Paradieses in Koran und Überlieferung wörtlich zu glauben, man dürfe aber keinesfalls davon ausgehen, dass die in den heiligen Texten erwähnten Dinge ihren Pendants auf Erden glichen. Er nimmt also hier wieder Zuflucht zur Lösung des *bi-lā kaif*, des Glaubens, ohne zu fragen, wie das Geglaubte im Einzelnen beschaffen sei. Das gilt auch für die Gottesschau, die von den Muʿtaziliten und anderen, die ihnen in diesen Fragen nahestehen, immer vehement als Anthropomorphismus abgelehnt worden ist.

Die Hölle wird in Koran und Überlieferung in ähnlich bunten Farben ausgemalt wie das Paradies, nur dass alles dort ins Negative gewendet ist: Statt Köstlichkeiten gibt es Dornen zu kosten, und bereits der Koran erwähnt ausgesuchte Foltermethoden (14,16f.; 22,19ff.; 69,30ff.), die in der Tradition noch weiter vermehrt werden. Zur Überwachung der Verdammten ist nicht etwa der Teufel abgestellt – der Teufel ist vielmehr vom Mahdi bereits vor dem Ende der Welt besiegt worden. Die Aufgabe ist also eigens damit beauftragten Engeln übertragen.

Die Hölle ist nach verbreiteter Überzeugung wie das Paradies in verschiedene Kreise mit Strafen verschiedener Schwere eingeteilt (die leichtesten für die büßenden Muslime und dann für die Angehörigen der beiden Buchreligionen). Zuweilen werden acht Paradiesorte sieben Höllen gegenübergestellt, was mit der tröstlichen Begründung versehen wird, dass es mehr Gerettete als Verdammte gebe.

Die Bewohner der Hölle sind nach Mehrheitsüberzeugung der klassischen Theologie prinzipiell alle Nichtmuslime sowie diejenigen unter den Muslimen, die sich schwere Verfehlungen haben zuschulden kommen lassen. Die sündigen Muslime büßen nach Meinung der meisten allerdings nur auf Zeit und werden dann dank Gottes Barmherzigkeit (und auf Fürsprache des Propheten) in das Paradies aufgenommen. Die Muʿtaziliten allerdings waren der Ansicht, es sei mit Gottes Gerechtigkeit nicht zu vereinbaren, die schweren Sünder unter den Muslimen unbestraft zu lassen, weshalb sie sie ebenfalls auf ewig in die Hölle verbannen.

Angesichts der Schrecknisse der Hölle hat bereits die klassische Theologie die Frage gestellt, ob das Leiden der Verdammten ewig währt oder ob Gott die Hölle irgendwann zum Erlöschen bringen wird. Trotz der relativ klaren Aussagen des Korans über die Ewigkeit der Feuerqualen hat doch eine beachtliche Zahl von Theologen, auch Ibn Qaiyim al-Ǧauzīya (gest. 751/1350), ein führender Schüler Ibn Taimīyas, es für wahrscheinlich gehalten, dass Gott irgendwann seine Barmherzigkeit über die von ihm im Koran verkündete Strafandrohung stellen wird. Dies ist auch heute eine unter Theologen weit verbreitete Ansicht. In unseren Tagen nicht mehr genauso verbreitet ist dagegen die originelle Lösung, die Ibn al-ʿArabī in der Frage der Höllenstrafen vorgebracht hat. Aus seiner Sicht ist die Bestrafung der Sünder in der Hölle zwar real, das dortige Leben entspricht aber der Natur der Sünder, sodass sie unter ihrem Aufenthalt nicht leiden.

Die Bilderwelten, die in der traditionellen Theologie und Frömmigkeit vom Jenseits gezeichnet wurden, sind bis heute unter Muslimen gängig. Ein Unterschied zwischen insbesondere modernistischer und traditioneller Rede vom Jenseits besteht jedoch darin, dass die jeweilige Wertigkeit von Diesseits und Jenseits ein wenig verschoben erscheint. Im klassischen Islam ist stets klar, dass das diesseitige Leben vergänglich und daher im Vergleich mit dem Jenseits letztlich unerheblich ist. Es dient im Wesentlichen dazu, ein positives Jenseitsschicksal zu ermöglichen. Die starke Abwehrreaktion des modernistischen Islams gegen den vorgeblichen Fatalismus der traditionellen Religion, der für den Niedergang der islamischen Welt verantwortlich gemacht wird, führt hier zu einer Akzentverschiebung: Nicht das Diesseits erscheint nun um des Jenseits willen durchlebt werden zu müssen; der versprochene Jenseitslohn wird vielmehr stärker als dem Zweck dienend dargestellt, im Diesseits blühende, erfolgreiche muslimische Gesellschaften zu ermöglichen.

Im modernistischen Lager besteht eine gewisse Tendenz, einschlägige Korantexte und Überlieferungen, die allzu konkret physische Vorstellungen von Paradies und Hölle bieten, ins Spirituelle umzudeuten. Die grundsätzliche Andersartigkeit der jenseitigen Welt wird betont, wie es allerdings auch in der klassischen Theologie allgemein angenommen wurde. Traditionalistische Gruppen, insbesondere die Anhänger der *salafiya*-Bewegungen, neigen dagegen vielfach zu relativ wörtlichem Verständnis der versprochenen Freuden.

Dazu gehört insbesondere die Idee der *ḥūr*, die ansonsten, auf Grund des in der klassischen Vorstellung von diesen Wesen liegenden Elements der Ungleichheit von Männern und Frauen im Paradies, weit über modernistische Kreise hinaus Umdeutungen erfährt. Muḥammad ʿAbduh sieht in den *ḥūr* einfach die gläubigen Frauen. Andere Autoren, insbesondere Vertreterinnen einer feministischen Theologie, wie sie im zeitgenössischen Islam der letzten Jahrzehnte im Entstehen begriffen

Grabesstrafe

Das Weltgericht tritt erst am Ende der Zeiten ein. Es ist folglich für die muslimische Theologie eine wichtige Frage, was zwischen dem individuellen Tod und dem Weltgericht geschieht. Der Koran äußert sich zu dieser Frage nicht direkt. Doch die Überlieferung bietet in dieser Frage reiches, allerdings nicht widerspruchsfreies Material. Aus diesen Anhaltspunkten hat die Theologie, beginnend Mitte des 2. Jahrhunderts des Islams, die Lehre von der Zwischenzeit zwischen Leben und Jenseits (arab. *barzaḫ*) gemacht. Nachdem der Tote begraben ist, wird er von zwei Engeln, die auf die Namen Munkir und Nakīr hören, nach ihrem Glauben befragt. Die Ungläubigen werden dann bereits in der Folgezeit vor dem Eintreten des eigentlichen Weltendes gequält. Nach der Meinung mancher ist der Aufenthalt im Grab für die Gläubigen mit Vorfreuden des Paradieses erfüllt. Normalerweise wird aber davon ausgegangen, dass mit wenigen Ausnahmen auch von den Gläubigen das Grab als ein zumindest beengender Aufenthalt empfunden wird und diese Zeit folglich als Zeit der Buße zu begreifen ist, die aber gegebenenfalls in einen Schlaf übergeht, in dem die Gläubigen das Weltende erwarten. Märtyrer (zu denen zählt der Islam nicht allein die im Dschihad Gefallenen, sondern auch die Opfer von Seuchen, im Kindbett Gestorbene und andere Gruppen mehr) gehen direkt ins Paradies ein, ohne die Befragung durch die Engel erdulden und die Zwischenzeit im Grab abwarten zu müssen. Während unter Sunniten und Schiiten diese Vorstellungen im Prinzip, wenn auch nicht im Detail weitgehend unstrittig sind, lehnen die Ḫāriǧiten und die Mehrheit der Muʿtazila die Vorstellung von der Grabesstrafe ab. Für sie sind die Toten tot und können nichts weiter wahrnehmen.
In einem schwierigen Verhältnis zur Idee des Aufenthaltes der Toten im Grab steht die unter Muslimen seit jeher (in der Moderne aber, wie es scheint, verstärkt in schriftlichen Darlegungen) verbreitete Vorstellung, die Seelen der Toten bewegten sich außerhalb des toten Körpers. Sie seien unter Umständen nicht im Grab, sondern auf Erden oder zwischen Erde und Himmel präsent, die Geister können einander besuchen und dergleichen mehr. Häufig wird davon ausgegangen, dass die Geister der Seligen sich an einem geheiligten Ort, etwa in der Zamzam-Quelle in Mekka, oder jedenfalls in Sichtweite des Paradieses befinden, während für die Geister der Verdammten ein entsprechend negativ besetzter Aufenthalt gedacht wird, oder man meint, sie müssten ruhelos auf Erden umherirren. Letztlich ist die islamische Theologie in dieser im Koran allenfalls andeutungsweise und in der Überlieferung widersprüchlich behandelten Frage nicht zu einheitlichen Lösungen gekommen.

ist, aber sogar auch durchaus konservative Gelehrte, versuchen sich an einer Umdeutung der *ḥūrī*-Vorstellung. Sie verweisen etwa auf die grammatische Uneindeutigkeit des Wortes. Das Wort *ḥūrī* ist der Form nach Maskulinum, was aber im Arabischen für die Bezeichnung als weiblich aufgefasster weiblicher Gegenstände und weiblicher Personen nicht ungewöhnlich ist. Die *ḥūr* seien somit für beide Geschlechter da. Manchen konservativen muslimischen Gelehrten der Gegenwart, die zu von der Tradition abweichenden Lösungen nicht bereit sind, ist das Thema offenkundig unangenehm. Der über 1100 Seiten starke offizielle Katechismus (türk. *İlm-i Hal*) der türkischen Religionsbehörde etwa beschreibt ausführlich die Freuden des Paradieses, einschließlich der dort zu erwartenden Speisung mit Fleisch und Geflügel in Sure 56,21. Der Text verliert aber kein Wort über die *ḥūr*, die u. a. in dem direkt nach dem angeführten Vers angesprochen werden.

Im *salafīya*-Islam ist dagegen, wie erwähnt, das traditionelle Verständnis der *ḥūr* nach wie vor gängig und wird auch offen vertreten. Die *ḥūr* sind allein für die gläubigen Männer bestimmte Wesen, die diesen, zusätzlich zu ihren nunmehr im Paradies befindlichen irdischen Frauen, zur Verfügung stehen. Hier werden weiterhin neben dem Koran auch die dem Propheten in dieser Frage zugeschriebenen Aussprüche zur Grundlage genommen. Das gilt insbesondere in solchen Gruppen unter den Salafisten, die sich dem bewaffneten Kampf verschrieben haben. Doch nicht nur in diesem kämpferischen Milieu vertritt man diese Position. Bereits Muḥammad ʿAbduhs sehr viel konservativerer Schüler Rašīd Riḍā, der die Nähe zur traditionalistischen *salafīya* der Wahhābiten suchte, ging, anders als sein Lehrer, weiter von dem in der Prophetenüberlieferung gezeichneten Bild der *ḥūr* als speziell für das sexuelle Vergnügen der gläubigen Männer geschaffene Wesen aus.

3.4 *Theologie und politische Ordnungsvorstellungen*

Gemäß einem heute vor allem unter islamistischen Muslimen gängigen Schlagwort ist der Islam *dīn wa-daula*: „Religion und Staat". Das ist nicht falsch, aber insbesondere im sunnitischen Islam ist dies bei Weitem nicht so einfach, wie es viele Ideologen heute meinen. Das zitierte Schlagwort stammt – anders als von denen vielfach angenommen wird, die es im Munde führen – keineswegs vom Propheten Muḥammad. Das zeigt allein schon der Umstand, dass das Wort *daula*, das heute Staat heißt, zu dessen Zeit noch die Bedeutung Wendung, Umwälzung hatte (zum Bedeutungswandel siehe S. 71).

3.4.1 Frühislamische Herrschaftskonzepte

Der Prophet hatte, nachdem seine Mission in Mekka zunächst gescheitert war, in Medina tatsächlich ein Gemeinwesen gegründet, das, nach den Maßstäben der damaligen Zeit, religiöse und politische Herrschaft in sich vereinigte. Die vollkommene Einheit politischer und religiöser Herrschaft brach jedoch praktisch schon mit seinem Tod zusammen.

Die Nachfolge des Propheten lag nun in der Hand der Kalifen (arab. *ḫalīfa*, Pl. *ḫulafāʾ*, „Stellvertreter"). Diese versuchten, das Auseinandertreten von politischer und religiöser Macht zunächst zu verhindern. Doch schon zur Zeit der ersten Nachfolger Muḥammads zeichnete sich ab, dass in religiöser Hinsicht die Kalifen nicht die einzigen, ja vielleicht nicht einmal die wichtigsten Autoritäten waren. Viele der auf Grund ihres religiösen Wissens besonders geschätzten Prophetengenossen verzichteten bewusst auf Teilhabe an der politischen Macht. Sie gaben zwar gerne über Fragen der Religion Auskunft, hielten sich aber, wenn wir der Überlieferung glauben können, sehr bewusst aus den Machtkämpfen heraus, die die islamische Gemeinde seit dem Tod des zweiten Kalifen ʿUmar erschütterten.

Trotz dieser so konfliktreichen, ja blutigen politischen Geschichte des frühen Islams hat die sunnitische Geschichtserinnerung aus den ersten dreißig Jahren nach dem Tod des Propheten ein Goldenes Zeitalter idealer islamischer Herrschaft gemacht. Selbstlosigkeit und Bescheidenheit hätten die ersten vier Kalifen ausgezeichnet. Stets hätten sie zum Besten der Gemeinde gehandelt. Die Verklärung der frühen Kalifen, die einhergeht mit einer Verklärung der Prophetengenossen überhaupt, findet ihren Ausdruck in einem angeblichen Prophetenwort. Demnach sollten auf Muḥammad dreißig Jahre lang Kalifen folgen, dann aber würde die Herrschaft sich in ein Königtum verwandeln.

Der Begriff des Königtums hatte für die meisten frühen Muslime wohl einen eher negativen Beigeschmack. Er klang nach Selbstüberhebung und Anmaßung. Es war aber angesichts der Herrschaftsmodelle, die in der damaligen Zeit auf der Arabischen Halbinsel und mehr noch in den angrenzenden Gebieten gängig waren, wohl unvermeidlich, dass die Muslime sich ebenfalls für eine monarchische Form der Herrschaft entschieden. Nicht monarchische Formen von Herrschaft hat es unter Muslimen bis zum Eindringen westlicher Ideologien im 20. Jahrhundert nur in sehr seltenen Ausnahmefällen gegeben. Bereits das Kalifat der ersten Nachfolger war im Prinzip eine monarchische Regierung gewesen, selbst wenn die Herrschaft nicht erblich war. Auch wurde die Macht der frühen Kalifen in der Praxis durch die Präsenz konkurrierender Machtzentren, wie etwa der Heerführer der Muslime und die egalitären Traditionen der altarabischen Stammesgesellschaft, begrenzt. Die ersten Nachfolger des Propheten, ja sogar noch die ersten Umaiyaden waren, wie es für politische Führer auf der Arabischen Halbinsel üblich war, keine entrückten, durch ein striktes Ritual von ihren Untertanen abgeschirmten Herrscher. Sie waren jederzeit zugänglich und verkehrten mit den Menschen „auf Augenhöhe". Es war klar, dass der Kalif nicht allein entschied, sondern dass die führenden Prophetengenossen, die Mächtigen der Quraiš (des Stammes des Propheten), und die Stammesaristokratie der Araber in Entscheidungsprozesse eingebunden wurden. Das geschah jedoch informell und war nicht durch bestimmte, rechtlich verbindliche Strukturen geregelt.

Umaiyaden wie ʿAbbāsiden verstanden sich als Bevollmächtigte Gottes sowohl in diesseitigen wie in jenseitigen Dingen. Ihnen Gehorsam zu sein, sollte von entscheidender Heilsrelevanz sein. Den ʿAbbāsiden hatte bereits der oben erwähnte iranischstämmige Intellektuelle Ibn al-Muqaffaʿ nahegelegt, sie sollten ihre politischen Macht nutzen, um auch die religiösen, insbesondere die religiös-rechtlichen Vorstellungen ihrer Untertanen zu vereinheitlichen. Der Kalif al-Mamʾūn hat dieses Programm dann im Bereich der Theologie mit der *miḥna* (siehe S. 74f.) vergeblich umzusetzen versucht. Spätere ʿabbāsidische Kalifen haben ebenfalls versucht, sich als Führer in religiösen Dingen zu profilieren. So hat al-Qādir (reg. 381–422/991–1031) die Position der ḥanbalitischen Schule durch ihre Unterstützung zu fördern gesucht und an-Nāṣir (reg. 575–622/1180–1225) für sich das Charisma eines sufischen Scheichs beansprucht, um auch im engeren Sinne religiöse Legitimationswege für sich zu mobilisieren.

3.4.2 Traditionelle sunnitische Herrschaftstheorie

Bereits das Scheitern der *miḥna* hatte allerdings deutlich gemacht, dass Einheit von Herrschaft und Religion in der islamischen Geschichte nicht bedeuten konnte, dass der Herrscher die Inhalte der Religion autoritativ festlegen durfte. Der sunnitische Islam (für andere Gruppen gilt im Prinzip dasselbe) war aber insgesamt weniger durch die Herrscher geprägt als durch die Gelehrten, die für sich in Anspruch nahmen, die wahren Erben des Propheten zu sein. Die Religionsgelehrten erkannten dafür ihrerseits die Politik als eine autonome, an die Scharia letztlich nur in Teilen gebundene Sphäre an. Die Träger der politischen Macht mussten sich zum Islam und zum allgemein anerkannten Kalifen bekennen, sie sollten sich die Durchsetzung der schariatischen Regeln unter ihren Untertanen zum Ziel setzen. Dass sie schariatische Regeln auch in ihrem eigenen politischen Handeln beachteten, war zwar erstrebenswert, aus der Sicht der Gelehrten aber nicht durchsetzbar und zweitrangig, wenn der Versuch der Durchsetzung zu *fitna* („Aufruhr") geführt hätte.

Ihren theoretischen Ausdruck fand diese sunnitische Herrschaftstheorie in einer Reihe von theoretischen Schriften sunnitischer Gelehrter, deren bekannteste die *Al-Aḥkām as-sulṭānīya* (arab., „Die Bestimmungen bezüglich der Herrschaft") des Abū l-Ḥasan al-Mārwardī (361–449/972–1058) ist. Al-Māwardī stand im Dienste des ʿabbāsidischen Kalifen al-Qāʾim (reg. 422–467/1031–1075), zu dessen Regierungszeit die reale Macht im Osten der islamischen Welt aus den Händen der schiitischen buyīdischen Dynastie (317–453/930–1062) in die der sunnitischen Seldschuken (431–590/1040–1194) überging. Al-Qāʾim war bei diesen Ereignissen mehr Opfer und Zuschauer als wirklich aktiver Gestalter. Es blieb dem Kalifen nichts, als den Machtwechsel nachträglich zu sanktionieren. Weil das Kalifat seit den Tagen seines Vaters al-Qādir dezidiert sunnitisch war, lag dieser Machtwechsel, trotz allerlei für den Kalifen erniedrigender Begleiterscheinungen, allerdings durchaus im Interesse der Dynastie.

Al-Māwardīs in diesem Zusammenhang entstandene Schrift über die islamische Regierung scheint auf den ersten Blick mit der Realität kalifaler Machtlosigkeit nichts zu tun zu haben. Der Kalif ist auch für ihn der Bevollmächtigte Gottes, der im Rahmen des göttlichen Gesetzes alle Macht allein in seinen Händen hält. Er ist zuständig für die Durchsetzung des islamischen Rechts, leitet die Kriegführung und sorgt für die Steuererhebung und die Verteilung von Beutegut und Almosen an die Berechtigten. Dafür muss der Kalif eine Reihe von Bedingungen erfüllen: Er muss zunächst einmal ein Angehöriger der Quraiš sein. Dieses Prinzip wurde unter den Muslimen der damaligen Zeit allein von den Ḫariğiten und den Muʿtaziliten in Frage gestellt. Zur Begründung für die Forderung, der Kalif müsse Stammesgenosse des Propheten sein, dient eine einschlägige Prophetenüberlieferung („Die Imame sind von den Quraiš"), die zwar ebenso gut deskriptiv wie normativ hätte gedeutet werden können, bis ins 20. Jahrhundert aber fast immer normativ verstanden worden ist.

Der Kalif muss körperlich und geistig gesund sein. Das hat natürlich mit seiner praktischen Befähigung zur Ausübung seines Herrscheramtes zu tun; denn dazu gehörte – wenn auch nicht mehr in der Realität, so doch immerhin in der Theorie – die Führung von Feldzügen. Es mag hier vielleicht auch die Vorstellung eine Rolle gespielt haben, dass ein körperlich Behinderter in seiner Unvollkommenheit nicht in der Lage ist, Gott auf Erden zu repräsentieren. Ähnlich wie gestürzte Kaiser im zeitgenössischen Byzanz hat man abgesetzte Kalifen durch Blendung an der Rückkehr auf den Thron gehindert.

Der Kalif muss schließlich von gutem Charakter und in einem Mindestmaß zur Beurteilung religiöser und religiös-rechtlicher Fragen in der Lage sein. Er muss jedoch nicht der Gelehrteste seiner Zeit sein.

Die Erhebung zum Kalifen sollte auf dem Wege der Wahl erfolgen, wobei man sich unter Wahl anderes vorzustellen hat, als wir das Wort heute verstehen. Wähler waren die „Leute des Lösens und Bindens" (arab. *ahl al-ḥall wa-l-ʿaqd*), d. h. die besonders dazu qualifizierten Führer der Gemeinschaft, idealerweise Vertreter des islamischen Gelehrtenstandes. In der Theorie genügte eine einzige solche Person, um die ganze Gemeinschaft an den neuen Kalifen zu binden. Diese Person konnte auch der verstorbene Kalif sein, wenn dieser noch zu Lebzeiten einen Nachfolger designiert hatte. Diese Bindung wurde allerdings durch einen Huldigungsakt (arab. *baiʿa*) von den Untertanen formal anerkannt. Eine Absetzung des Kalifen für den Fall, dass er seine Amtspflichten verletzt, war zwar von manchen sunnitischen Denkern des Mittelalters theoretisch vorgesehen, auf welche Weise diese umgesetzt werden sollte, wurde jedoch nicht diskutiert.

Die Macht eines Kalifen und damit das islamische Herrschaftsgebiet, das sich idealerweise über die ganze Erde erstrecken soll, kann im Prinzip nicht geteilt werden. Es kann nach traditioneller sunnitischer Vorstellung folglich nicht zwei legitime islamische Herrschaftsgebiete geben, es sei denn, sie sind durch geographische Gegebenheiten, im Besonderen durch ein Meer, so voneinander getrennt, dass die Kommunikation zwischen ihnen unmöglich wird. In diesem Fall ist die Einsetzung eines eigenen Kalifen in jedem der Gebiete möglich.

In der Praxis war die Macht des Kalifen spätestens seit dem frühen 10. Jahrhundert stark eingeschränkt. Da aber neben der kalifalen Herrschaft keine anderen legitimen Formen von Herrschaft durch das sunnitische Recht seiner Zeit akzeptiert wurden, hätte das geheißen, dass die meisten Menschen außerhalb der Sphäre der Gültigkeit der Scharia in Ländern des Aufruhrs gelebt hätten. In Gegenden, deren Zugehörigkeit zum islamischen Gemeinwesen durch Ungehorsam gegen den legitimen Führer in Frage gestellt war, waren im Prinzip keine durch die Scharia garantierten Rechtsgeschäfte gültig.

Al-Māwardī bietet für dieses Problem eine uns auf den ersten Blick überraschende Lösung. Der Kalif kann nicht alle seine Aufgaben selbst erfüllen. Er ist folglich gezwungen, seine Aufgaben in Teilen an Untergebene zu delegieren. Er ernennt Wesire und setzt in den Provinzen, die weit weg von der Hauptstadt sind, Gouverneure ein. Dies geschieht idealerweise aus der Machtvollkommenheit des Kalifen heraus. Für den Fall, dass ein militärischer Machthaber ohne kalifalen Auftrag in einer Region die Herrschaft an sich reißt, ist der Kalif gehalten, diesen Vorgang im Nachhinein zu legitimieren und den Gewaltherrscher offiziell einzusetzen. Auf diese Weise wird die Einheit der islamischen Gemeinde gewahrt und zudem die Rechtmäßigkeit der im Herrschaftsbereich dieses Gewaltherrschers vorgenommenen Rechtsgeschäfte garantiert. Dieses Vorgehen sichert damit die formale Einheit des islamischen Gemeinwesens, die für die Sunniten von zentraler Bedeutung ist.

Selbst der Versuch der Anpassung der sunnitischen Herrschaftstheorie an die Realität, wie sie al-Māwardī vorgenommen hatte, war angesichts der Umstände nicht lange zu halten. Es konnte niemandem verborgen bleiben, dass die reale Macht nicht in der Hand der ʿabbāsidischen Kalifen, sondern der Militärmachthaber lag. Es war nur eine Frage der Zeit, bis sich dies nicht allein wie bei al-Māwardī als bedauerliche Ausnahme, sondern als die Regel in den politischen Ordnungsvorstellungen der Muslime niederschlug. Ein frühes Beispiel dafür ist das Buch der Staatslenkung des seldschukischen Wesirs Niẓām al-Mulk. In diesem wird die oberste politische Autorität über die Muslime nicht mehr an die Zugehörigkeit zum Stamm der Quraiš gebunden. Rechtmäßige Herrschaft ergibt sich nicht aus der Ernennung durch den Kalifen, sondern sie findet ihre Legitimation darin, dass der Herrscher Willens und in der Lage ist, der Scharia zur Geltung zu verhelfen. Damit war das ʿabbāsidische Kalifat, das in Bagdad bis 656/1258 und dann unter den Fittichen der ägyptischen Mamlūken in Kairo noch bis 923/1517 fortbestand, im Prinzip überflüssig geworden.

Seit dem späten Mittelalter wurde es mehr und mehr üblich, dass mächtige Herrscher wie die Osmanen sich neben anderen Titeln auch mit dem Kalifentitel schmückten. Dies drückte ihren Anspruch auf absolute Souveränität aus und demonstrierte ihre Vorrangstellung im Vergleich mit kleineren muslimischen Potentaten. Die seinerzeit von Niẓām al-Mulk formulierte ideologische Rechtfertigung der obersten Autorität des die Scharia durchsetzenden, von Gott unmittelbar eingesetzten Machthabers wurde dabei von islamischen Rechtsgelehrten immer wieder vorgebracht.

Die Verschmelzung des Kalifats mit dem ursprünglich eine Militärherrschaft bezeichnenden Sultanat findet seine Parallele in der zunehmenden Integration der religiösen Gelehrten in den Staatsapparat (siehe Kap. 1.1.2). Ab dem späten 18. Jahrhundert wurde dann von den Osmanen die im engeren Sinne religiöse Bedeutung des Kalifentitels wieder betont. Dies geschah, als die Sultane nach und nach die politische Macht über die von den Kolonialmächten und den unabhängig werdenden Balkanstaaten eroberten Provinzen ihres Reiches verloren. Über die abgetretenen Gebiete beanspruchten sie zwar keine politische Herrschaft mehr. Sie verlangten aber, dass eine geistliche Führungsstellung gegenüber den Muslimen der verlorenen Provinzen weiter gewahrt werde. Als Symbol des sunnitischen muslimischen Einheits- und Widerstandswillens haben die osmanischen Sultan-Kalifen im 19. und frühen 20. Jahrhundert unter Muslimen weit über die Grenzen ihres Reiches hinaus eine gewisse Rolle gespielt. Die Abschaffung des Kalifats durch die Türkische Republik hat bis nach Indien hin die Muslime berührt. Im arabischen Raum allerdings hatte der inzwischen um sich greifende arabische Nationalismus in Verbindung mit dem religiösen Reformdenken dazu geführt, dass man dem osmanischen Kalifat weniger nachtrauerte. Eine Reihe von religiösen und politischen Führern versuchten vielmehr, das Kalifat wieder für die Araber zu reklamieren, denen es nach Ansicht der klassischen schariatischen Kalifatstheorie ja auch zustand.

Die Notwendigkeit eines Kalifats als oberster politischer und religiöser Institution des sunnitischen Islams war jedenfalls noch in den 1920er Jahren fest in der Glaubensüberzeugung der Muslime verankert. Als der Azhar-Gelehrte ʿAlī ʿAbd ar-Rāziq in einem berühmt gewordenen Buch 1343/1925 leugnete, dass das Kalifat den Muslimen durch Gott vorgeschrieben sei, rief das einen Sturm der Entrüstung hervor. Die tatsächliche Einsetzung eines wenigstens unter Sunniten allgemein anerkannten Kalifen erwies sich jedoch zu jener Zeit und erweist sich bis heute als unmöglich. Zu groß waren (und sind) die unterschiedlichen politischen und religiösen Vorstellungen und Interessen. Unter konservativen wie islamistischen Muslimen ist das Ideal des Kalifats dennoch weiterhin aktuell. Allerdings gehört die Wiedererrichtung eines Kalifats bei den wenigsten Vertretern des islamischen politischen Denkens in der Gegenwart wirklich zu den intensiv kommunizierten Kernforderungen ihres Programms.

Selbst für die Vormoderne sollte man die Bedeutung des Kalifats für das politische Denken der sunnitischen Muslime nicht überbewerten. Letztlich nämlich erklärt sich auch das sunnitische Verständnis des Kalifats aus einem anderen Charakteristikum des sunnitischen politischen Denkens, das für dieses viel zentraler ist als die Kalifatsfrage. Die Sunniten betrachten sich selbst als die Anhänger nicht nur der prophetischen Überlieferung, sondern auch der „einträchtigen Gemeinschaft“: Sie suchen alles zu vermeiden, was die Einheit der Muslime zerstören könnte. Dazu gehört zum einen eine allzu strenge Beurteilung der Frage, ob eine Person überhaupt Gläubiger ist oder nicht. Hier stehen die Sunniten insbesondere gegen die Positionen der Ḫāriǧiten, die schon das wiederholte Begehen kleinerer Sünden für ausreichend hielten, jemanden aus der Gemeinschaft auszuschließen. In der sunnitischen Religiosität wurde dagegen der Ausschluss eines Gläubigen aus der Gemeinde deutlich erschwert. Möglichst alle sollten dazugehören.

Nicht allein die Ḫāriǧiten vertraten dagegen ein andere Gruppen ausgrenzendes Islamverständnis. Auch in der traditionellen Zwölferschia war zum einen die Zugehörigkeit zur eigenen Gruppe Voraussetzung, damit man als Gläubiger gelten konnte. Symbolhaft besonders deutlich wurde dies in der unter Schiiten traditionell üblichen rituellen Verfluchung derjenigen Prophetengenossen, die als Gegner ʿAlīs galten. Darunter fielen auch die von den Sunniten hochverehrten ersten Kalifen Abū Bakr und ʿUmar, was die Sunniten als Provokation empfanden (und da, wo diese Verfluchung noch geübt wird, bis heute empfinden). Das Sunnitentum dagegen vermied in der Regel derartige Provokationen und versuchte, alle bedeutenden Personen aus der Frühgeschichte des Islams, darunter solche, die die Schiiten und ibāḍitischen Ḫāriǧiten zu ihren Stammvätern zählen, in die eigene Ahnenreihe zu integrieren. Eine besondere Verehrung ʿAlīs und der Prophetenfamilie stand zu sunnitischer Gesinnung nicht im Widerspruch, solange sie nicht mit einer Herabsetzung der übrigen Prophetengenossen einherging.

Eine aktive Verfolgung von Vertretern zwölferschiitischer oder anderer abweichender Positionen hat unter sunnitischen Herrschern daher nur höchst selten stattgefunden. Eine Ausnahme stellen die Wahhābiten und in ihrem Gefolge einige salafistische Gruppen im 20. Jahrhundert dar. Da sie die schiitische Religionspraxis, insbesondere die Verehrung der Imame, mit Götzendienst gleichsetzen, haben die Wahhābiten seit Aufkommen der Bewegung immer wieder schiitische Moscheen und andere Kultbauten zerstört. Die Verbreitung schiitischer Schriften und Lehren war in Saudi-Arabien bis in die jüngste Zeit verboten. Auch die antischiitische Haltung gewaltbereiter sunnitischer Gruppen in Pakistan oder im Irak hat mit dieser wahhābitisch-salafistisch motivierten antischiitischen Tendenz zu tun.

Selbst wenn viele der wahhābitischen Führer nicht immer zufrieden mit den Entscheidungen der saudischen Regierung sind, unterwerfen sie sich dennoch in ihrer großen Mehrheit den Anforderungen des saudischen Staates. Hier stehen sie, anders als im Zusammenhang mit ihrer aggressiv antischiitischen Politik, wieder ganz in der Tradition des sunnitischen politischen Denkens. Bei aller Distanz, die sunnitische Gelehrte ihrem Ideal nach immer gegen die Regierenden gehegt haben, gehört es sich nämlich nach ihrer Lehre nicht, dass man zu offenem Widerstand gegen einen Herrscher aufruft. Dies gilt auch, wenn dieser nicht gerecht und entsprechend den Vorschriften der Scharia regiert. Aus gängiger sunnitischer Sicht waren die meisten Herrscher zwar verderbt, ja sogar häufig Verbrecher. Solange sie sich aber wenigstens formal zum Islam bekannten, wurde offener Widerstand gegen sie dennoch für das größere Übel gehalten. Diese Haltung findet Ausdruck in dem geläufigen Sprichwort: „Besser tausend Jahre Tyrannei als einen Tag *fitna*!"

Wie ist diese auf den ersten Blick erstaunliche Position zu erklären? Das in Reaktion auf die Bürgerkriege der frühen islamischen Gemeinde entstandene Sunnitentum hat seine Mitte nicht in einer heilswichtigen Festlegung auf eine bestimmte Person als Herrscher, sondern in der Bewahrung der Eintracht und der Sitten, die man mit der Zeit und dem Wirken des Propheten verbindet. Das Leiden unter einem tyrannischen Herrscher bringt die Aussicht der Untertanen auf jenseitiges Heil nicht in Gefahr. Man konnte vielleicht sogar hoffen, im Jenseits Ausgleich für auf Erden erlittenes Unrecht zu erhalten, musste es jedenfalls als göttliche Prüfung hinnehmen. Blutvergießen unter Muslimen, wie es Folge offenen Widerstandes gewesen wäre, hätte aber, wie die historische Erfahrung zeigte, sehr wohl schuldhafte Verstrickung mit sich gebracht, ohne dass für die Zeit danach eine Garantie auf Besserung der Verhältnisse bestanden hätte. Diese letztlich unpolitische Haltung des traditionellen Sunnitentums findet ihre Fortsetzung in der Bereitschaft vieler Gelehrter, mit den Regierungen der islamischen Welt auch dann zu kooperieren, wenn diese Entscheidungen treffen, die aus religiöser Sicht nicht unproblematisch sind. Die aktive Führung politischer Oppositionsgruppen durch Religionsgelehrte entspricht nicht sunnitischer Tradition, kommt aber heute zuweilen vor.

3.4.3 Islam und Demokratie

Als ideale politische Systeme werden unter sunnitischen Gelehrten heute unterschiedliche Modelle diskutiert. Im vormodernen Islam hatte das Wort Demokratie, das man aus den Schriften der klassischen antiken Philosophen kannte, ganz ähnlich übrigens wie bei vielen von diesen, einen eher negativen Klang – man sah in ihr die ungezügelte Herrschaft niederer Instinkte. Das hat sich seit dem 19. Jahrhundert geändert. Die meisten Modernisten und sicher die Mehrzahl der heutigen Muslime überhaupt lehnen die Demokratie nicht ab. Sie deuten vielmehr das frühislamische Gemeinwesen als demokratischen Musterstaat und vertreten die Ansicht, ein parlamentarisch-demokratisches Regime sei durch den Islam den Muslimen vorgegeben. Im konservativ-salafistischen oder traditionalistischen Spektrum wird statt der Demokratie nach traditionellem Muster eine durch die Gelehrten gezügelte monarchische Staatsform bevorzugt. Demokratie gilt aus dieser Sicht nicht als die Herrschaft der Klügsten, sondern als die Diktatur der Mehrheit, die in den seltensten Fällen am besten in der Lage sei, die Gebote Gottes und das dem Menschen Dienlichste zu erkennen und umzusetzen.

Insbesondere unter Islamisten, Salafisten und Traditionalisten, oft aber auch unter Modernisten gilt, dass islamisches politisches Denken in der Gegenwart die Lösung politischer Probleme nicht unbedingt im Beantworten von System- und Strukturfragen sieht. Der politische Erfolg eines Gemeinwesens hängt aus dieser Sicht weniger an der von Personen unabhängigen Art und Weise seiner Organisation; als entscheidend gilt vielmehr die individuelle Moralität der in einem Gemeinwesen politisch Handelnden. In einer Gemeinschaft frommer Muslime, so meint man, ließen sich alle gesellschaftlichen Probleme leicht lösen.

Das heißt, dass auch von solchen muslimischen Denkern, die sich dezidiert für eine demokratische Regierungsform aussprechen, ein Grundprinzip der Demokratien westlicher Prägung – nämlich die bestimmten Regeln folgende friedliche Aushandlung eines Kompromisses zwischen verschiedenen egoistischen Interessengruppen – meist nicht als Wesensmerkmal einer islamischen Demokratie angesehen wird. In einer islamischen Demokratie nach diesem Muster kann es zwar unterschiedliche Meinungen geben. Doch diese unterschiedlichen Meinungen sollen gerade nicht Ausdruck von Gruppeninteressen sein, sondern allein unterschiedliche Wege zur Erreichung eines gemeinsamen Ziels aufzeigen, nämlich der Förderung der Interessen der Gemeinschaft der Muslime.

3.4.4 Gerechtigkeit

Dass Gerechtigkeit (arab. *ʿadl*, im Sinne der Verteilungsgerechtigkeit, oder: „einem jeden das ihm Zustehende gewähren“, auch *qisṭ*) herrschen soll, gehört zu den wichtigen Prinzipien des muslimischen Gesellschaftsdenkens. Wo keine Gerechtigkeit herrscht, herrscht Unterdrückung (arab. *ẓulm*), und im Zustand der Unterdrückung kann ein Gemeinwesen aus islamischer Sicht nicht prosperieren.

Gerechtigkeit im islamischen Sinne ist zu unterscheiden von Gleichheit. Der Koran betont zwar die Gleichheit aller Gläubigen. Doch heißt das nur, dass die Verdienste eines Menschen vor Gott unabhängig sind von seinem weltlichen Rang. Die Bedeutung der weltlichen Stellung eines Menschen wird so, ähnlich wie im frühen Christentum, stark relativiert. Den jeweils Stärkeren und Mächtigeren wird zudem eingeschärft, die Rechte der Schwachen nicht mit Füßen zu treten. Die Unterschiede, die es in den diesseitigen menschlichen Gesellschaften gibt, werden aber deshalb nicht völlig aufgehoben. Männer und Frauen, Freie und Sklaven haben nach dem Koran unterschiedliche Rechte (etwa 2,178; 4,34). Der Koran und seine mittelalterliche islamische Auslegung stehen in der Tradition des christlich-jüdischen wie des heidnischen antiken Gesellschaftsdenkens, das davon ausging, dass eine komplexe menschliche Gesellschaft ohne Arbeitsteilung und ohne soziale Ungleichheit nicht möglich ist. So heißt es etwa in Sure 43,32: „Wir haben ihren Lebensunterhalt im diesseitigen Leben unter ihnen verteilt und den einen von ihnen einen höheren Rang verliehen als den anderen, damit die einen von ihnen die anderen sich dienstbar (?) machen würden."

Die Relativierung der Bedeutung des irdischen Rangs und Reichtums wird allerdings im unmittelbar Folgenden deutlich: „Aber die Barmherzigkeit deines Herrn ist besser als alles, was sie (an Geld und Gut) zusammenbringen."

Die sozialen Unterschiede, die der mit den Eroberungen plötzlich über die frühe muslimische Gemeinde hereinbrechende Reichtum erzeugte, haben bei vielen Muslimen auch Unbehagen ausgelöst. Dies ist gespiegelt in den Erzählungen über die bescheidene Lebensweise der ersten Prophetennachfolger und in den Zeugnissen der frühen asketischen Bewegung. Einschlägige, den Reichtum weniger Privilegierter aus der Perspektive des Asketen kritisierende Aussprüche werden insbesondere dem Prophetengenossen Abū Ḏarr al-Ġifārī (gest. 32/652) zugeschrieben. Abū Ḏarr galt im 20. Jahrhundert als der erste Repräsentant eines islamischen Sozialismus. Seine Forderung nach radikaler Askese als Antwort auf soziale Ungerechtigkeit hat sich unter den Muslimen genauso wenig wie vergleichbare Forderungen im christlichen Kontext durchsetzen können.

Im Hinblick auf die Herrscher meinte „gerecht handeln" in der islamischen Ethik letztlich vor allem den in der Praxis kaum umsetzbaren Verzicht auf aus islamischer Sicht illegale Besteuerung (das schloss, von Grundsteuern und der Almosenabgabe abgesehen, letztlich alle Steuern aus), des Weiteren die Forderung, dass der Herrscher Missbräuchen seiner Amtsträger nachgehen und den diesbezüglichen Bitten seiner Untergebenen zugänglich sein sollte. Für den Einzelnen war gerechtes Handeln das Handeln des anständigen Kaufmannes, der seine Arbeiter wie vereinbart entlohnt und für Waren einen gerechten Preis, also den regulären Marktpreis entrichtet bzw. verlangt. Zinsgeschäfte allerdings sind aus dieser Sicht genauso verboten wie Geschäfte, bei denen einer verkauften Ware nicht genau bezeichnete Waren des gleichen Werts gegenüberstehen. Jeder hat so, das ist zumindest das Ideal, die Chance, sich am Marktgeschehen zu beteiligen und potenziell reich zu werden, soweit Gott ihm einen entsprechenden Lebensunterhalt zugemessen hatte. Aus der Sicht der Theologie gehört der Reichtum eines jeden (genau wie seine Lebensfrist) ja zu den von Gott den Menschen in jedem Fall vorherbestimmten Dingen. Ein Ausgleich sozialer Unterschiede erfolgt über gesetzliche und freiwillige Almosen, keinesfalls jedoch durch eine Enteignung von Produktionsmitteln und über die Almosensteuer hinausgehende gesellschaftlich organisierte Umverteilung.

Im 20. Jahrhundert hat der Erfolg marxistischer Ideologien auch in der islamischen Welt dazu geführt, dass sich nicht wenige muslimische Denker um eine intellektuelle Verbindung von Islam und Sozialismus bemüht haben. Man berief sich zu diesem Zweck auf einzelne Koranverse und Überlieferungen sowie auf historische Vorbilder wie den schon genannten Abū Ḏarr. In den 1960er und 1970er Jahren war die Idee eines islamischen (auch: arabischen) Sozialismus wichtige ideologische Grundlage etwa des Regimes Nassers in Ägypten. Die vorgebliche Übereinstimmung von Islam und Sozialismus oder die These, der Islam stelle einen dritten Weg zwischen den beiden verderblichen Pfaden des Kapitalismus und des Kommunismus dar (so etwa der libysche Revolutionsführer Qaḏḏāfī in seinem dreiteiligen *Grünen Buch* von 1975), war in dieser Zeit eine Standardthese nicht nur von Regierenden. Der revolutionäre Linksislamismus war eine in vielen Ländern erfolgreiche Ideologie unter in kritischer Distanz zur Macht stehenden Intellektuellen. Zuweilen mochte beim Reden vom sozialistischen Charakter des Islams auch die Überlegung eine Rolle spielen, dass eine revolutionäre Mobilisierung der Massen nur in einer dem Volk verständlichen Sprache, das heißt in der Sprache der Religion, möglich sei.

Ein großer Teil der islamischen Gelehrten stand und steht den Ideen eines islamischen Sozialismus skeptisch gegenüber. Sie propagieren zwar ebenfalls den Islam als die humane Alternative zum menschenverachtenden System des Kapitalismus, worunter sie vor allem die wirtschaftliche Dominanz der westlichen Welt verstehen. Im Prinzip allerdings sind die Grundideen des konservativen islamischen Wirtschaftsdenkens nicht weit von dem entfernt, was im Westen normalerweise unter sozialer Marktwirtschaft verstanden wird. Auf der einen Seite sollen das Privateigentum und die Funktionsfähigkeit des Marktes garantiert werden, auf der anderen Seite ein Mindestmaß an sozialem Ausgleich durch Leistungen an die Schwächsten der Gesellschaft sichergestellt werden. Die politisch Mächtigen sollen ihre Position nicht benutzen, um sich auf Kosten der Armen zu bereichern. Ein deutlicher Unterschied zu westlichem Wirtschaftsdenken besteht allenfalls in der

Forderung nach einem Zinsverbot, das koranisch fundiert ist. In Ländern, die wie die Türkei in den 1980er Jahren unter den Folgen großer Auslandsverschuldung leiden, ist dieses Zinsverbot nicht nur ein Symbol, sondern auch ein in der Praxis relevantes Thema.

3.5 *Theologie und (Natur-)Wissenschaft*

Die Frage, ob Theologie – hier verstanden als die systematische Darstellung von Aussagen über Gott (oder Götter) und sein (ihr) Handeln an den Menschen – eine Wissenschaft im engeren Sinne ist, ist schwer zu beantworten. Alle Fragen, die mit der Existenz und den Eigenschaften Gottes zu tun haben, lassen sich nach heute gängiger wissenschaftstheoretischer Ansicht nicht mit wissenschaftlichen Methoden untersuchen, da Gott intersubjektiv überprüfbarer empirischer Beobachtung nach allgemeiner Auffassung nicht zugänglich ist. Davon zu unterscheiden ist die Frage, wie Menschen im Laufe der Geschichte über Gott nachgedacht haben. Diese kann sehr gut mit allgemein anerkannten historisch-philologischen und sozialwissenschaftlichen Methoden untersucht werden.

Die Trennung von Theologie im engeren Sinne (also dem, was in der christlichen Theologie systematische Theologie, Fundamentaltheologie oder Dogmatik genannt wird) von Wissenschaft gehörte bis in die Zeit der Aufklärung nicht zum Grundbestand des westlichen Weltbildes. Theologie wurde zuvor vielmehr gerade als Krone der Wissenschaften angesehen, der sich die anderen Wissenschaften unterzuordnen hätten. Die Wissenschaftstheorie der Aufklärung und die gewaltigen Fortschritte der Natur- und Geschichtswissenschaft seit dem 17. Jahrhundert haben dann das bis dahin vertretene einheitliche theologisch-wissenschaftliche Weltbild in fundamentaler Weise in Frage gestellt. Zumindest ein wörtliches Verständnis des biblischen Textes lässt sich mit heute allgemein akzeptierten naturwissenschaftlichen und historischen Erkenntnissen nicht mehr in Einklang bringen.

Zwar findet unter christlichen Theologen die Behauptung des Wissenschaftscharakters von Theologie im engeren Sinne bis heute Anhänger. Die Diskussion dieses Wissenschaftscharakters der Theologie ist sogar ein wichtiges Thema der systematischen Theologie. Doch unabhängig davon wird von den meisten Theologen der großen Kirchen generell anerkannt, dass es nicht oder nur schwer möglich ist, theologische Wahrheiten auf eine Ebene mit den Erkenntnissen der Naturwissenschaft zu stellen. Beide Bereiche werden in der Regel als getrennte Sphären angesehen, für die jeweils eigene Gesetze gelten.

Zumindest im Bereich der Großkirchen finden sich heute – anders als bis ins 19. Jahrhundert – wenige ernsthafte Theologen, die versuchen, die Texte der Bibel zur Grundlage naturwissenschaftlicher Welterkenntnis zu machen. Auch die Annahme, dass die Erzählungen der Bibel einen historisch unmittelbar zutreffenden Bericht von Begebenheiten der Geschichte des altorientalischen und klassisch antiken Nahen Ostens enthalten, wird von Universitätstheologen heute in der Regel verneint. Altes und Neues Testament sind aus dieser Sicht vielmehr in erster Linie religiöse Werke. Sie nehmen demnach zwar in weiten Teilen auf historische Ereignisse Bezug, stellen diese aber mit einer bestimmten religiösen Aussageabsicht dar. Sie sind aus dieser Sicht weniger Geschichtsschreibung als Heilsgeschichtsschreibung: Sie vermitteln ihren Lesern ein Bild von Gottes Handeln an der Menschheit und damit theologische Lehren. Die offenkundigen Irrtümer der Bibel in Bezug auf naturwissenschaftliche und historische Fragen verlieren so an Relevanz, da sie nicht mehr als Kernaussagen des heiligen Textes wahrgenommen werden.

Diese in der protestantischen und katholischen Universitätstheologie vorgenommene Entkoppelung von theologischen Aussagen und Wissenschaft wird auch im christlichen Kontext nicht überall akzeptiert. Die Historizität bestimmter theologischer Kernthesen, wie etwa der Auferstehung Christi, darf selbst im liberalen deutschen Protestantismus nicht offensiv in Frage gestellt werden. Evangelikale Gruppen lehnen eine Trennung von Theologie und Natur- und Geschichtswissenschaft durchgängig ab und versuchen selbst am biblischen Schöpfungsbericht oder am Sintflutmythos festzuhalten, die beide in offenkundigem Widerspruch zu sicheren Erkenntnissen der Naturwissenschaft stehen. Das hängt damit zusammen, dass sie, anders als die Universitätstheologie der Großkirchen, in der Regel auf dem Glauben an die Verbalinspiration des biblischen Textes bestehen und diesen nicht als Zeugnis der subjektiven Wahrnehmung des Göttlichen durch bestimmte Menschen lesen.

3.5.1 *Koranische Offenbarung und Wissenschaft*

Die Überzeugung, der Koran sei mehr als ein solches Zeugnis von Muḥammads subjektiver Wahrnehmung des Göttlichen, er sei vielmehr unmittelbar Gottes Wort, ist in der islamischen Theologie bis heute unstrittig. Die an anderer Stelle angesprochene Frage, ob der Koran unerschaffen oder von Gott in der Zeit geschaffen worden ist (siehe S. 74ff., 173f.), hat damit nichts zu tun. Auch nach muʿtazilitischer Auffassung ist der Koran ja unmittelbar Gottes Wort. Sie leugnen nur, dass es ihn bereits vor der Erschaffung der Welt gegeben habe. Der muslimische Glaube an die Verbalinspiration des Korans ist aber weniger Ursache als Teil eines Komplexes von Überzeugungen, die generell bis in die Gegenwart dazu führen, dass in der islamischen Theologie die strikte Trennung der Zuständigkeitsbereiche von Theologie und Wissenschaft keine gängige Überzeugung ist.

Das heißt nicht, dass diese Vorstellung nie, auch nicht in Ansätzen, in der Geschichte des islamischen theologischen Denkens präsent gewesen wäre. Bereits manche Prophetenḥadīṯe zeigen Muḥammad als einen Menschen, der für sich keine umfassende Kenntnis der diesseitigen Welt in Anspruch nimmt. In der Frage der Befruchtung von Palmen gibt er sich ebenso wenig allwissend wie in Hinblick auf militärische Taktik. Seine Aufgabe sei die Predigt einer Religion, nicht die Angelegenheiten des Diesseits bis ins Einzelne zu kennen. Bald jedoch führt die Verklärung des Propheten in der Theologie dazu, dass derartige Züge des frühen Prophetenbildes mehr und mehr in den Hintergrund treten. Die Religion und religiöses Wissen werden zum einzigen wirklich relevanten Wissen, das für alle Bereiche des menschlichen Lebens Gültigkeit beanspruchen kann. Der Prophet wird so zum Maßstab für diesseitige Fragen gemacht, etwa für solche der Medizin. Umfassende Sammlungen medizinischer Ratschläge werden ihm in den Mund gelegt. Auch wenn ein so bedeutender mittelalterlicher Muslim wie der Religionsgelehrte, Historiker und Soziologe Ibn Ḫaldūn (gest. 808/1406) in diesen Überlieferungen nichts als altarabische Beduinenweisheit zu erblicken vermochte, ist die sog. „Prophetenmedizin" (arab. *aṭ-ṭibb an-nabawī*) in islamischen Ländern noch heute weit verbreitet. Kritik wie die Ibn Ḫaldūns wurde von einigen wenigen mittelalterlichen islamischen Gelehrten auch an der Ansicht geäußert, der Koran enthalte alle Wissenschaften. Der andalusische Rechtsgelehrte aš-Šāṭibī (gest. 790/1388) meinte, der Koran habe zu den alten Arabern gesprochen und enthalte an Diesseitigem daher nichts, was diese nicht hätten verstehen können.

Solche Überlegungen weisen eine gewisse strukturelle Verwandtschaft mit Vorstellungen der gerade auch in al-Andalus verbreiteten islamischen Philosophie auf. Diese stellt ja ihrem Selbstverständnis nach eine allein auf menschlicher Ratio beruhende Wissenschaft dar. Ihre Ergebnisse stimmen nicht in jeder Hinsicht mit dem überein, was die Theologie lehrt. So gehen die Philosophen von der Ewigkeit der Welt aus oder vertreten die Ansicht, die Einzelseelen seien als solche nicht unsterblich, sondern gingen nach ihrem Tod in einer überindividuellen Allseele auf (siehe S. 96, 185). Die Anhänger der Philosophie im Islam verstanden sich dennoch als Muslime. Um ihre von gängigen Islamdeutungen abweichenden philosophischen Lehren religiös zu rechtfertigen, vertraten Denker wie Ibn Rušd (gest. 595/1198) die Auffassung, die Lehre der offenbarten Religion sei im Prinzip dieselbe wie die der Philosophie. Doch würden in der Religion die von Philosophen durch rationales Nachdenken zu erreichenden Erkenntnisse vermittels von Bildern denen vermittelt, die zum Begreifen einer wissenschaftlichen Wahrheit nicht in der Lage seien.

Die Offenbarung spricht also in einer Sprache, die normalen Menschen zugänglich ist. Dies heißt aber auch, dass sie sich nicht zu sehr von dem entfernen kann, was das wissenschaftliche oder volkstümliche Weltbild einer jeden Zeit ausmacht. Diese Überlegung ist Ende des 20. Jahrhunderts etwa vom ägyptischen Sprachwissenschaftler Naṣr Ḥāmid Abū Zaid vertreten worden. Im Anschluss an die Schule Amīn al-Ḫūlīs (gest. 1385/1966), der in den 1950er Jahren gefordert hatte, den Koran als literarischen Text zu untersuchen, bemüht er sich um einen Zugang, der auf modernen kommunikationstheoretischen Prämissen basiert:

Gott habe seine religiöse Botschaft den ersten Hörern des Korans in einer solchen Weise vermitteln müssen, dass diese für sie verständlich war. Das heißt, er musste diese Botschaft in eine sprachliche und kulturelle Form bringen, die für die ersten Hörer zugänglich war. Der Koran ist daher arabisch, und das Weltbild, gleichsam der kulturelle Code, von dem der Koran ausgeht, um den Kern der göttlichen Aussagen zu vermitteln, ist das Weltbild der alten Araber. Aussagen nicht religiöser Natur, die sich im Koran finden, etwa über die Gestalt der Welt, sind folglich keine wissenschaftlichen Aussagen, sondern dienen allein dazu, den Arabern die religiöse Botschaft verständlich zu machen. In gewisser Weise haben wir es hier zugespitzt und in moderner Form mit dem gleichen Gedanken zu tun, der bereits von aš-Šāṭibī geäußert worden war. Ohne an die heikle Frage einer Verbalinspiration des Korans überhaupt zu rühren, erlaubt die Methode Abū Zaids eine vollständige Trennung von religiösen Vorstellungen und Wissenschaft, wie sie in der modernen westlichen Wissenschaft üblich ist. Abū Zaid hat sich aber (genauso wie vor ihm bereits Amīn al-Ḫūlī) mit seinen Ideen nicht durchsetzen können, sondern sah sich nach Anfeindungen und einem Prozess, in dem er wegen angeblichen Abfalls vom Islam zwangsweise von seiner Frau geschieden wurde, ins Exil getrieben. Gedanken, die in die gleiche Richtung gehen wie die Abū Zaids, werden auch von einigen türkischen Theologen in der sog. Schule von Ankara (allerdings beileibe nicht von allen) vorgebracht.

Im Ganzen gesehen ist die Vorstellung, dogmatische Theologie und gelebte Religion auf der einen Seite und Wissenschaft auf der anderen

Seite seien zwei autonome Sphären, in der islamischen Welt heute nicht gängig. Muslimische Theologen gehen im Gegenteil fast immer davon aus, dass die religiösen Offenbarungstexte des Islams (natur)wissenschaftliche Aussagen enthalten. Die Weltdeutungen, die muslimische Theologen aus dem Koran herausgelesen haben, waren im Laufe der Jahrhunderte allerdings starken Wandlungen unterworfen. Das erklärt sich zunächst einmal mit dem grundsätzlichen Problem jedes Textverständnisses. Die Lektüre von Texten ist immer abhängig vom jeweiligen Vorverständnis der Lesenden. Die Fragen, die Menschen unterschiedlicher Zeiten an den gleichen Text stellen, sind genauso unterschiedlich wie die Weltbilder, aus denen heraus sie die Texte verstehen. Der Philosoph Hans-Georg Gadamer nennt diesen Prozess des Verstehens „Horizontverschmelzung". Der Horizont, d. h. das Weltbild und die Fragen des Lesers, muss zusammenkommen mit dem Horizont des Textes, hier also des Korans.

3.5.2 Vom Weltbild des Korans zum Weltbild der Naturwissenschaft

Der Koran ist kein Thema für Thema systematisch abhandelnder Text. Es gibt folglich keine bestimmte Sure, in der das koranische Bild vom Aufbau der Welt knapp zusammengefasst ist. Abgesehen davon stehen Fragen der Kosmologie, d. h. des Aufbaus der Welt, auch nicht im Zentrum der koranischen Botschaft. Hinweise auf kosmologische Vorstellungen finden sich vielmehr hier und da, wenn der Koran die Menschen, unter Verweis auf die Sinnhaftigkeit der Schöpfung, vom Glauben an den einen Gott überzeugen will. Kosmologische Vorstellungen spielen auch in Versen eine Rolle, die von den Ereignissen am Ende der Welt handeln. Hier allerdings wird nicht mehr der geordnete, sondern der aus den Fugen geratene Kosmos beschrieben. Endlich spielt Kosmologisches noch, an verschiedenen Stellen eingestreut, in koranischen Erzählungen eine Rolle. So etwa, wenn im koranischen Bericht von D̲ū l-Qarnain, „dem Zweigehörnten" (diese Figur wird in der muslimischen Tradition mit Alexander dem Großen identifiziert, unter modernen Muslimen ist diese Gleichsetzung jedoch strittig), dieser auf seinen Irrfahrten durch das Diesseits zu der Stelle gelangt, wo die Sonne „in einer schlammigen Quelle" untergeht (18,86–90). In keinem der genannten Fälle ist das Vorbringen kosmologischer Lehrsätze Absicht des koranischen Textes. Stets wird, wie von der oben erwähnten kritischen Schule der zeitgenössischen islamischen Koranexegese zu Recht bemerkt wird, das Weltbild der Araber der Prophetenzeit stillschweigend vorausgesetzt, um eine religiöse Botschaft zu verdeutlichen, die die eigentliche Aussage des Textes ist.

Wenn wir versuchen, die verschiedenen Koranstellen zusammenzufassen, in denen der Aufbau der Welt beschrieben oder angedeutet wird, kann man erkennen, dass das den koranischen Texten zugrunde liegende Weltbild nicht das der hellenistischen Wissenschaft ist (zu diesem siehe S. 207ff.). Es handelt sich vielmehr um eine Mischung aus altarabischen Vorstellungen und solchen des Alten Orients. Ähnliche Weltbilder waren in Abwandlungen auch in manchen christlichen Milieus der Zeit zu finden. Die Erde ist demgemäß flach, „ein Ruhebett (oder: ein ebener Boden)" (78,6; die Vorstellung der Flachheit ist in diesem Vers nicht zwingend, wird aber durch einschlägige Parallelstellen und Prophetenüberlieferungen nahegelegt). Ihre Stabilität verdankt sie Bergen, die als Zeltpflöcke fungieren (78,7). Über ihr wölben sich sieben Himmel, in denen die Gestirne sich fortbewegen. Von der Vorstellung, dass die Sonne in einer Quelle am Rand der Welt untergeht (18,86–90), war bereits die Rede (viele spätere Theologen gehen freilich davon aus, dass dieser Vers metaphorisch zu deuten sei). Sternschnuppen entstehen, wenn die Dschinnen versuchen, im himmlischen Rat zu lauschen und von den Pforten der himmlischen Entscheidungsträger vertrieben werden müssen (72,8f.).

Was sich im Koran vielfach nur angedeutet findet, ist im Milieu der *ḥadīṯ*-Wissenschaftler in den ersten Jahrhunderten des Islams dann bunt ausgemalt worden. Man schrieb dem Propheten eine große Anzahl kosmologischer Aussprüche zu, die in stark am *ḥadīṯ* orientierten Gelehrtenkreisen bis ins 19. Jahrhundert die Lehre vom Aufbau der Welt (mit)bestimmten. Einschlägige *ḥadīṯe* sind bereits in den kanonischen Sammlungen der Frühzeit des Islams wie der des al-Buḫārī oder des Muslim (gest. 261/875) zu finden. Die bekannteste dieser systematischen Zusammenstellungen kosmologischer Prophetenüberlieferungen stammt jedoch vom bis heute als Korankommentator hochgeschätzten ägyptischen Gelehrten Ǧalāl ad-Dīn as-Suyūṭī (gest. 911/1505). Die aus sieben Schichten bestehende flache Erde befindet sich demnach auf dem Horn eines Stieres, der seinerseits auf einem riesigen Fisch steht. Über den sieben Himmelsphären befindet sich Wasser, darüber der Thron Gottes.

Alle möglichen Naturphänomene soll der Prophet unter Rückgriff auf derartige mythologische Bilder ausführlich erklärt haben. Ebbe und Flut etwa entstehen, wenn ein eigens damit beauftragter Engel seinen gewaltigen Fuß ins Meer setzt und ihn dann wieder daraus hervorzieht. Derartige, im Unterschied zur klassischen antiken Naturwissenschaft nicht auf einem einheitlichen, in sich logischen System von Welterklärung beruhende Mythen blieben unter muslimischen Theologen nicht konkurrenzlos. Die neu entstehende arabische Sprachwissenschaft entwickelte ab dem 2. Jahrhundert des Islams wichtige Grundlagen für eine wissenschaftliche Diskussion von Phänomenen. Muslimische Denker kamen verstärkt mit der wissenschaftlichen Tradition des Vorderen Orients und der Nachbarregionen in Kontakt. Im Auftrag der Kalifen und ihrer Höflinge wurden ab der Mitte des 8. Jahrhunderts, verstärkt aber im 9. Jahrhundert, Texte vor allem der hellenistischen Wissenschaftstradition übersetzt, die schließlich die zeitweilig auch relevanten indopersischen Einflüsse ganz verdrängte. Der Erfolg der hellenistischen Wissenschaftstradition unter den Muslimen ist zum Teil sicher damit zu erklären, dass sie unter den vorislamischen städtischen Bildungseliten des Vorderen Orients der damaligen Zeit dominierte und deshalb über ein hohes kulturelles Prestige verfügte. Er hängt aber auch damit zusammen, dass hier ein in sich geschlossenes, logisch stimmiges Modell von Welterklärung angeboten wurde, das darüber hinaus in den Jahrhunderten der Spätantike bereits seine Kompatibilität mit monotheistischem theologischem Denken in einem christlichen Umfeld erwiesen hatte. Dieses Weltbild bestimmte ab dem 9. Jahrhundert die islamische Philosophie und das naturwissenschaftliche Denken unter Muslimen. Mit Abstrichen wurde es aber auch von den Theologen in ihre Systeme integriert.

Die Welt unterhalb des Mondes besteht demnach aus vier Elementen: Erde, Wasser, Luft, Feuer, die in Kugelschalen übereinander angeordnet sind. Jedes der Elemente hat einen natürlichen Ort, zu dem es stets zurückstrebt. Der Ort der Erde ist in der Mitte der Welt, was daraus ersichtlich ist, dass Erde, wenn man sie in eines der anderen Elemente gibt, sich immer zum Erdmittelpunkt hin bewegt. Für die anderen Elemente gilt das Entsprechende. Lässt man ihnen ihren Lauf, streben sie ihrem natürlichen Platz zu: Erde sinkt im Wasser ab, Luft dagegen steigt nach oben. Die regelmäßige Kugelschalenform wird zum Glück nicht ganz durchgehalten. An einigen Stellen ragt die Erde aus der Wassersphäre heraus. An diesen Stellen befindet sich bewohnbares Land.

Die von den genannten vier Elementen geformte sublunare (d. h. diesseits des Mondes befindliche) Welt steht in einem unaufhörlichen Prozess des Werdens und Vergehens. Nichts in ihr ist beständig, nichts vollkommen. Das unterscheidet sie von der Welt jenseits der Mondsphäre. Diese besteht nicht aus den genannten Elementen, sondern aus einem eigenen Stoff: Äther, dem fünften Element (daher Quintessenz).

Die himmlische Welt befindet sich in ewig gleichen, kreisförmigen Bewegungen. Werden und Vergehen, die die sublunaren Regionen prägenden Prozesse, gibt es hier nicht. In sieben Sphären sind Sonne, Mond und die damals bekannten Planeten um die Erde herum angeordnet. Aus der Sicht der neuplatonischen Philosophie stellen die Planeten darüber hinaus geistige Wesenheiten („Intelligenzen“, arab. *ʿuqūl*, Sg. *ʿaql*) dar, die in einem Prozess der Emanation (des „Herausfließens“, arab. *faiḍ*) aus dem einen Göttlichen hervorgegangen sind. Jenseits der Planeten befinden sich die Fixsternsphäre und dahinter der sog. Feuerhimmel. Dann schließt sich die Welt des Göttlichen an.

Der großen Welt, dem Makrokosmos, steht der Mikrokosmos des menschlichen Körpers gegenüber. Im Menschen befinden sich vier Säfte (lat. *humores*, daher nennt man diese Lehre Humoralpathologie): Blut, gelbe Galle, schwarze Galle (ein im modernen Weltbild nicht existierender Stoff) und Phlegma (Schleim). Den Säften werden jeweils die Eigenschaften heiß oder kalt und feucht oder trocken zugeordnet. Jeder Saft dominiert bestimmte Menschentypen und bestimmte Lebensalter usw. Die jeweilige Zusammensetzung der Säfte bestimmt über die physische und psychische Konstitution eines Menschen. Abhängig von der Säftemischung ist ein Mensch folglich Sanguiniker (d. h. leichtblütig, optimistisch, bei Überwiegen von Blut), Choleriker (bei Vorherrschaft der gelben Galle), Melancholiker (wenn die schwarze Galle überwiegt) oder Phlegmatiker (Dominanz von Schleim). Bei gesunden Menschen stehen diese Säfte in einem gewissen Gleichgewicht. Durch Übermaß bestimmter Säfte kommt es zur Krankheit. Heilung erfolgt in diesem Fall z. B. durch Aderlass, d. h. durch Verminderung des überschüssigen Blutes.

Die vier Säfte stehen in enger Beziehung zu den oben genannten vier Elementen des Makrokosmos. Der dem Wasser zugeschlagene Schleim etwa steht unter besonderem Einfluss des Mondes. Dass der Mond auf das Wasser wirkte, ließ sich bei Ebbe und Flut ja gut beobachten (vgl. dazu die mythologische, nicht wissenschaftliche Lösung der *ḥadīṯ*-Kosmologie). Die zahllosen Querverbindungen und Beziehungen, die für dieses Weltbild typisch waren, erlaubten auf diese Weise leicht, Vorstellungen wie Astrologie und Zauber (d. h. das Wirken auf eine Sache, indem man eine zu ihr in Beziehung stehenden Sache manipuliert) zu integrieren.

Im Einzelnen wurde das hier beschriebene Modell von verschiedenen arabisch-islamischen wie später auch lateinisch-europäischen Autoren immer wieder modifiziert. Im Prinzip allerdings war es seit der Spätantike das dominierende wissenschaftliche Weltbild. Dass es, obwohl es vielfach dem Augenschein entspricht und umfassende systematische Erklärungen für alle irdischen und himmlischen Vorgänge bietet, auf falschen Voraussetzungen beruht und durchgängig irrig ist, wurde erst seit der wissenschaftlichen Revolution im Europa des 17. Jahrhunderts deutlich erkannt.

Im muslimischen Kontext war dieses Weltbild ebenfalls nicht unumstritten. Die ašʿaritische Theologie hatte sich ja dafür entschieden, die Existenz von festen Naturgesetzen, an die Gott in seinem Schöpfungswirken gebunden ist, in Abrede zu stellen (siehe S. 82f.). Ab dem 12. Jahrhundert modifizierten die Ašʿariten ihre theologischen Lehren aber dahingehend, dass sie den Kosmos von der sinnvollen Fügung Gottes durchwirkt sahen. Ein solcher, als großes göttliches Kraftnetz gedachter Kosmos ließ sich leichter mit den Vorstellungen der mittelalterlichen Naturwissenschaft mit ihren mannigfach aufeinander wirkenden Kraftfeldern in Einklang bringen. Auch das Weltbild der spekulativen Mystik im Stile Ibn al-ʿArabīs oder die Theosophie der Schule von Iṣfahān konnten leicht zu den Lehren der hellenistischen Naturwissenschaft in Beziehung gesetzt werden.

Dennoch blieben Konfliktpunkte, die al-Ġazālī in seinen Werken gegen die Philosophen deutlich benennt. Sie traten zu Tage, wo die mittelalterliche wissenschaftliche Kosmologie mit Grundaussagen der Religion kollidierte:

Ist Gott, wie bei den Philosophen, nur ein mehr oder weniger abstraktes Prinzip („der Eine"), das die Welt schafft, indem es sich selbst denkt; kennt Gott die Einzeldinge; ist die Welt ewig, wie es die ewig gleichen Bewegungen der Himmelskörper nahelegen? Bedeutet der Tod eine Wiedervereinigung der Seele mit einer der in den Planeten verkörperten geistigen Wesenheiten? Al-Ġazālī musste all diese Dinge verneinen. Damit wandte er sich aber nur gegen bestimmte Teile des wissenschaftlichen Weltbildes seiner Zeit und nicht gegen die wissenschaftliche Kosmologie als Ganzes. Im Gegenteil! Er warnt davor, offenkundige wissenschaftliche Erkenntnisse zu leugnen, weil sie einem wörtlichen Verständnis der Offenbarungstexte entgegenstünden. Indem man im Namen der Religion das wissenschaftlich Offenkundige leugne, erweise man ihr einen Bärendienst.

Die langsame Überwindung der hellenistischen Naturwissenschaft durch die wissenschaftliche Revolution seit dem 17. Jahrhundert ist von den Muslimen nur mit Verspätung wahrgenommen worden. Ein Autor wie der aus Erzurum stammende Mystiker Ibrāhīm Haḳḳı (1115 bis 1194/1703–1780) beschreibt in seinem großen Überblick des ihm relevant erscheinenden kosmologischen Wissens, dem *Maʿrifetnāme*, die Welt in für Muslime der Zeit typischer Weise: nämlich sowohl auf der Grundlage von *ḥadīṯ*en und mystischer Lehre als auch des hellenistischen Weltbildes. Gleichzeitig diskutiert er das heliozentrische kopernikanische Himmelsmodell. Dieses die Sonne in den Mittelpunkt des Universums stellende Modell steht in klarem Widerspruch zu einer Reihe von Grundannahmen der hellenistischen Wissenschaft, die oben skizziert wurden. Diese Widersprüche werden im *Maʿrifetnāme* aufgezeigt, ohne dass der Autor eine Lösung vorschlägt. Erst im 19. Jahrhundert wandelte sich das Bild. Es entstand eine neue Schicht von staatlichen Beamten und Militärs, die intensiv von europäischen wissenschaftlichen Vorstellungen geprägt waren, die sie in den neu gegründeten Schulen europäischen Zuschnitts kennen gelernt hatten. Nun waren die muslimischen Theologen und Rechtsgelehrten gezwungen, sich mit der Problematik der neuen Vorstellung vom Kosmos intensiver auseinanderzusetzen.

Dies geschah eine ganze Zeit sehr kontrovers. Selbst ein Modernist wie Saiyid Aḥamd Ḫān stand in dieser Sache nicht sein ganzes Leben lang auf der Seite des neuen heliozentrischen Weltbildes, sondern musste sich dazu erst durchringen. Die erdrückenden Beweise für die Richtigkeit des kopernikanischen Modells haben diesen lange unter muslimischen Gelehrten ausgefochtenen Streit inzwischen vergessen lassen. In sehr konservativen Milieus, wie unter saudischen Wahhābiten, konnte aber auch in den 1970er Jahren das alte Weltbild noch verteidigt werden. Der saudische Großmufti Ibn Bāz erklärte damals in einem Rechtsgutachten die muslimischen Verfechter der modernen Astronomie zu Abtrünnigen. Gegen offenkundige Beweise aus dem Koran und gegen die einhellige Meinung der islamischen Gelehrten hätten sie sich die durch nichts belegten Behauptungen der europäischen Ungläubigen von der Zentrumsstellung der Sonne zu eigen gemacht. Damit würden sie selbst zu Ungläubigen. Ibn Bāz musste auf Druck hin sein Rechtsgutachten in einer zweiten Version etwas abschwächen. Das zeigt, dass derartige Auffassungen heute selbst in Saudi-Arabien nicht mehr mehrheitsfähig sind.

Aber nicht nur das! Die meisten heutigen Muslime haben vergessen, welche Vorstellungen über Jahrhunderte das Weltbild in der islamischen Welt geprägt haben. Für sie ist nicht mehr, wie für Ibn Bāz, das Weltbild der Spätantike durch die Religion vorgegeben. Vielmehr erscheinen ihnen alle Erkenntnisse der zeitgenössischen Naturwissenschaft als mit dem Koran und islamischen Lehren vereinbar, ja sogar von ihnen vorweggenommen. Die beiden Bücher Gottes, der Koran und die Natur, Wort und Werk des Schöpfers, könnten sich nicht widersprechen. An anderer Stelle wurde auf Muḥammad ʿAbduh und Said Nursi als zwei typische Vertreter derartiger Auffassungen verwiesen. Der Islam wird als die Religion der Vernunft angesehen. Was immer die richtig gebrauchte menschliche Vernunft zeige, sei mithin auch islamisch.

Dennoch bleiben bei einem Autor wie Said Nursi alte Vorstellungen lebendig. Zwar erklärt er Blitz und Donner als elektrische Phänomene, auf der anderen Seit hält er entsprechend den Vorstellungen des kosmologischen *ḥadīṯ*s daran fest, dass Blitz und Donner durch von Gott damit beauftragte Engel bewirkt werden. Diese Vorstellung wird von der staatlichen türkischen Religionsbehörde auch noch in ihrem 1418/1998 erschienenen und bis heute vertriebenen offiziellen Katechismus (türk. *İlmi Hal*) vertreten.

3.5.3 Das Konzept der „wissenschaftlichen Koranauslegung"

Aufs Ganze gesehen hat das kosmologische Propheten*ḥadīṯ* mit seinem pittoresken mythologischen Weltbild für die zeitgenössischen Muslime jedoch an Relevanz verloren. Statt sich mit Engellehre zu beschäftigen, legt man Koranverse mit tatsächlichem oder unterstelltem kosmologischem oder sonst auf Naturphänomene zu beziehendem Inhalt im Lichte der zeitgenössischen naturwissenschaftlichen Erkenntnisse neu aus (sog. „wissenschaftliche Koranauslegung", arab. *tafsīr ʿilmī*). Dabei scheuen einschlägige Autoren auch vor weit hergeholten Deutungen nicht zurück. So deutet der populäre türkische religiöse Publizist Harun Yahya (eigentlich Adnan Oktay, geb. 1375/1956) etwa Sure 34, Vers 10 auf einer englischsprachigen Internetseite folgendermaßen:

„(We gave Dawud great favor from Us: ‚*O mountains and birds! Echo with him in his praise!*' And we made iron malleable for him: (Surah Saba', 10) The description of mountains ‚echoing' in the above verse may be a reference to the way that radios work. (Allah knows the truth.)" (http://www.miraclesofthequran.com/scientific_92.html, zuletzt abgerufen am 24. August 2009).

Dass aus dem Text hier offenkundig eine ganz andere Weltsicht spricht als jene, die die Radiotechnik möglich gemacht hat (eine Weltsicht nämlich, die die Berge als beseelte Wesen begreift), ist dem Autor gleichgültig. Gleichgültig ist ihm ebenfalls, dass das biegsame Eisen, von dem hier die Rede ist, im Koran nichts mit Antennen und dergleichen zu tun hat, sondern, wie der folgende Vers 34,11 zeigt, dazu dient, Rüstungen herzustellen. Jede neue Entdeckung, jeder Wandel der kosmologischen und naturwissenschaftlichen Auffassungen lässt sich mit einer Auslegung, die so wenig strikten philologischen Kriterien folgt wie der *tafsīr ʿilmī*, leicht im Koran wiederfinden.

Diese „wissenschaftliche Koranauslegung" war bereits im Mittelalter bekannt, hat aber eher ein Schattendasein geführt und wurde vielfach, etwa durch den oben erwähnten andalusischen Gelehrten aš-Šāṭibī, entschieden abgelehnt. Der tiefe Eindruck, den moderne westliche wissenschaftliche Erkenntnisse und Technik auf Muslime gemacht haben, hat dann in dieser Frage einen Wandel herbeigeführt. Denn diese Form von Korandeutung erlaubt es, das große Prestige, dass die moderne Wissenschaft und mehr noch die Technik in der islamischen Welt genießen, in den Dienst des Islams zu stellen. Seit dem späten 19. Jahrhundert gehört der *tafsīr ʿilmī* so – zunächst vor allem von theologischen Laien mit oft oberflächlicher moderner Bildung betrieben – im intellektuellen Milieu des islamischen Modernismus zum Standardrepertoire. Er wird, seit der Widerstand traditionalistischer Muslime gegen die moderne Naturwissenschaft weitgehend überwunden ist, auch von Vertretern anderer islamischer Strömungen unterstützt. Muslimische Gegner des *tafsīr ʿilmī*, der heute insbesondere auf islamischen Seiten im Internet verbreitet wird (ein Beispiel dafür haben wir oben kennen gelernt), finden im Unterschied zu seinen Befürwortern nur sehr wenig Gehör.

Der *tafsīr ʿilmī* versucht, die grundlegende Einheit von islamischer Religion und naturwissenschaftlichem Weltbild zu belegen. Seine Popularität zeigt, dass religiös motivierte Wissenschaftskritik im Mainstream des heutigen Islams nicht die Regel ist. Es gibt allerdings eine gewisse intellektuelle Strömung im zeitgenössischen Islam, die an der zeitgenössischen Naturwissenschaft ihre fehlende spirituelle Ausgangsbasis kritisiert und gegen diese eine eigene, islamische Form von Wissenschaft setzen möchte. Der iranisch-amerikanische Philosoph Seyyed Hossein Nasr (geb. 1351/1933) etwa möchte zurückkehren zu einer Einheit von Theologie und Wissenschaft, wie sie im philosophischen Weltbild des islamischen Mittelalters zu finden gewesen sei. Letztlich jedoch haben die Bemühungen um eine „Islamisierung der Wissenschaft" bislang auch in der muslimischen Welt nicht zu wirklich weithin akzeptierten Ergebnissen geführt.

Ein wichtiges Thema allerdings, bei dem von muslimischen Gelehrten und Intellektuellen in den letzten Jahrzehnten zunehmend ein klarer Widerspruch zwischen zeitgenössischer Naturwissenschaft und islamischer Lehre postuliert wird, ist die Frage der Evolution des Lebens, insbesondere des Menschen. Die Schöpfung wird im Koran zwar nicht zusammenhängend geschildert, es ist aber deutlich, dass die koranische Auffassung von der Entstehung der Welt sich im Prinzip mit dem biblischen Bericht deckt, der im Koran als bekannt vorausgesetzt wird. Mit der Evolutionstheorie kamen Muslime zunächst über populärwissenschaftliche Schriften des späten 19. Jahrhunderts in Kontakt. Neben wenigen Befürwortern finden sich von Anfang an auch Gegner. Zu einem wirklichen Thema ist die Ablehnung der Evolutionstheorie dann seit den 1970er Jahren geworden. In ihrer Argumentation sind muslimische Evolutionsgegner oft inspiriert von entsprechenden Publikationen evangelikaler Gruppen aus den USA. Die Evolutionstheorie erscheint nicht allein deshalb gefährlich, weil sie als ein Schritt auf dem Weg angesehen werden kann, die Existenz Gottes zu einer für die Erklärung der Welt – in den Worten von Laplace – „überflüssigen Hypothese“ zu machen. Da sie potenziell ermöglicht, ein auf Gott bezogenes Weltbild durch ein säkulares zu ersetzen, ist die Evolutionstheorie aus Sicht ihrer Gegner in moralischer Hinsicht gefährlich. Mit der zwingenden Annahme eines Schöpfers fallen nach Ansicht der Evolutionsgegner auch Gottes Gebote.

3.6 *Islam und andere Religionen*

Religion als gesellschaftlichem Phänomen wohnt immer der Charakter der Gemeinschaftsstiftung inne. Die Gläubigen bilden eine Gruppe, die sich von anderen Menschen unterscheidet und durch gemeinsame Überzeugungen und/oder Riten aneinander gebunden ist. Das galt bereits für die Religionen der klassischen Antike, die vielfach im Kern jeweils Kulte einer politischen Gruppe waren (einer Stadt, eines Stammes, eines Imperiums). Wer sich diesen Kulten verweigerte, schloss sich damit aus der Gemeinschaft aus und drohte auf eine Gemeinschaft, die solch unfrommes Verhalten duldete, den Zorn der Götter herabzurufen. Das galt für die Christen, die die Beteiligung am Kaiserkult verweigerten, das galt aber auch für Muḥammads Predigt.

Im Prinzip waren Kulte in der Alten Welt (wie heute vielfach in Ostasien) allerdings nicht exklusiv. Man konnte Anhänger eines Gottes sein, ohne deshalb anderen Göttern Verehrung und Anerkennung zu verweigern. Vordem fremde Götter wurden nicht selten, wenn auch nicht immer ohne Reibungen, neu unter die Götter eines Ortes aufgenommen. Wer den Göttern seiner Gemeinschaft den ihnen gebührenden Tribut zollte, hatte die Möglichkeit, privat noch in anderen Kulten persönliche religiöse Bedürfnisse zu befriedigen. Insofern boten diese Religionen, bei allem von ihnen ausgehenden Konformitätsdruck, auch Raum für religiösen Pluralismus.

3.6.1 *Islam und Polytheismus*

Die monotheistischen Erlösungsreligionen (zum Begriff siehe S. 35) der Spätantike, deren auf Dauer erfolgreichste Christentum und Islam waren, unterschieden sich von den traditionellen Religionen (auch den meisten Erlösungsreligionen) der Alten Welt grundsätzlich. Sie bieten ihren Anhängern im Gegenzug dafür, dass sie bestimmte Glaubensüberzeugungen exklusiv bekennen und sich festgesetzten Riten unterziehen, ein ebenso exklusives Recht auf jenseitiges Heil. Der Vollzug von Riten anderer Religionen wird den Anhängern also verboten, ja, er stellt die schwerste aller Sünden dar. Die Gläubigen anderer Religionen haben am Heil keinen oder bestenfalls einen geringeren Anteil. Daher können im Prinzip in Religionen dieses Typs andere Religionen zwar geduldet werden, sie werden jedoch nie als gleichberechtigte Wege menschlicher Lebensführung anerkannt; in der Regel werden sie als im Grundsatz verfehlt und ins Verderben führend betrachtet.

In der Moderne erscheint diese früher selbstverständliche Haltung manchen Menschen befremdlich (insbesondere, wenn sie von Anhängern einer anderen Religion als der eigenen geäußert wird), sie bleibt aber bis heute für Christentum wie Islam prägend, wenn sie auch vielfach vorsichtiger formuliert wird als früher. Ausdruck findet die christliche Vorstellung, in exklusiver Weise über das Heil zu verfügen (vgl. etwa Joh. 4,16 und zahlreiche andere Stellen des Neuen Testaments), etwa im Missionsgedanken, der zwar in jüngster Zeit in manchen Kirchen teilweise in Frage gestellt wird, aber im Prinzip zum Kernbestand christlichen Glaubensgutes gehört (vgl. Mt. 28,19f.).

Der exklusive Wahrheitsanspruch des Islams richtete sich zunächst weniger gegen Christen und Juden als gegen die Anhänger der altarabischen Religion. Der im Koran verkündete Gott, der von den vorislamischen Arabern in seiner Existenz im Prinzip anerkannt, aber nicht exklusiv verehrt wurde, duldet die Existenz anderer Gottheiten neben sich nicht. Ob dieses Verbot bereits von Beginn der koranischen Verkündigung an in dieser Radikalität vorgebracht wurde, ist nicht ganz klar. Es scheint, dass zunächst das beschränkte Fortbestehen anderer Kulte als des Kultes Allāhs für Muḥammad durchaus denkbar war. Dafür spräche die bei dem Historiker und Autor des wichtigsten frühen Korankommentars, Muḥammad b. Ǧarīr aṭ-Ṭabarī, zu findende Überlieferung von den „Satanischen Versen". Muḥammad soll sich zeitweilig mit einer Verehrung auch vorislamischer Gottheiten als Gott untergeordneter Wesenheiten, die bei ihm Fürsprache einlegen können, abgefunden haben. Erst nach einer gewissen Zeit sei ihm aufgefallen, dass es sich bei dieser Idee um satanische Einflüsterungen gehandelt habe und nicht um göttliche Offenbarung.

Gleichviel, was es mit dieser umstrittenen Geschichte auf sich hat, es ist unzweifelhaft, dass zu einem relativ frühen Zeitpunkt der Prophetentätigkeit Muḥammads der exklusive Anspruch des einen Gottes auf Verehrung die Kernlehre des Islams geworden ist. Zwar wurden einzelne Elemente der vorislamischen Religiosität (etwa Riten der Pilgerfahrt) in die neue Religion integriert. Sie wurden dabei jedoch ihres heidnischen Bezugssystems beraubt und in die islamische Heilsgeschichte eingebunden. Die Pilgerriten in und um Mekka wurden nun allein zurückgeführt auf die im Koran übernommene Abrahamsgeschichte und damit auf den aus islamischer Sicht den Arabern bereits von Anbeginn an eigenen Monotheismus.

Mit der angesichts der Verfolgung durch die mekkanischen Heiden notwendigen Auswanderung nach Medina wurde die Auseinandersetzung zwischen dem monotheistischen Absolutheitsanspruch des Islams und der von den mekkanischen Heiden vertretenen Vätersitte von der argumentativen Ebene, die die frühen Koransuren kennzeichnet, auf die militärische verlagert. Obwohl Muḥammad nach der Eroberung Mekkas großzügig mit seinen früheren Feinden umging, war mit dem Sieg der Muslime das Schicksal der altarabischen Religion besiegelt. Unabhängig davon, ob sie in den Krieg gegen die Muslime verwickelt waren oder nicht, wurde den Anhängern der altarabischen Religion nur die Wahl zwischen Annahme des Islams und dem Schwert gelassen. So heißt es in Sure 9,73: „(...) Prophet, führe Krieg gegen die Ungläubigen und die Heuchler und fasse sie hart an. Ihre Heimatstätte ist die Hölle – welch schlimmes Ende!" Nach dem Korantext dürfen Muslime dort, wo sie die Herrschaft ausüben, folglich Angehörigen polytheistischer Kulte gegenüber (arab. *mušrikūn*, Sg. *mušrik*, wörtl. „Beigeseller": wer Gott einen Teilhaber in seiner Gottheit beigesellt), eigentlich keine Toleranz walten lassen. In der Praxis war die Anwendung dieses Verses von Anfang an auf die Anhänger der altarabischen Religion beschränkt gewesen. Nach Meinung der allermeisten Rechtsgelehrten und gängiger Praxis wird Anhängern anderer polytheistischer Religionen unter islamischer Herrschaft im Prinzip der gleiche Status gewährt, der eigentlich allein den Anhängern der vorderorientalischen Buchreligionen vorbehalten ist.

3.6.2 Das Verhältnis zu Juden und Christen

Auf Dauer sehr viel wichtiger als das Verhältnis des Islams zu den polytheistischen religiösen Vorstellungen auf der Arabischen Halbinsel war das Verhältnis der Muslime zu Juden- und Christentum. In der koranischen Offenbarung scheinen Islam sowie Juden- und Christentum zunächst als verschiedene Varianten einer Religion, die der eine Gott im Laufe der Geschichte immer wieder durch Propheten verschiedenen Völkern offenbart hatte. Die Angehörigen der Religionen werden aufgefordert, miteinander im Dienste Gottes zu wetteifern: „Für jeden von euch haben Wir eine Richtung und einen Weg festgelegt. Und wenn

Gott das gewollt hätte, hätte Er euch zu einer einzigen Gemeinschaft geformt. Doch will Er euch auf die Probe stellen in dem, was Er Euch (als Offenbarung) gegeben hat. So eilt miteinander zu den guten Dingen um die Wette“ (5,48).

Bereits in mekkanischer Zeit aber – und mehr noch, als er in Medina von Seiten der dortigen Juden in seiner Rolle als Prophet Ablehnung erfuhr – nahm Muḥammad an bestimmten Glaubensüberzeugungen der Christen und Juden Anstoß. Die Auseinandersetzungen mit den medinensischen Juden, in denen Politisches von Religiösem nicht zu trennen ist, mündeten schließlich in der Ausweisung respektive Tötung dieser Juden, denen unterstellt wurde, mit den mekkanischen Feinden des Propheten gemeinsame Sache gemacht zu haben. Auch gegenüber den Christen wandelte sich das Verhältnis. Wurden die Gläubigen in mekkanischer Zeit zunächst als politische Freunde der byzantinischen Christen in ihren Auseinandersetzungen mit den zoroastrischen Persern geschildert (30), so wurden christliche Gemeinschaften auf der Arabischen Halbinsel gegen Ende der Lebenszeit des Propheten zum Ziel muslimischen Expansionsstrebens.

Die politische Seite dieser Fragen braucht uns hier nicht weiter zu interessieren. Wichtiger ist die im Koran geführte theologische Auseinandersetzung mit den Lehren der Christen und Juden. Zwar wird anerkannt, dass beide Gruppen über ein Offenbarungsbuch verfügen, das von Gott auf ihre Propheten, Moses und Jesus, herabgesandt worden ist. Sie heißen daher *ahl al-kitāb* (arab., „Leute des Buches“). Diese Offenbarungsbücher beruhten in gleicher Weise auf der himmlischen Urschrift des Wortes Gottes wie der Koran. Die *ahl al-kitāb*, insbesondere ihr religiöses Personal, haben die Botschaft dieser Offenbarungsbücher allerdings verfälscht (der Vorgang heißt auf Arabisch *taḥrīf*), sodass dort zum einen das in diesen Büchern ursprünglich angekündigte Kommen Muḥammads als des letzten Propheten jetzt allenfalls noch indirekt zu erkennen ist (die Muslime beziehen etwa die neutestamentarische Rede – z.B. Joh. 14,16 – von einem *Parakletos* genannten Wesen, unter dem gemeinhin der Heilige Geist in seiner Rolle als Helfer und Fürsprecher verstanden wird, auf Muḥammad). Zum anderen aber haben sich die Anhänger beider Religionen der Vielgötterei schuldig gemacht, der aus der Sicht der monotheistischen Erlösungsreligionen schlimmsten Sünde. Für das Judentum war dieser Vorwurf an sich schwer zu erweisen. Der Koran spricht in einer etwas rätselhaften Stelle (9,30) davon, die Juden sähen in Esra (arab. ʿUzair) Gottes Sohn. Bei einschlägigen Vorwürfen gegen die Juden kommt die alttestamentarische Erzähltradition selbst zum Tragen. Spätestens seit dem babylonischen Exil im

6. Jahrhundert v. Chr. hatte sie die Warnung vor der dauernden Anfechtung des Volkes Israel durch fremde Götter und Kulte zum zentralen Gegenstand ihres theologischen Geschichtsbildes gemacht. Bei der von muslimischer Seite bis heute immer wieder vorgebrachten Behauptung, die Juden neigten zu einem anthropomorphen Gottesbild, dient eine aus diesem Kontext stammende biblische Moseserzählung als Beleg. Hier ist davon die Rede, dass die Israeliten am Berg Sinai Mose bedrängten, sie wollten Gott schauen, was sich dann freilich als nicht möglich erweist. Auch die aus dem gleichen alttestamentarischen Erzählzusammenhang herrührende Geschichte vom Goldenen Kalb lässt sich hier gegen die Juden in Stellung bringen (7,138–156; 20,83–98).

Die im Koran bereits angelegte und durch einschlägige Überlieferungen gestützte negative Sicht der Muslime auf die Juden hat ihren Ursprung im schwierigen politischen Verhältnis des Propheten zu den jüdischen Gemeinden der Arabischen Halbinsel. Das Glaubens- und Erzählgut der Juden hat die frühen Muslime zwar interessiert (sog. *isrāʾīlīyāt*), es erschien aber nie ganz unproblematisch. Ein gewisses Misstrauen gegen jüdische Konvertiten im frühen Islam spricht auch aus unter Sunniten kursierenden Vorwürfen, wonach ehemalige Juden, insbesondere ein Ibn Sabaʾ (gest. 50/670), als Begründer des schiitischen Übertreibertums und damit der Ketzerei im Islam anzusehen seien.

Wie dem auch sei – im Laufe der islamischen Geschichte besserte sich das Verhältnis zu den Juden. Natürlich mussten sie den ihnen aus islamischer Sicht in der Hierarchie der Religionen zugewiesenen Platz beachten. Religiös motivierte Verfolgungsmaßnahmen blieben aber, gerade im Vergleich mit Europa, eine seltene Ausnahme. Anders als die Christen waren die Juden, die keinen eigenen Staat mehr hatten – sehen wir vom Reich der Chazaren am Kaspischen Meer ab, das vom späten 7. Jahrhundert bis ins frühe 11. Jahrhundert bestand –, vor der Gründung Israels politisch für die Muslime nicht gefährlich. Antijüdische Polemik, die heute in der islamischen Welt weit verbreitet ist, war insofern kein besonders gängiges Genre islamischer religiöser Literatur. Das änderte sich im 20. Jahrhundert. Die europäische antisemitische Literatur der Zeit wurde nun intensiv rezipiert, insbesondere da mit der zionistischen Besiedlung Palästinas die Juden, die man über Jahrhunderte eher verachtet als gefürchtet hatte, auf einmal zu einem ernst zu nehmenden Gegner der Muslime geworden waren. Vor diesem Hintergrund fanden dann auch einschlägige Koranstellen und Prophetenüberlieferungen wieder verstärkt Beachtung. In der Gegenwart hat sich auf diese Weise eine umfangreiche muslimische antijüdische Literatur entwickelt. Bei allem unter Muslimen heute verbreiteten Antijudaismus darf nicht übersehen werden, dass auch radikale Vertreter des politischen Islams bereit sind, jüdischen Religionsgelehrten Respekt zu zollen, wenn diese den Zionismus ablehnen.

Während der koranische Vorwurf des Polytheismus gegen die Juden sich aus der jüdischen Religion selbst heraus nur schwer begründen lässt, bietet die Trinitätslehre der Christen deutlich mehr Angriffsflächen. Zwar wird angesichts der Probleme Muḥammads mit den medinensischen Juden auf die im Vergleich mit den Juden größere Nähe der Christen zu den Muslimen verwiesen (5,82), auch lobt der Koran die Bescheidenheit der Priester und Mönche. Der strikte Monotheismus des Korans und das komplexe christliche Gottesbild waren jedoch unvereinbar.

Bereits in der nach der muslimischen Tradition mekkanischen Sure 112 wird die christliche Vorstellung, dass Gott einen Sohn habe zeugen können, entschieden zurückgewiesen. Der Koran wirft den Christen darüber hinaus vor, auch Maria göttliche Ehren zuteil werden zu lassen. Die im Koran angedeutete (5,116) und aus der Sicht der christlichen Theologie irrige Annahme, Maria sei eine Person der Trinität, ergibt sich sicher aus der auf der Arabischen Halbinsel zur Zeit Muḥammads üblichen Glaubenspraxis der lokalen Christen.

Jesus trägt im Koran auch den Titel Christus, d. h. eigentlich „der Gesalbte" (arab. *al-Masīḥ* wohl nicht direkt aus dem Hebräischen, sondern nach dem Aramäischen *Mešīḥā*), allerdings spielt diese Bedeutung, die im jüdisch-christlichen Kontext ja auf das Königtum des Christus über Israel bezogen ist, im Islam keine Rolle. Jesus ist aus der Sicht des Korans also nicht Gottessohn, sondern nur ein Prophet.

Die christliche Überzeugung, er sei hingerichtet worden und im Anschluss wieder auferstanden, erscheint dem Koran als mit der Würde eines Propheten unvereinbar. Der Koran vertritt im Zusammenhang mit der Kreuzigung daher die (möglicherweise von christlichen Häretikern herrührende) Auffassung, nicht der echte Christus sei am Kreuz gestorben, sondern ein anderer, der ihm ähnlich sah (4,157f.). Nach islamischer Überzeugung ist Christus lebend von Gott zu sich genommen worden, von wo er am Ende der Zeiten wiederkehren wird. Die für das Christentum zentrale Lehre vom Kreuzestod des Mensch gewordenen Gottes, der damit stellvertretend für die Menschheit alle Sünden büßt, war (und ist) für die Muslime – wie im Übrigen für die jüdischen Zeitgenossen der frühen Christen, vgl. 1. Kor. 1,23 – gotteslästerlicher Unfug. Sie ist aus muslimischer Sicht darüber hinaus überflüssig. Zum einen fehlt im Islam die christliche Vorstellung einer durch den Kreuzestod zu sühnenden Erbsünde. Zum anderen muss in muslimischer Vorstellung Gott, um die Sünden der Menschen zu vergeben, kein eigenes Opfer in die Waagschale werfen, sondern kann das aus seiner Machtvollkommenheit heraus tun.

Mit diesen bereits im Koran zu findenden Grundproblemen war das Feld der islamischen Polemik gegen christliche Lehren für Jahrhunderte, ja vielfach bis in die Gegenwart abgesteckt. Im Laufe der Zeit wandelte sich allenfalls das religiös-philosophische Rüstzeug, mit dem das durch den Koran vorgegebene Glaubensgut den christlichen Gesprächspartnern nahegebracht werden sollte. Argumente wurden zunehmend auch mit Hilfe des Methodenarsenals der Philosophie vorgebracht.

An den Höfen der Herrscher und in privaten gelehrten Runden fanden im Laufe der Jahrhunderte immer wieder Religionsgespräche zwischen Christen und Muslimen statt, die zum Ziel hatten, die Falschheit der jeweils anderen Religion zu erweisen. Die Berichte, die von solchen Gesprächen überliefert sind, stammen jeweils von einer der beiden Seiten und sind deshalb nur bedingt glaubwürdig. Ein relativ spätes Beispiel eines solchen Gesprächs, das sich von seinem theologischen Inhalt her aber gut auch schon Jahrhunderte früher hätte abspielen können, finden wir in der Damaszener Biographiensammlung des al-Murādī (gest. 1206/1791) aus dem 18. Jahrhundert. Ein aus dem Maghreb stammender islamischer Gelehrter wird von Korsaren des Johanniterordens während seiner Pilgerfahrt entführt und nach Malta gebracht. Später berichtet er dann, wie er dort in Gefangenschaft in einem Religionsgespräch die Überlegenheit des muslimischen Glaubens und des *kalām* gegenüber den diesbezüglichen Versuchen der Christen bewiesen habe. Er weist ihnen dabei nach, dass der Trinitätsglaube schon deshalb unlogisch sei, weil Gott damit als etwas Zusammengesetztes gedacht werde, jedes Zusammengesetzte aber notwendig zeitlich sei, was sich mit Göttlichkeit keinesfalls vertrage. Angesichts dieser auf Argumenten aus der antiken Philosophie beruhenden Darlegung müssen sich die christlichen Disputanten geschlagen geben.

Bereits zweihundert Jahre zuvor ist ein anderer muslimischer Gefangener auf Malta Zeuge des katholischen Osterritus geworden, über den er mit dem gleichen Gefühl der Überlegenheit (und dem gleichen Unverständnis) berichtet, mit dem Europäer des Zeitalters des Imperialismus die Sitten unterworfener Völker wahrnahmen:

„Die Malteser haben ein großes goldenes edelsteininkrustiertes Götzenbild, das sie verehren, ja anbeten. Es hat Diener aus den Reihen ihrer Mönche und Priester. Jedes Jahr holt ein Mann von ihnen das verehrte Idol und wirft es in einen Garten zwischen Bohnenblüten und sagt zu den dortigen Königen und Befehlshabern und dem einfachen Volk:

‚Euer Herr zürnt euch und ist fortgegangen.‘ Den Schmerz, den sie darüber empfinden, kennt Gott der Erhabene allein. Sie ziehen grobe Kleidung an und gehen zu dem Mönch, der sie über den Zorn ihres Götzen in Kenntnis gesetzt hat, und sagen zu ihm: ‚Wie können wir uns unser Idol wieder gewogen machen? Wie können wir erreichen, dass es wieder zu uns zurückkehrt?‘ Er entgegnet: ‚Noch ist nicht der Zeitpunkt und der Moment nicht nah!‘ Sie verharren in ihrer Trauer und ihrem Schmerz, tragen für etwa drei Tage grobe Kleidung und bringen für die Mönche, die dem Götzen dienen, viel Geld zusammen, bis der damit beauftragte Mönch zu ihnen sagt: ‚Heute findet ihr Wohlgefallen vor ihm. Er wird zurückkehren.‘ Sie ziehen aus zu seinem Empfang, der Mönch holt den Götzen herbei, betritt mit ihm unter großem Tamtam und allgemeiner Freude die Stadt und bringt ihn schließlich an seinen Platz zurück. Da beruhigen sich ihre Herzen und sie freuen sich über die Rückkehr ihres Götzen. Gott bewahre uns vor derartiger Torheit, die niemandes Wohlgefallen findet, der auch nur ein Fünkchen Verstand sein eigen nennt“ (al-Būrīnī *Tarāǧim* zit. n. Berger 2007, S. 203).

Das aus dieser Darstellung sprechende Gefühl selbstsicherer Überlegenheit ging den Muslimen gegenüber den Christen im 19. Jahrhundert verloren. Statt selbst die Bedingungen des Dialogs zu bestimmen, sahen sie sich kulturell gegenüber den Christen, insbesondere den europäischen Christen, in die Defensive gedrängt. Das hatte zur Folge, dass die bislang geschilderten Themen muslimischer Auseinandersetzung mit dem Christentum um zwei Bereiche ergänzt wurden. Muslimische Gelehrte fanden sich mit europäischen Vorwürfen konfrontiert, die Rückständigkeit des Vorderen Orients beruhe auf dem Islam, der eine den Fatalismus fördernde fortschrittsunfähige Religion sei (das wurde von Europäern des 19. Jahrhunderts im Übrigen auch dem orientalischen Christentum vorgeworfen). Diese mit rassistischen Konzepten europäischer Überlegenheit durchsetzten Ideen wurden von Muslimen mit gleicher Münze vergolten. Der Islam sei nicht fortschrittsfeindlich, er sei vielmehr die Religion der Vernunft, anders als das theologisch irrationale Christentum, befand etwa Muḥammad ʿAbduh.

Ein zweiter Vorwurf, mit dem sich Muslime in der Moderne verstärkt konfrontiert sehen, ist der, ihre Religion sei, im Unterschied zum Christentum, gewalttätig. Dies erweise nicht zuletzt die Geschichte der islamischen Eroberungen. Der Gewaltcharakter dieser Vorgänge wird von Muslimen heute in aller Regel geleugnet. Es habe sich bei den „Öffnungen“ (arab. *futūḥ*, unter Muslimen gängiger Begriff für die islamischen Eroberungen) der Welt für den Islam um eine Art Befreiung gehandelt, von der auch die nicht muslimischen Unterworfenen profitiert hätten, denen ein Leben in vollkommener Freiheit und Sicherheit gewährleistet worden sei. Gewalttätigkeit wird im Gegenzug von Muslimen den Christen vorgeworfen, die religiös motiviert, insbesondere während der Kreuzzüge und seit der Epoche des Imperialismus, regelmäßig die islamische Welt heimgesucht hätten, oftmals mit dem bewussten Ziel, den Islam zu vernichten. Instrument dessen seien nicht zuletzt westliche christliche Missionare in islamischen Ländern, auch wenn diese de facto nur unter den orientalischen Christen, nicht aber unter Muslimen nennenswerte Bekehrungserfolge erzielen. Heute gehen Missionierungsbestrebungen vor allem von evangelikalen protestantischen Gruppen aus, von muslimischer Seite werden sie aber auch der katholischen Kirche vorgeworfen. Muslimische Gelehrte setzen sich in interreligiösen Dialoggesprächen häufig für eine Beendigung der christlichen Mission unter Muslimen ein.

Trotz des konfliktträchtigen Verhältnisses muslimischer und christlicher Religionsvertreter sind insbesondere die katholische Kirche sowie muslimische Gelehrte und Staaten in manchen Bereichen zur interreligiösen Zusammenarbeit bereit. Dies wird heute bei der Behandlung von Fragen der Sexualmoral im internationalen Kontext deutlich, etwa im Zuge der Weltbevölkerungskonferenzen der UNO. Muslime und konservative Christen aller Denominationen vertreten in diesen Fragen in der Regel eng verwandte Positionen. Die Thesen konservativer westlicher, heute vor allem evangelikaler nordamerikanischer Kritiker der Moderne werden von muslimischen Intellektuellen vielfach rezipiert und in islamische Diskurse übersetzt (siehe S. 212f.).

3.6.3 Dschihad

Wenige Begriffe im Kontext von Theologie und Recht des Islams sind so umstritten wie der Begriff des Dschihad. Wörtlich bedeutet *al-ǧihād fī sabīl Allāh* „das Bemühen auf dem Weg Gottes". Der Begriff kommt so im Koran nicht direkt vor, er wird aber im islamischen Recht seit der Frühzeit auf Verse aus den medinensischen Suren bezogen, in denen die Muslime zum Kampf gegen ihre Gegner aufgefordert werden. Für die frühen Muslime und bis weit ins 19. Jahrhundert war weitgehend unstrittig, dass mit dem Begriff *ǧihād* insbesondere der militärische Einsatz für den Islam gemeint war. Aus der Sicht des traditionellen Sunnitentums muss dieser militärische Einsatz so lange geführt werden, bis alle bis dahin nicht unter islamischer Herrschaft stehenden Gebiete (arab. *dār al-ḥarb*, „Haus des Krieges") der Herrschaft des islamischen Rechts unterworfen sind. Das heißt nicht, dass alle Menschen unmittelbar Muslime werden müssen, Angehörige anderer Religionen können vielmehr als Bewohner minderen Rechts gegen Zahlung besonderer Steuern als Schutzbefohlene (arab. *ahl aḏ-ḏimma*, Sg. *ḏimmī*) im Herrschaftsgebiet des Islams (arab. *dār al-islām*) wohnen bleiben.

Für viele Muslime der ersten Generationen nach dem Tode des Propheten war nach dem Zeugnis der frühislamischen Historiker mit dieser Unterwerfung der Andersgläubigen der göttliche Auftrag erfüllt. Ähnlich wie der Gott Israels im Alten Testament seinem Volk den Besitz Kanaans versprach, so hatte der Gott der Muslime der ersten Jahrzehnte nach dem Tode des Propheten seinem Volk im Gegenzug für seinen Einsatz den Nießbrauch der unterworfenen Ländern zugesichert. Eine Bekehrung der übrigen Menschen war nach ihrer Ansicht von Gott gar nicht erwünscht und zudem nicht in ihrem persönlichen Interesse. Die Bekehrung der Unterworfenen hätte schließlich das Steueraufkommen der Unterworfenen vermindert, von dem die muslimischen Eroberer lebten.

Sehr bald erschien der religiösen Elite der Muslime diese Vorstellung aber nicht mehr überzeugend. So soll ʿUmar II., der einzige in der sunnitischen Tradition durchweg positiv beurteilte umaiyadische Kalif, etwa darauf verwiesen haben, dass Gott Muḥammad als Propheten, nicht als Steuereinnehmer gesandt habe. Gottes Ziel war also nicht die Weltherrschaft der muslimischen Araber, sondern vielmehr die Vereinigung der ganzen Menschheit in der von Gott für die Menschheit bestimmten Religion.

So erklärt sich, dass aus der Sicht der meisten mittelalterlichen Rechtsgelehrten der Dschihad durchaus der Verbreitung des Islams als Religion dienen sollte. Er schuf nämlich die Grundlagen, die eine solche Ausbreitung und im Anschluss ein Leben nach Gottes Geboten möglich machten. Das gilt insofern, als man dem Dschihad entkommen konnte, indem man auf Aufforderung den Islam annahm. Ferner war unter der Herrschaft der Muslime der Kult anderer Religionen nur eingeschränkt möglich, während der Islam für jedermann sichtbar die begünstigte Religion war. Das musste Übertritte der Unterworfenen befördern. Aus der Sicht der mittelalterlichen Muslime war darüber hinaus ein wirklich islamisches Leben nur unter der Herrschaft einer islamischen Obrigkeit möglich. Aus all diesen Gründen sprachen mittelalterliche islamische Gelehrte vom Dschihad als *daʿwa bi-s-saif*, (arab., „Einladung" zum Islam „mit Hilfe des Schwertes"), wie es etwa in einer Schrift des ašʿaritischen Theologen al-Ǧuwainī, des Lehrers des hier bereits mehrfach erwähnten al-Ġazālī, heißt. Der maghrebinische Rechtsgelehrte und Soziologe Ibn Ḫaldūn sah in dem Umstand, dass der Islam auf dem Wege des Dschihad mit Gewalt verbreitet werde, sogar ein Kernmerkmal seiner Religion, das den universalistischen Charakter des Islams positiv unterstreicht: Da der Islam als einzige unter allen Religionen für die gesamte Menschheit gedacht sei, seien in ihm Politik und Religion nicht getrennt, um so zu ermöglichen, dass die einzig wahre Religion freiwillig oder mit Gewalt allen Menschen nahegebracht werden könne.

Es gab schon im mittelalterlichen Islam vereinzelt Gelehrte, die die Vorstellung von der Predigt mit dem Schwert kritisierten. Anders als man vielleicht meinen würde, waren das jedoch nicht die islamischen Philosophen. Sie waren ganz in der autoritären Tradition verfangen, die bereits Plato in seinem *Staat* vorgegeben hatte. Deshalb meinten ihre führenden Vertreter, es sei gerade die Aufgabe derjenigen, die über die Wahrheit verfügten, diese denen mit Gewalt aufzuzwingen, die zum Erkennen derselben unfähig seien. Kritik an einer solchen Vorstellung übten nicht die Philosophen, sondern vielmehr Muʿtaziliten, die meinten, der Prüfungscharakter der Wahl der Religion, der Voraussetzung für Lohn und Strafe sei, gehe verloren, wenn die Religion mit Gewalt verbreitet werde.

In der heutigen Diskussion über den Dschihad wird von Muslimen oft auf den Großen Dschihad (arab. *al-ǧihād al-akbar*) als den eigentlichen Inhalt des Begriffs verwiesen. Dieser Begriff findet sich in einer Prophetenüberlieferung, in der Muḥammad vom Einsatz zurückkehrenden Kämpfern sagt, sie sollten sich nun nach dem Kleinen Dschihad (dem Kampf) dem Großen Dschihad zuwenden. Dieser Große Dschihad besteht im Kampf gegen die eigenen niederen Triebe, die sog. Triebseele (arab. *nafs*). Die Vorstellung vom Großen Dschihad stand jedoch nie im Widerspruch zur Vorstellung vom Dschihad als militärischem Kampf, denn gerade auch der oft beschwerliche Kampf bietet vielfältige Gelegenheit zum Ringen mit der Triebseele.

Eine wirkliche Umdeutung des Dschihad-Begriffs fand im Islam erst in der Zeit seit dem 19. Jahrhundert statt. Diese Umdeutung hing zusammen mit der Erfahrung der Erfolglosigkeit aller militärischen Bemühungen gegen die zu dieser Zeit massiv überlegenen westeuropäischen Kolonialmächte. Man betrachtete den Dschihad in modernistischen Kreisen jetzt nicht mehr als eine genauso offensive wie defensive Pflicht, sondern meinte, dass er allein der Verteidigung angegriffener islamischer Länder und der Sicherung der Religionsfreiheit diene. Diese Umdeutung lässt sich durchaus koranisch rechtfertigen, da im Koran ganz unterschiedliche Vorschriften zum Umgang mit Nichtmuslimen gemacht werden; sie stand allerdings, wie wir sahen, gegen die Exegesetradition. Nichtsdestoweniger wird das defensive Dschihadverständnis heute von den meisten Vertretern eines staatsnahen Islams im Vorderen Orient geteilt. Vielfach, etwa in der Türkei, wird von diesen dabei auch der Militärdienst in der regulären nationalstaatlichen Armee de facto mit dem Dschihad gleichgesetzt. In islamistischen Milieus wird der Begriff oft auf den eigenen politischen Kampf angewandt, der nach klassischen Definitionen, auch wenn er auf militärischem Wege geführt wird, kaum die Kriterien für einen Dschihad erfüllt. Dass daneben unter Traditionalisten und Salafisten häufig die Dschihaddeutungen der klassischen islamischen Jurisprudenz fortgeschrieben werden, überrascht nicht.

In Schriften von Muslimen, die sich an Nichtmuslime wenden, wird dem Dschihadbegriff heute selten die militärische Note gegeben, die er auch bei defensiver Deutung im innerislamischen Diskurs in aller Regel hat. Diese apologetische Haltung erklärt sich mit dem muslimischen Bewusstsein, dass man im Westen den Islam als eine Religion der Gewalt darstellt.

Man verweist deshalb gerne auf den oben bereits erwähnten Großen Dschihad als das eigentlich mit dem Begriff Dschihad Gemeinte. Darüber hinaus wird Dschihad mehr allgemein als gesellschaftliches Engagement definiert. Das ist, selbst wenn es nicht dem häufigsten zeitgenössischen muslimischen Verständnis entspricht, nicht falsch. Der Begriff Dschihad kann in der Moderne tatsächlich auch ein wie immer geartetes Bemühen um eine gute und als im Sinne Gottes gedachte Sache bezeichnen – Kampf für Bildung, Gesundheitsfürsorge etc. In bestimmten muslimischen Milieus kann man sich mit einem Dschihad auch für Dinge einsetzen, die sehr weit von traditionellen islamischen Vorstellungen entfernt sind, wie die Internetseite „Queer Jihad" zeigt, in der US-amerikanische Konvertiten zum Islam (bislang weitgehend erfolglos) für ein positives Verständnis von Homosexualität im Islam werben.

3.6.4 *Glaubensfreiheit*

Ein wichtiger Beleg für eine islamische Fundierung der Forderung nach Religionsfreiheit im zeitgenössischen Islam ist der Koranvers „Es gibt keinen Zwang in der Religion" (2,256; Übersetzung entsprechend der unter deutschen Muslimen gängigen Wiedergabe). Die Deutung dieses Verses war in der Vergangenheit unter muslimischen Gelehrten weniger einheitlich als heute. Auch die orientalistische Forschung versteht den Inhalt des Verses im koranischen Kontext unterschiedlich. Paret etwa meint, durch Verweis auf koranische Parallelstellen nachweisen zu können, dass hier keine normative Aussage gemacht werden soll. Der Vers beschreibe vielmehr ein Faktum: Es nutzt nichts, im Glauben Zwang auszuüben, da man Leute, die die Wahrheit hartnäckig leugnen, von derselben doch nicht überzeugen kann.

Bereits in der älteren islamischen Diskussion des Verses wird zwar der normative Charakter betont, er wird allerdings vielfach nicht so verstanden, dass die Ausübung von äußerem Zwang deshalb in jedem Fall verboten sei. Der Vers beziehe sich darauf, dass die innere Haltung sich durch die Ausübung äußeren Zwanges nicht ändern ließe, die Anwendung von Zwang zur Durchsetzung einer äußerlichen Bekehrung sei aber dennoch nur dann illegitim, wenn er sich gegen Schutzbefohlene richte, die die Oberherrschaft des Islams anerkennen würden. Das heutige Verständnis des Verses ist allerdings nicht erst ein Produkt der Moderne, sondern ist bereits im mittelalterlichen Islam der Siebenerschia und insbesondere der Muʿtazila so vertreten worden und schließlich in die sunnitische Koranexegese übernommen worden.

Muslimische Theologen und Gelehrte vertreten heute überwiegend die Ansicht, dass der Vers die Religionsfreiheit vorschreibe. In der Praxis sind diesem grundsätzlichen Postulat allerdings oft Grenzen gesetzt. Das gilt vor allem, wenn Muslime sich anderen Religionen anschließen wollen oder ihre Religion in einer Weise auslegen, die sich deutlich jenseits klassischer Deutungsmuster bewegt. Der Abfall vom Islam, der in der traditionellen Rechtsgelehrsamkeit mit dem Tode bestraft wird, wird, insbesondere soweit er mit der Werbung für eine andere Religion einhergeht, auch heute von muslimischen Gelehrten vielfach nur widerwillig geduldet. Die Tötung von Apostaten wird durch bedeutende Gelehrte der Azhar-Universität in Kairo und die Islamische Weltliga immer wieder gerechtfertigt, so etwa im Fall des 1412/1992 ermordeten ägyptischen Intellektuellen Faraǧ Fauda oder des 1405/1985 hingerichteten sudanesischen Reformers Maḥmūd Muḥammad Ṭāhā. Religionsgemeinschaften, die wie die Bahāʾī aus dem Islam hervorgegangen sind, sehen sich etwa in Iran und Ägypten vielfältigen Diskriminierungen und Verfolgungen ausgesetzt, ohne dass in der Regel von Seiten muslimischer Rechtsgelehrter unter Berufung auf Sure 2,256 Glaubensfreiheit für sie eingefordert wird. Im Gegenteil! Da der Islam bereits die vollkommene Religion sei, stellt ein öffentlicher Abfall von ihm aus ihrer Sicht einen Missbrauch der Religionsfreiheit dar. Andere Ansichten, die eine Bestrafung des Abfalls vom Glauben im Diesseits ablehnen und diese Dinge Gott anheimstellen, werden vor allem von staatlicherseits bestallten Muftis und Vertretern des Islams in Europa vorgebracht. Ein aktiver Einsatz für die Glaubensfreiheit von Muslimen mit abweichender Meinung und Apostaten steht jedoch zumindest nicht an prominenter Stelle ihrer Agenda.

Wenn es um Gruppen des islamischen Mainstream geht, wird Glaubensfreiheit von den meisten Gelehrten nicht so verstanden, dass sie in einer freien Konkurrenz miteinander stehen sollten. Der als Fernsehmufti bekannt gewordene, den Muslimbrüdern nahestehende ägyptischstämmige Gelehrte Yūsuf al-Qaraḍāwī (geb. 1345/1926) meinte 1430/2009, das angebliche Werben von Zwölferschiiten um Anhänger in Ägypten stelle eine ernsthafte Bedrohung dar, die potenziell in einen Bürgerkrieg münden werde. Der Religionswechsel ist für ihn keine private Angelegenheit, sondern Verrat am sunnitischen Ägypten. Eine solche Politisierung der Frage des Abfalls vom Glauben spielt auch bei der Missionarsphobie in der Türkei eine Rolle. Christliche Missionare und ihre Anhänger werden – nicht nur von konservativen Muslimen, sondern auch von vielen säkularen Nationalisten – als Agenten ausländischer Mächte wahrgenommen, die die Türkei zerstören wollen. Diese Ängste sind heute sicher unberechtigt, gehen aber zurück auf reale Erfahrungen mit dem Wirken von Missionaren im späten Osmanischen Reich.

Die in solchen Ansichten zum Ausdruck kommende Vorstellung, politische Loyalität sei von religiöser Loyalität nicht zu trennen, ist hier auf den modernen Nationalstaat bezogen. Sie stand aber auch beim koranischen Verbot des Abfalls vom Glauben Pate. Die Muslime hatten unter dem Propheten nach seiner Auswanderung einen eigenen künstlichen Stammesverband gebildet. Der Abfall vom Glauben war damit eins mit dem Verrat am zu allem Überfluss noch in militärischer Konfrontation mit anderen stehenden „Stamm". Eine ähnliche Bedrohungswahrnehmung prägt muslimisches Denken vielfach auch heute und verstärkt sicher Tendenzen, im Übertritt zu anderen Religionen eine politische Gefahr zu sehen. Es wäre aber irrig, die zwiespältige Haltung muslimischer Gelehrter zur Religionsfreiheit allein mit der schwierigen politischen Lage islamischer Gesellschaften in der Gegenwart zu erklären. Ein Abfall von der Religion oder gar die Werbung für andere Religionsgemeinschaften unter Muslimen ist von islamischen Gelehrten zu keiner Zeit, auch nicht in den Jahrhunderten der politischen Expansion des Islams, akzeptiert worden.

Es handelt sich hier allerdings nicht um ein spezifisch islamisches Problem. Auch für die christlichen Kirchen war das Bekenntnis zur Glaubensfreiheit bis in die jüngste Zeit keine aus dem Glauben notwendig resultierende Selbstverständlichkeit. Noch im *Syllabus Errorum*, der Liste der Irrtümer der Moderne von 1864, hat etwa die katholische Kirche die Meinungs- und Religionsfreiheit ausdrücklich verworfen. Erst das Zweite Vatikanische Konzil hat in den 1960er Jahren die Haltung der Kirche hier nicht ohne starke Widerstände von konservativer Seite ausdrücklich revidiert.

Nachwort

Islam und Christentum sind, angesichts ihrer gemeinsamen Wurzel in der spätantiken Kultur, in vielerlei Hinsichten eng verwandt. Diese Verwandtschaft findet nicht nur ihren Ausdruck in der beiden gemeinsamen Grundüberzeugung, dass das Vertreten bestimmter Auffassungen über einen unsichtbaren Gott entscheidend sei für die Frage, ob ein Leben als gelungen oder verworfen anzusehen sei. Aus spätantiker Wurzel rührt auch die intensive Diskussion jeweils ganz ähnlicher metaphysischer Fragen des Gottes- und Menschenbildes in der vormodernen Phase ihrer Theologie. Diese Dinge stehen in beiden Religionen heute nicht mehr im Zentrum. Metaphysische Fragen sind zurückgetreten hinter die Auseinandersetzung mit Problemen, die eine moderne Welt aufwirft, in der religiöse Sinnstiftung nicht mehr selbstverständlich notwendig ist oder unhinterfragt bleibt. Auch hier sind die Gemeinsamkeiten oft größer, als es Angehörigen beider Religionen zuweilen bewusst ist. Traditionalistisches Beharren, Fundamentalismus, politische Religion und modernisierende Umdeutung gibt es sowohl im Islam wie im Christentum und darüber hinaus in vielen anderen zeitgenössischen Religionen. Die Ausformungen und die relative Bedeutung dieser Strömungen unterscheiden sich allerdings erheblich. Auch spielt Religion an sich, gleich wie sie gedeutet wird, in der islamischen Welt, auch unter den Christen dort, eine deutlich größere Rolle als in Westeuropa (für die USA gilt das schon weniger).

Parallelitäten und Ähnlichkeiten bedeuten daher nicht, dass die Entwicklung von Islam und Christentum immer in den gleichen Gleisen erfolgen müsste, oder gar, dass der Islam einfach 600 Jahre hinter dem Christentum zurückhänge und gegenwärtige Probleme mit dem Fehlen einer islamischen Reformation zu tun hätten, wie zuweilen zu hören ist.

Der Ruf nach einem „islamischen Luther“ verkennt zum einen den aus Sicht des 21. Jahrhunderts zutiefst vormodernen Charakter der Reformation und der Glaubenswelt Luthers. Er verkennt aber auch, dass bei aller Ähnlichkeit des Islams mit dem Christentum und trotz der Ähnlichkeit der Herausforderungen, denen sich religiöses Denken jedweder Couleur in der modernen Welt gegenüber sieht, der Islam eine eigenständige Religion darstellt. Muslime können und müssen die integrierende oder abwehrende Auseinandersetzung mit der Moderne immer auch mit Rückbezug auf die eigene Tradition und die gesellschaftlichen Bedingungen ihrer Länder führen.
Der Begriff Moderne wird dabei zunehmend komplexer. Die Fixierung vieler Muslime auf den Westen als Gegenbild, die die letzten 200 Jahre muslimischer Geistesgeschichte geprägt hat, wird in der multipolaren Welt des 21. Jahrhunderts an Bedeutung verlieren. Ob Muslime sich dann künftig in einer Welt „vielfältiger Modernen“ (*multiple modernities*), in einer Welt also, in der Moderne nicht mehr notwendigerweise mit der Kultur des Westens gleichgesetzt werden kann, in für sie und andere befriedigender Weise einrichten werden und welche Rolle islamische Theologie dabei spielen wird, muss die Zukunft weisen.

Literatur

Die folgende Literaturliste ist nicht vollständig. Insbesondere wurde orientalischsprachige Literatur nur dann berücksichtigt, wenn sie im Text zitiert ist. Die hier zu findenden Vorschläge sollen andeuten, auf welcher Grundlage die vorliegende Darstellung beruht, und Anregungen zum Weiterlesen bieten. Titel werden gegebenenfalls mehrfach erwähnt, wenn sie für verschiedene Bereiche unverzichtbar sind (Titel, die im historischen Teil aufgeführt sind, werden im systematischen Teil nicht immer erneut erwähnt).

Allgemeines

Bearman, Peri J. / et al. (Hg.): *Encyclopædia of Islam*, 12 Bde., 2. Aufl., Leiden 1960–2005

Ende, Werner / Steinbach, Udo: *Der Islam in der Gegenwart*, 5. Aufl., München 2005

Endreß, Gerhard: *Der Islam. Eine Einführung in seine Geschichte*, 3. Aufl., München 1997

Esposito, John L. (Hg.): *The Oxford Encyclopedia of the Modern Islamic World*, Oxford 1995

Esposito, John L. (Hg.): *The Oxford Encyclopedia of the Islamic World*, Oxford 2009

Fakhry, Majid: *Islamic philosophy, theology and mysticism: a short introduction*, Oxford 2000

Krämer, Gudrun / et al. (Hg.): *Encyclopædia of Islam*, 3. Aufl., Leiden 2007ff. (am besten in elektronischer Form zu benutzen)

Lapidus, Ira: *A History of Islamic Societies*, 2. Aufl., Cambridge 2002

Lohlker, Rüdiger: *Islam – eine Ideengeschichte*, Wien 2008

McAuliffe, Jane Dammen / et al. (Hg.): *Encyclopaedia of the Qur'ān*, 5 Bde. plus Index, Leiden 2001–2006

Nagel, Tilman: *Geschichte der islamischen Theologie*, München 1994

Watt, William Montgomery / et al.: *Der Islam* (= *Die Religionen der Menschheit* 25), 3 Bde., Stuttgart 1980–1990
Yarshater, Ehsan (Hg.): *Encyclopædia Iranica*, New York 1985ff. (http://www.iranica.com/newsite/)

1.1 Die soziale Verortung muslimischer Theologie

Berkey, Jonathan: *The Transmission of Knowledge in Medieval Cairo. A Social History of Islamic Education*, Princeton 1992
Berkey, Jonathan: *The Formation of Islam. Religion and Society in the Near East 600–1800*, Cambridge 2003
Chamberlain, Michael: *Knowledge and Social Practice in Medieval Damascus 1190–1350*, Cambridge 1992
Ess, Josef van: *Theologie und Gesellschaft im 2. und 3. Jahrhundert Hidschra. Eine Geschichte des religiösen Denkens im frühen Islam*, 6 Bde., Berlin 1991–1997
Janin, Hunt: *The Pursuit of Learning in the Islamic World, 610–2003*, Jefferson 2005
Keddie, Nikki R.: *Scholars, Saints and Sufis: Muslim Religious Institutions since 1500*, Berkeley 1972
Makdisi, Georges: *The Rise of Colleges: Institutions of Learning in Islam and the West*, Edinburgh 1981
Mottahade, Roy P.: *The Mantle of the Prophet. Religion and Politics in Iran*, New York 1985
Riexinger, Martin: *Sanāʾullāh Amritsarī (1868–1948) und die Ahl-i-ḥadīs im Punjab unter britischer Herrschaft*, Würzburg 2004
Zeghal, Malika: *Gardiens de l'Islam: les oulémas d'Al Azhar dans l'Égypte contemporaine*, Paris 1996
Zilfi, Madeleine C.: *The Politics of Piety. The Ottoman Ulema in the Postclassical Age (1600–1800)*, Minneapolis 1988

1.2 Gattungen islamischer theologischer Texte

Berger, Lutz: Die Problematik der späten Einführung des Buchdrucks in der islamischen Welt, in: Marzolph, Ulrich (Hg.): *Das gedruckte Buch im Vorderen Orient*, Dortmund 2002, S. 15–28
Berkey, Jonathan P.: *Popular Preaching & Religious Authority in the Medieval Islamic Near East*, Seattle 2001
Brückner, Matthias / Pink, Johanna (Hg.): *Von Chatraum bis Cyberjihad. Muslimische Internetnutzung in lokaler und globaler Perspektive*, Würzburg 2009
Burton, John: *An Introduction to the Hadith*, Edinburgh 1994
Ess, Josef van: *Theologie und Gesellschaft im 2. und 3. Jahrhundert Hidschra. Eine Geschichte des religiösen Denkens im frühen Islam*, 6 Bde., Berlin 1991–1997
Gätje, Helmut (Hg.): *Grundriss der arabischen Philologie, Bd. 2, Literaturwissenschaft*, Wiesbaden 1987
Goldziher, Ignaz: *Muhammedanische Studien*, 2 Bde., Halle 1889–1890
Juynboll, Gauthier H. A.: *Muslim Traditions. Studies in Chronology, Provenance and Authorship of early Hadith*, Cambridge 1983

Lohlker, Rüdiger: *Islam im Internet. Neue Formen der Religion im Cyberspace*, Hamburg 2000 (CD-ROM)
Motzki, Harald (Hg.): *Hadith – Origins and developments*, Aldershot 2004
Rassoul, Muhammad Ibn Ahmad Ibn: *Auszüge aus dem Ṣaḥiḥ al-Buḫāry*, 10. Aufl., Köln 2008
Riexinger, Martin: *Sanāʾullāh Amritsarī (1868–1948) und die Ahl-i-ḥadīs im Punjab unter britischer Herrschaft*, Würzburg 2004
Rippin, Andrew (Hg.): *The Qur'an. Formative Interpretation*, Aldershot 1999
Sezgin, Fuat: *Geschichte des arabischen Schrifttums, Bd. 1, Qur'anwissenschaften, Ḥadīṯ, Geschichte, Fiqh, Dogmatik, Mystik – bis ca. 430 H.*, Leiden 1967
Watt, William Montgomery: *Islamic Creeds*, Edinburgh 1994

2.1 Die religiöse Welt der Spätantike

Amman, Ludwig: *Die Geburt des Islam. Historische Innovation durch Offenbarung*, Göttingen 2001
Berkey, Jonathan: *The Formation of Islam. Religion and Society in the Near East 600–1800*, Cambridge 2003
Brown, Peter: *The World of Late Antiquity*, New York 1976
Brown, Peter: *Society and the Holy in Late Antiquity*, London 1982
Dostal, Walter: Die Araber in vorislamischer Zeit, in: *Der Islam* 74 (1997), S. 1–63
Fahd, Toufic (Hg.): *L'Arabie préislamique et son environnement historique et culturel*, Leiden 1989
Fowden, Garth: *Empire to Commonwealth – consequences of monotheism in late antiquity*, Princeton 1993
Kloft, Hans: *Mysterienkulte der Antike*, München 1999
Leppin, Hartmut: *Die Kirchenväter und ihre Zeit*, München 2000
Markschieß, Christoph: *Die Gnosis*, 2. Aufl., München 2006
Peters, Francis E. (Hg.): *The Arabs and Arabia on the Eve of Islam*, Aldershot 1999
Stausberg, Michael: *Zarathustra und seine Religion*, München 2005

2.2 Die theologische Botschaft des Korans

Bobzin, Hartmut: *Der Koran*, München 1999
Cook, Michael: *Muhammad*, Oxford 1983
Cook, Michael: *Der Koran. Eine kurze Einführung*, Stuttgart 2005
Déroche, François: *Le Coran*, Paris 2005
Gätje, Helmut: *Koran und Koranexegese*, Zürich 1971
McAuliffe, Jane Dammen: *The Cambridge Companion to the Qur'an*, Cambridge 2006
Nagel, Tilman: *Der Koran*, München 1983
Neuwirth, Angelika: *Studien zur Komposition der mekkanischen Suren*, Berlin 1981
Paret, Rudi (Übs.): *Der Koran*, Stuttgart 1962ff.
Paret, Rudi: *Mohammed und der Koran. Geschichte und Verkündigung des arabischen Propheten*, 7. Aufl., Stuttgart 1991
Rippin, Andrew (Hg.): *The Qur'an. Formative Interpretation*, Aldershot 1999

Rippin, Andrew (Hg.): *The Qur'an. Style and Contents*, Aldershot 2001
Speyer, Heinrich: *Die biblischen Erzählungen im Koran*, Hildesheim 1961
Turner, Colin (Hg.): *The Koran. Critical Concepts in Islamic Studies*, 4 Bde., London 2004

2.3 Politik und Religion: Anfänge der islamischen Theologie
2.4 Die Formierung theologischer Schulen

Crone, Patricia: *God's Rule Government and Islam. Six centuries of medieval Islamic political thought*, New York 2004, S. 3–141
Ess, Josef van: Muʿtazilism, in: *The Encyclopedia of Religion*, New York 1987, Bd. 10, S. 220–229
Ess, Josef van: *Theologie und Gesellschaft im 2. und 3. Jahrhundert Hidschra. Eine Geschichte des religiösen Denkens im frühen Islam*, 6 Bde., Berlin 1991–1997
Gimaret, Daniel: *La Doctrine d'al-Ashʿarī*, Paris 1990
Halm, Heinz: *Die Schia*, Darmstadt 1988, S. 186–243
Kohlberg, Etan (Hg.): *Shīʿism*, Aldershot 2003
Madelung, Wilferd: *Religious Trends in Early Islamic Iran*, Albany 1988
Nagel, Tilman: *Die Festung des Glaubens. Triumph und Scheitern des islamischen Rationalismus im 11. Jahrhundert*, München 1988
Rudoph, Ulrich: *Al-Māturīdī und die sunnitische Theologie in Samarkand*, Leiden 1997
Sander, Paul: *Zwischen Charisma und Ratio. Entwicklungen in der frühen imâmitischen Theologie*, Berlin 1994

2.5 Gnosis und Philosophie

Daftary, Farhad: *The Ismāʿīlīs: Their History and Doctrines*, Cambridge 1990
Fakhry, Majid: *A History of Islamic Philosophy*, 2. Aufl., London 1983
Fakhry, Majid: *Al-Fārābī, Founder of Islamic Neoplatonism*, Oxford 2002
Fakhry, Majid: *Averroes: His Life, Works, and Influence*, Oxford 2002
Halm, Heinz: *Die islamische Gnosis*, Zürich–München 1982
Halm, Heinz: *Die Schia*, Darmstadt 1988, S. 186–243
Halm, Heinz: *Das Reich des Mahdi – Der Aufstieg der Fatimiden 875–973*, München 1991
Halm, Heinz: *The Fatimids and their Traditions of Learning*, London 1997
Halm, Heinz: *Die Kalifen von Kairo*, München 2003
Kohlberg, Etan (Hg.): *Shīʿism*, Aldershot 2003
Leaman, Oliver: *A Brief Introduction to Islamic Philosophy*, Cambridge 1999
Rudolph, Ulrich: *Islamische Philosophie. Von den Anfängen bis zur Gegenwart*, München 2004
Strohmaier, Gotthard: *Avicenna*, München 1999
Stroumsa, Sarah: *Freethinkers of Medieval Islam*, Leiden 1999
Urvoy, Dominique: *Les Penseurs libres dans l'Islam classique*, Paris 1996
Urvoy, Dominique: *Averroès*, Paris 1998

2.6 Theologie und islamische Mystik

Addas, Claude: *Ibn Arabî et le voyage sans retour*, Paris 1996
Baldick, Julian: *Mystical Islam*, London 1989
Chittick, William C.: *Ibn ʿArabi*, Oxford 2005
Frank, Richard M.: *Al-Ghazali and the Ash'arite School*, Durham 1994
Geoffroy, Eric: *Le Soufisme en Egypte et en Syrie sous les derniers Mamelouks et les premieres Ottomans. Orientations spirituelles et enjeux culturels*, Damascus 1995
Glassen, Erika: *Der mittlere Weg. Studien zur Religionspolitik und Religiosität der späteren Abbasidenzeit*, Wiesbaden 1981
Griffel, Frank: *Apostasie und Toleranz im Islam. Die Entwicklung zu al-Ġazālīs Urteil gegen die Philosophie und die Reaktionen der Philosophen*, Leiden 2000
Griffel, Frank: *Al-Ghazālī's Philosophical Theology*, New York 2009
Jong, Frederick de / Radtke, Bernd (Hg.): *Islamic mysticism contested. Thirteen centuries of controversies and polemics*, Leiden 1999
Karamustafa, Ahmet: *God's Unruly Friends. Dervish groups in the Islamic middle period, 1200–1550*, Oxford 2006
Karamustafa, Ahmet: *Sufism – the formative period*, Edinburgh 2007
Knysh, Aleksander: *Ibn ʿArabi in the Later Islamic Tradition*, Albany 1999
Knysh, Aleksander: *Islamic Mysticism. A Short History*, Leiden 2000
Makdisi, Georges: *Ibn ʿAqīl. Religion and Culture in Classical Islam*, Edinburgh 1997
Meier, Fritz: Der mystische Weg, in: Lewis, Bernard (Hg.): *Welt des Islam. Geschichte und Kultur im Zeichen des Propheten*, Braunschweig 1976, S. 117–140
Meier, Fritz: Ḫurasān und das Ende der klassischen Ṣūfik, in: Glassen, Erika / Schubert, Gudrun (Hg.): *Bausteine. Ausgewählte Aufsätze zur Islamwissenschaft*, Istanbul 1992, S. 131–156
Molé, Marijan: *Les mystiques musulmanes*, Paris 1965
Radtke, Bernd: Warum ist der Sufi orthodox?, in: *Der Islam* 71 (1994), S. 302–307
Ritter, Hellmut: *Das Meer der Seele. Mensch, Welt und Gott in den Gedichten des Farīduddīn ʿAṭṭār*, Leiden 1955
Schimmel, Annemarie: *Sufismus. Eine Einführung in die islamische Mystik*, München 2000
Wassouf, Hassan: *Existenz bei Fahr ad-Dīn ar-Rāzī. Die Entwicklung des Konzeptes des* wuǧūd *im ašʿaritischen kalām*, Diss., Göttingen 2006

2.7 Puritanische Reformbewegungen

Badeen, Edward: *Sunnitische Theologie in osmanischer Zeit*, Würzburg 2008
Delanoue, Gilbert: *Moralistes et politiques musulmans dans l'Egypte du XIXème siècle (1798–1882)*, Paris 1980
Friedmann, Yohanan: *Shaykh Ahmad Sirhindi*, Montreal–London 1971
Hagen, Gottfried / Seidensticker, Tilman: Reinhard Schulzes Hypothese einer islamischen Aufklärung. Kritik einer historiographischen Kritik, in: *Zeitschrift der Deutschen Morgenländischen Gesellschaft* 148 (1998), S. 83–110
Hallaq, Wael B. (Übs.): *Ibn Taymiyya against the Greek Logicians*, Oxford 1993
Halm, Heinz: *Die Schia*, Darmstadt 1988, S. 186–243

Heyd, Uriel: The Ottoman Ulema and Westernization in the Time of Selim III and Mahmud II, in: *Studia Hierusalymitana IX*, Jerusalem 1961, S. 63–96
Laoust, Henri: *Essai sur les doctrines sociales et politiques de Taki-d-Din Ahmad B. Taimiya canoniste hanbalite né à Harran en 661 = 1262, mort à Damas en 728 = 1328*, Le Caire 1939
Laoust, Henri: *La profession de foi d'Ibn Taymiyya. Texte, traduction et commentaire de la Wāsiṭiyya*, Paris 1986
Levtzion, Nehemia / Voll, John (Hg.): *Eighteenth Century Renewal and Reform in Islam*, Syracuse 1987
Memon, Muhammad Umar: *Ibn Taimiya's Struggle Against Popular Religion*, The Hague 1976
Nagel, Tilman: *Im Offenkundigen das Verborgene. Die Heilszusage des sunnitischen Islams*, Göttingen 2002
Olesen, Niels Henrik: *Culte des saints et pèlerinages chez Ibn Taymiyya (661/126–728/1328)*, Paris 1991
Peskes, Esther: *Muḥammad b. ʿAbdalwahhāb (1703–92) im Widerstreit. Untersuchungen zur Rekonstruktion der Frühgeschichte der Wahhābīya*, Beirut 1993
Peskes, Esther: The Wahhābiyya and Sufism in the eighteenth century, in: Jong, Frederick de / Radtke, Bernd (Hg.): *Islamic mysticism contested. Thirteen centuries of controversies and polemics*, Leiden 1999, S. 145–161
Radtke, Bernd: Kritik am Neosufismus, in: Jong, Frederick de / Radtke, Bernd (Hg.): *Islamic mysticism contested. Thirteen centuries of controversies and polemics*, Leiden 1999, S. 162–173
Sivan, Emmanuel: *Radical Islam: Medieval theology and modern politics*, New Haven 1990
Voll, John: *Islam. Continuity and Change in the Modern World*, Boulder 1982

2.8 Der islamische Modernismus

Amirpur, Katajun / Ammann, Ludwig (Hg.): *Der Islam am Wendepunkt. Liberale und Konservative Reformer einer Weltreligion*, Freiburg/Br. 2006
Baljon, Johannes M. S.: *Modern Muslim Koran Interpretation 1880–1960*, Leiden 1961
Berger, Lutz: Ein türkischer Reformtheologe? Zekeriya Beyaz zwischen Tradition und Politik, in: *Welt des Islams* 45 (2005), S. 74–107
Beyaz, Zekeriya: *İslâm ve siyasi düzen*, İstanbul 1991
Costet-Tardieu, Francine: *Un réformiste à l'université al-Azhar: Œuvre et pensée de Mustafâ al-Marâghî (1881–1945)*, Paris 2005
Delanoue, Gilbert: *Moralistes et politiques musulmans dans l'Egypte du XIXème siècle (1798–1882)*, Paris 1980
Jansen, Johannes J. G.: *The interpretation of the Koran in modern Egypt*, Leiden 1974
Keddie, Nikki R.: *An Islamic Response to Imperialism*, Berkeley 1968
Keddie, Nikki R.: *Sayyid Jamal al-Din 'al-Afghani'*, Berkeley 1972
Kedourie, Elie: *Afghani and 'Abduh. An Essay on Religious Unbelief and Political Activism in Modern Islam*, London 1966

Lahoud, Nelly: *Political Thought in Islam. A Study in Intellectual Boundaries*, London 2005
Mardin, Şerif: *The Genesis of Young Ottoman Thought*, Syracuse 1962
Merad, Ali: *Ibn Badis, commentateur du Koran*, Paris 1971
Mitchell, Richard P.: *The Society of the Muslim Brothers*, London 1969
Nagel, Tilman: *Autochthone Wurzeln des islamischen Modernismus*, in: *ZDMG* 146 (1996), S. 92–111
Rahnema, Ali: *Pioneers of Islamic Revival*, Kuala Lumpur 2005
Riesebrodt, Martin: *Die Rückkehr der Religionen. Fundamentalismus und der „Kampf der Kulturen"*, München 2000
Riexinger, Martin: *Die verinnerlichte Schöpfungsordnung. Weltbild und normative Konzepte Said Nursis (gest. 1960) und der Nur Cemaati*, unveröff. Habil.-Schrift, Göttingen 2009
Troll, Christian: *Sayyid Ahmad Khan. A Reinterpretation of Muslim Theology*, Delhi 1978

2.9. Traditionalismus im modernen Islam am Beispiel der Türkei

Agai, Bekim: *Zwischen Netzwerk und Diskurs: Das Bildungsnetzwerk um Fethullah Gülen (geb. 1938): Die flexible Umsetzung modernen islamischen Gedankenguts*, Schenefeld 2004
Amirpur, Katajun / Ammann, Ludwig (Hg.): *Der Islam am Wendepunkt. Liberale und Konservative Reformer einer Weltreligion*, Freiburg/Br. 2006
Berger, Lutz: Religionsbehörde und Millî Görüş. Zwei Varianten eines traditionalistischen Islam in der Türkei, in: Lohlker, Rüdiger (Hg.): *Festschrift für Tilman Nagel*, Hamburg 2009, S. 41–76
Debus, Esther: *Sebilürresâd: eine vergleichende Untersuchung zur islamischen Opposition der vor- und nachkemalistischen Ära*, Frankfurt/M. 1991
Diyanet İşleri Baskanlığı (Hg.): *İlmihal*, 2 Bde., Ankara (o. J.)
Dufner, Ulrike: *Islam ist nicht gleich Islam. Die türkische Wohlfahrtspartei und die ägyptische Muslimbrüderschaft: ein Vergleich ihrer politischen Vorstellungen vor dem gesellschaftspolitischen Hintergrund*, Opladen 1998
Masud, Muhammad K. (Hg.): *Travellers in faith: studies of the Tablīghī Jamā'at as a transnational Islamic movement for faith renewal*, Leiden 2000
Riexinger, Martin: *Die verinnerlichte Schöpfungsordnung. Weltbild und normative Konzepte Said Nursis (gest. 1960) und der Nur Cemaati*, unveröff. Habil.-Schrift, Göttingen 2009
Zarcone, Thierry: *La Turquie moderne et l'islam*, Paris 2004
Zeghal, Malika: *Gardiens de l'Islam: les oulémas d'Al Azhar dans l'Égypte contemporaine*, Paris 1996

2.10 Der antimodernistische Salafismus

Ende, Werner: Religion, Politik und Literatur in Saudi-Arabien. Der geistesgeschichtliche Hintergrund der heutigen religiösen und kulturpolitischen Situation (http://www.freidok.uni-freiburg.de/volltexte/3473/pdf/Ende_

Orient_Aufsaetze.pdf, ursprünglich erschienen in: *Orient* 22, 1982, und 23, 1983)
Ende, Werner: Sunniten und Schiiten im 20. Jahrhundert, in: *Saeculum* 36 (1985), S. 187–200 (http://www.freidok.uni-freiburg.de/volltexte/3369/pdf/Ende_Sunniten_und_Schiiten.pdf)
Hegghammer, Thomas / Lacroix, Stéphane: Rejectionist Islamism in Saudi Arabia: The Story of Juhayman al-'Utaybi Revisited, in: *International Journal of Middle East Studies* 39/1 (2007), S. 103–122
Lacroix, Stéphane: Muhammad Nasir al-Din al-Albani's Contribution to Contemporary Salafism, in: Meijer, Roel (Hg.): *Global Salafism: Islam's New Religious Movement*, London 2009
Lacroix, Stéphane: *Al-Albani's revolutionary approach to hadith*, in: *ISIM review* 21 (2008), S. 6–7
Lohlker, Rüdiger: *Dschihadismus. Materialien*, Wien 2009
Meier, Andreas: *Der politische Auftrag des Islam: Programme und Kritik zwischen Fundamentalismus und Reformen. Originalstimmen aus der islamischen Welt*, Wuppertal 1994
Steinberg, Guido: *Religion und Staat in Saudi-Arabien. Die wahhabitischen Gelehrten 1902–1953*, Würzburg 2003
Steinberg, Guido: *Der nahe und der ferne Feind. Die Netzwerke des islamistischen Terrorismus*, München 2005
Steinberg, Guido: *Saudi Arabien. Politik – Geschichte – Religion*, München 2004
Weismann, Itzchak: *Taste of Modernity. Sufism, Salafiyya, and Arabism in Late Ottoman Damascus*, Leiden 2000
Zeghal, Malika: *Gardiens de l'Islam: les oulémas d'Al Azhar dans l'Égypte contemporaine*, Paris 1996

2.11 Islamistische Theologie

Amirpur, Katajun / Ammann, Ludwig (Hg.): *Der Islam am Wendepunkt. Liberale und Konservative Reformer einer Weltreligion*, Freiburg/Br. 2006
Asseburg, Muriel (Hg.): *Moderate Islamisten als Reformakteure – Rahmenbedingungen und programmatischer Wandel*, Berlin 2007 (http://www.swp-berlin.org/common/get_document.php?asset_id=3765)
Carré, Olivier: *Mystique et politique – lecture révolutionnaire du Coran par Sayyid Qutb*, Paris 1984
Carré, Olivier / Michaud, Gérard: *Les frères musulmans: Egypt et Syrie 1920–1982*, 2. Aufl., Paris 2002
Damir-Geilsdorf, Sabine: *Herrschaft und Gesellschaft. Der islamistische Wegbereiter Sayyid Quṭb und seine Rezeption*, Würzburg 2003
Debus, Esther: *Sebilürresâd: eine vergleichende Untersuchung zur islamischen Opposition der vor- und nachkemalistischen Ära*, Frankfurt/M. 1991
Dufner, Ulrike: *Islam ist nicht gleich Islam. Die türkische Wohlfahrtspartei und die ägyptische Muslimbrüderschaft: ein Vergleich ihrer politischen Vorstellungen vor dem gesellschaftspolitischen Hintergrund*, Opladen 1998
Esposito, John L. / Voll, John: *Makers of Contemporary Islam*, Oxford 2001

Görlach, Joseph-Simon: *Der Islam und die Probleme der modernen Zivilisation. Saiyid QuÔbs Auseinandersetzung mit Alexis Carrel* (http://tobias-lib.uni-tuebingen.de/volltexte/2009/3678/pdf/Saiyid_Qutbs_Auseinandersetzung_mit_Alexis_Carrel.pdf)
Grundmann, Johannes: *Islamische Internationalisten. Strukturen und Aktivitäten der Muslimbruderschaft und der islamischen Weltliga*, Wiesbaden 2005
Haenni, Patrick: *L'Islam du marché*, Paris 2005
Halm, Heinz: *Die Schia*, Darmstadt 1988, S. 186–243
Kepel, Gilles: *Der Prophet und der Pharao. Das Beispiel Ägypten. Die Entwicklung des muslimischen Extremismus*, München 1995
Kepel, Gilles: *Das Schwarzbuch des Dschihad. Aufstieg und Niedergang des Islamismus*, München–Zürich 2002
Lia, Brynjar: *The society of the Muslim brothers in Egypt: the rise of an Islamic mass movement 1928–1942*, Reading 2006
Meier, Andreas: *Der politische Auftrag des Islam: Programme und Kritik zwischen Fundamentalismus und Reformen. Originalstimmen aus der islamischen Welt*, Wuppertal 1994
Rahnema, Ali: *An Islamic Utopian. A Political Biography of Ali Shari'ati*, London 1998
Rahnema, Ali: *Pioneers of Islamic Revival*, Kuala Lumpur 2005
Riexinger, Martin: Nasserism Revitalized. A Critical Reading of Hasan Hanafi's Projects "The Islamic Left" and "occidentalism" (and their Uncritical Reading), in: *Welt des Islams* 47 (2007), S. 63–118
Roy, Olivier: *Généalogie de l'islamisme*, Paris 1995
Sivan, Emmanuel: *Radical Islam: Medieval theology and modern politics*, 2. Aufl., Haven–London 1990

2.12 Ansätze zu historisch-kritischer Theologie in der Moderne?

Abu Zaid, Nasr Hamid: *Kritik des religiösen Diskurses*, Frankfurt/M. 1996
Amirpur, Katajun / Ammann, Ludwig (Hg.): *Der Islam am Wendepunkt. Liberale und Konservative Reformer einer Weltreligion*, Freiburg/Br. 2006
Körner, Felix: *Revisionist Koran hermeneutics in contemporary Turkish university theology. Rethinking Islam*, Würzburg 2005
Kügelgen, Anke von: *Averroes und die arabische Moderne. Ansätze zu einer Neubegründung des Rationalismus im Islam*, Leiden 2004
Lahoud, Nelly: *Political Thought in Islam. A Study in Intellectual Boundaries*, London 2005
Mayer, Ann E.: Islamic reservations to human rights conventions: a critical assessment, in: *Recht van de Islam* 15 (1998), S. 25–45
Najjar, Fauzi M.: Islamic fundamentalism and the intellectuals: the case of Naguib Mahfouz, in: *British Journal of Middle Eastern Studies* 25 (1998), S. 139–168
Oevermann, Annette: *Die „Republikanischen Brüder" im Sudan: eine islamische Reformbewegung im 20. Jahrhundert*, Frankfurt/M. 1993
Thielmann, Jörn: *Naṣr Ḥāmid Abū Zaid und die wiedererfundene ḥisba: Šarīʿa und Qānūn im heutigen Ägypten*, Würzburg 2003

Wielandt, Rotraud: Zeitgenössische ägyptische Stimmen zur Säkularisierungsproblematik, in: *Welt des Islams* 22 (1982), S. 117–133

3.1 Gottesbild

Ess, Josef van: Der Name Gottes im Islam, in: Stietencron, Heinrich von (Hg.): *Der Name Gottes*, Düsseldorf 1975, S. 156–175
Gimaret, Daniel: *Les noms divins en Islam. Exégèse lexicographique et théologique*, Paris 1988
Gimaret, Daniel: *La doctrine d'al-Ashʿarī*, Paris 1990

3.2 Menschenbild

Al-Massri, Angelika: *Göttliche Vollkommenheit und die Stellung des Menschen*, Stuttgart 1998
Damir-Geilsdorf, Sabine: *Herrschaft und Gesellschaft. Der islamistische Wegbereiter Sayyid Quṭb und seine Rezeption*, Würzburg 2003
Gimaret, Daniel: *Théories de l'acte humain en théologie musulmane*, Paris 1982
Richter-Bernburg, Lutz: Rivalisierende Universalismen? Islamisches Religionsgesetz und säkularer Humanismus, in: *Der Bürger im Staat* 2/3 (2003, http://www.buergerimstaat.de/2_3_03/human.htm)

3.3 Eschatologie

Cook, David: *Studies in Muslim Apocalyptic*, Princeton 2002
Cook, David: *Contemporary Muslim Apocalyptic Literature*, Syracuse 2005
Filiu, Jean-Pierre: *L'Apocalypse dans l'Islam*, Paris 2008
Smith, Jane I. / Haddad, Yvonne Y.: *The Islamic Understanding of Death and Resurrection*, Oxford 2002

3.4 Theologie und politische Ordnungsvorstellungen

Badry, Roswitha: *Die zeitgenössische Diskussion um den islamischen Beratungsgedanken (šura) unter dem besonderen Aspekt ideengeschichtlicher Kontinuitäten und Diskontinuitäten*, Stuttgart 1998
Black, Anthony: *The History of Islamic Political Thought. From the Prophet to the Present*, New York 2001
Crone, Patricia: *God's Rule Government and Islam. Six centuries of medieval Islamic political thought*, New York 2004
Haenni, Patrick: *L'Islam du marché*, Paris 2005
Hajatipour, Reza: *Islamische Geistlichkeit zwischen Utopie und Realismus. Zum Diskurs über Herrschafts- und Staatsdenken im 20. Jahrhundert*, Wiesbaden 2002
Hourani, Albert: *Arabic Thought in the Liberal Age (1798–1939)*, Oxford 1962
Krämer, Gudrun: *Gottes Staat als Republik: Reflektionen zeitgenössischer Muslime zu Islam, Menschenrechten und Demokratie*, Baden-Baden 1999

Lewis, Bernard: *The Political Language of Islam*, Chicago 1988
Mardin, Şerif: *The Genesis of Young Ottoman Thought*, Syracuse 1962
Nagel, Tilman: *Staat und Glaubensgemeinschaft im Islam*, 2 Bde., Zürich–München 1981
Wilson, Rodney / El-Ashker, Ahmed: *Islamic Economics. A Short History*, Leiden 2006

3.5 Theologie und (Natur-)Wissenschaft

Berger, Lutz: Esprits et microbes. L'interprétation des *ǧinns* dans quelques commentaires coraniques du XXe siècle, in: *Arabica* 47 (2000), S. 554–562
Bürgel, Johann Christoph: *Allmacht und Mächtigkeit. Religion und Welt im Islam*, München 1991
Ende, Werner: *Religion, Politik und Literatur in Saudi-Arabien. Der geistesgeschichtliche Hintergrund der heutigen religiösen und kulturpolitischen Situation* (http://www.freidok.uni-freiburg.de/volltexte/3473/pdf/Ende_Orient_Aufsaetze.pdf, ursprünglich erschienen in: *Orient* 22, 1982, und 23, 1983)
Endress, Gerhard: Die wissenschaftliche Literatur, in: Gätje, Helmut (Hg.): *Grundriß der arabischen Philologie*, Bd. 2, Wiesbaden 1987, S. 400–506, und Bd. 3 (Supplement), Wiesbaden 1992, S. 3–152
Frank, Richard M.: *Creation and the Cosmic system. Al-Ghazalī and Avicenna*, Heidelberg 1992
Gutas, Dimitri: *Greek Thought, Arabic Culture*, New York 1998
Heinen, Anton: *Islamic Cosmology*, Wiesbaden 1982
Riexinger, Martin: The Islamic Creationism of Harun Yahya, in: *ISIM-Newsletter* 11 (2002), S. 5
Riexinger, Martin: *Sanāʾullāh Amritsarī (1868–1948) und die Ahl-i-ḥadīs im Punjab unter britischer Herrschaft*, Würzburg 2004
Riexinger, Martin: *Die verinnerlichte Schöpfungsordnung. Weltbild und normative Konzepte Said Nursis (gest. 1960) und der Nur Cemaati*, unveröff. Habil.-Schrift, Göttingen 2009
Riexinger, Martin: Responses of South Asian Muslims to the Theory of Evolution, in: *Welt des Islams* 49 (2009), S. 212–247
Rudolph, Ulrich / Perler, Dominik: *Occasionalismus. Theorien der Kausalität im arabisch-islamischen und im europäischen Denken*, Göttingen 2000
Strohmaier, Gotthard: *Denker im Reich der Kalifen*, Köln 1979
Strohmaier, Gotthard: *Avicenna*, München 1999

3.6 Islam und andere Religionen

Berger, Lutz: *Gesellschaft und Individuum in Damaskus 1550–1791*, Würzburg 2007, S. 179–212
Berger, Lutz: Religionsgeschichte als sakraler Mythos und als innerweltlicher Prozess. Die Umformung der mittelpersischen Zarathustralegende in der arabischen Literatur des Mittelalters, in: Korn, Lorenz / et al. (Hg.): *Die Grenzen der Welt. Arabica et Iranica ad honorem Heinz Gaube*, Wiesbaden 2009, S. 287–296

Braude, Benjamin / Lewis, Bernard: *Christians and Jews in the Ottoman Empire. The Functioning of a Plural Society*, New York 1982
Busse, Heribert: *Die theologischen Beziehungen des Islams zu Judentum und Christentum. Die Grundlagen des Dialogs im Koran und die gegenwärtige Situation*, Darmstadt 1988
Cook, David: *Understandig Jihad*, Berkeley 2005
Crone, Patricia: *God's rule. Government and Islam - Six Centuries of Medieval Islamic Political Thought*, New York 2004, S. 358–392
Ducellier, Alain: *Chrétiens d'Orient et Islam au Moyen Age*, Paris 1996
El-Cheikh, Nadia Maria: *Byzantium Viewed by the Arab*, Cambridge 2004
Hawting, Gerald R.: *The Idea of Idolatry and the Emergence of Islam*, Cambridge 1999
Kepel, Gilles: *Allah im Westen*, München 1996
Kiefer, Michael: Islamischer, islamistischer oder islamisierter Antisemitismus?, in: *Welt des Islams* 46 (2006), S. 277–306
Lewis, Bernard: *The Muslim Discovery of Europe*, New York 1982
Lewis, Bernard: *Die Juden in der arabischen Welt*, München 1987
Pink, Johanna: *Neue Religionsgemeinschaften in Ägypten*, Würzburg 2003
Remien, Florian: *Muslime in Europa: Westlicher Staat und islamische Identität*, Schenefeld 2007
Riexinger, Martin: *Sanāʾullāh Amritsarī (1868–1948) und die Ahl-i-ḥadīs im Punjab unter britischer Herrschaft*, Würzburg 2004
Schirrmacher, Christiane: *Mit den Waffen des Gegners. Christlich-muslimische Kontroversen im 19. und 20. Jahrhundert*, Berlin 1992
Waardenbourg, Jacques: *Muslims and others: Relations in Context*, Berlin 2003

Register

Bei Namen ordnet das „al-“ des arabischen Artikels nicht und wird nachgestellt. Bei mit dem arabischen Artikel versehenen Begriffen und Wendungen wird der erste Artikel im Register im Interesse der Suchbarkeit gar nicht aufgeführt.